UN NOUVEAU PARADIGME
POUR COMPRENDRE LE MONDE D'AUJOURD'HUI

Du même auteur

Aux Éditions Fayard

La recherche de soi. Dialogue sur le sujet (avec Farhad Khosrokhavar), 2000.
Comment sortir du libéralisme ?, 1999.
Pourrons-nous vivre ensemble ? Égaux et différents, 1997.
Le grand refus. Réflexions sur la grève de décembre 1995 (avec François Dubet, Farhad Khosrokhavar, Didier Lapeyronnie, Michel Wieviorka), 1996.
Lettre à Lionel, Michel, Jacques, Martine, Bernard, Dominique... et vous, 1995.
Qu'est-ce que la démocratie ?, 1994.
Critique de la modernité, 1992.
Le retour de l'acteur, 1984 (rééd. 1989).
Le mouvement ouvrier (avec M. Wieviorka et F. Dubet), 1984.
Solidarité (avec F. Dubet, J. Strzelecki, M. Wieviorka), 1982.

Autres éditeurs

Barbarie et progrès (avec Edmond Blattchen), Alice, 2002.
La parole et le sang, Odile Jacob, 1988.
Actores sociales y sistemas políticos en América latina, Santiago, PREALC, 1987.
Le pays contre l'État (avec F. Dubet, Z. Hegedus et M. Wieviorka), Seuil, 1981.
L'après-socialisme, Grasset, 1980.
La prophétie antinucléaire (avec F. Dubet, Z. Hegedus et M. Wieviorka), Seuil, 1980.
Mort d'une gauche, Galilée, 1979.
Lutte étudiante (avec F. Dubet, Z. Hegedus et M. Wieviorka), Seuil, 1978.
La voix et le regard, Seuil, 1978, et éd. rev. Le Livre de Poche, 1993.
Un désir d'histoire, Stock, 1977.
Les sociétés dépendantes, Duculot, 1976.
La société invisible, Seuil, 1974.
Lettres à une étudiante, Seuil, 1974 et Points Politique, 1976.
Pour la sociologie, Seuil, 1974.
Vie et mort du Chili populaire, Seuil, 1973.
Production de la société, Seuil, 1973, et éd. rev. Le Livre de Poche, 1993.
Université et société aux États-Unis, Seuil, 1972.
La société postindustrielle, Denoël, 1969.
Le mouvement de Mai ou le communisme utopique, Seuil, 1968 et Le Livre de Poche, 1998.
La conscience ouvrière, Seuil, 1966.
Sociologie de l'action, Seuil, 1965.
Ouvriers d'origine agricole (avec O. Ragazzi), Seuil, 1961.
L'évolution du travail ouvrier aux usines Renault, CNRS, 1955.

Sous la direction de l'auteur

Mouvements sociaux d'aujourd'hui. Acteurs et analystes, Éditions ouvrières, 1982.
Les travailleurs et les changements techniques, OCDE, 1965.
La civilisation industrielle, in *Histoire générale du travail*, tome IV (avec B. Cazes, J. Dofny, P. Mercier, B. Mottez, J.R. Treanton), NLF, 1961.

Alain Touraine

UN NOUVEAU PARADIGME

Pour comprendre le monde d'aujourd'hui

fayard

À Jacqueline Blayac,
Pour tout le travail
que nous avons fait ensemble.

INTRODUCTION

Un nouveau paradigme

I

Pendant une longue période, nous avons décrit et analysé la réalité sociale en termes politiques : le désordre et l'ordre, la paix et la guerre, le pouvoir et l'État, le roi et la nation, la République, le peuple et la révolution. Puis la révolution industrielle et le capitalisme se sont libérés du pouvoir politique et sont apparus comme la « base » de l'organisation sociale. Nous avons alors remplacé le *paradigme politique* par un *paradigme économique et social* : classes sociales et richesse, bourgeoisie et prolétariat, syndicats et grèves, stratification et mobilité sociale, inégalités et redistribution sont devenues nos catégories les plus usuelles d'analyse.

Aujourd'hui, deux siècles après le triomphe de l'économie sur la politique, ces catégories « sociales » sont devenues confuses et laissent dans l'ombre une grande partie de notre expérience vécue. Nous avons donc besoin d'un *nouveau paradigme* car nous ne pouvons pas revenir au paradigme politique, surtout parce que les problèmes *culturels* ont pris une importance telle que la pensée sociale doit s'organiser autour d'eux.

C'est dans ce nouveau paradigme qu'il faut nous placer pour être capables de nommer les nouveaux acteurs et les nouveaux conflits, les représentations du moi et des collectivités que découvre un nouveau regard qui fait apparaître devant nos yeux un nouveau paysage.

La recherche du lieu central de ce nouveau paysage nous conduit immédiatement vers le thème de l'information, qui désigne une révolution technologique dont les effets sociaux et culturels sont partout visibles. Mais le plus important est le point sur lequel Manuel Castells a insisté avec tant de raison : l'absence de tout déterminisme technologique dans cette société de l'information. Ce qui nous sépare clairement de la société industrielle où la division technique du travail n'était pas séparable des rapports sociaux de production. Une situation nouvelle est créée du fait de la grande flexibilité sociale des systèmes d'information. Affirmation qui contredit les discours trop répandus sur l'envahissement de la société par les techniques, mais qui convient à ceux qui définissent la globalisation avant tout par la dissociation de l'économie mondialisée et d'institutions qui, n'existant qu'à des niveaux plus bas, national, local ou régional, sont incapables de contrôler des économies qui agissent à un niveau beaucoup plus vaste. C'est aussi au même résultat que conduit la perception de la violence, des guerres, des systèmes de répression : ce monde de la violence politique organisée n'est plus un monde social. Les États modernes s'étaient créés à travers des guerres ; les conflits actuels n'ont pas de fonction politique ou sociale. Une guerre n'est plus l'autre face d'un conflit social.

Toutes ces remarques convergent vers le même point : la chute et la disparition de l'univers que nous avons appelé « social ». Jugement qui ne doit pas surprendre, puisque des millions de gens déplorent la rupture des liens sociaux et le triomphe d'un individualisme désorganisateur. Il faut accepter comme point de départ de l'analyse cette destruction de toutes les catégories « sociales », depuis les classes sociales et les mouvements sociaux jusqu'aux institutions ou aux

« agences de socialisation », du nom qu'on a donné à l'école et à la famille en définissant l'éducation comme socialisation.

Cette perte de centralité des catégories « sociales » est si radicalement nouvelle que nous avons de la peine à renoncer aux analyses sociologiques auxquelles nous étions habitués.

Il n'est pas aisé de parler d'une analyse « non sociale » de la réalité sociale. Pourtant cette expression n'est pas plus étrange que le fut celle de sociétés politiques, appliquée aux monarchies absolues comme aux États nationaux, au moment où la référence à Dieu et à l'expression sociale des croyances religieuses perdit la place centrale qu'elle avait occupée. On peut même dessiner une évolution conduisant des collectivités fondées sur des principes externes de légitimité, en particulier religieux, à d'autres dont la légitimité fut politique, puis à d'autres encore qui se pensèrent comme des systèmes économiques et sociaux et enfin à notre type de vie sociale qui est envahie d'un côté par les forces *non sociales* que sont l'intérêt, la violence et la peur et, de l'autre, par des acteurs dont les objectifs sont la liberté personnelle ou l'appartenance à une communauté héritée, objectifs qui ne sont pas, eux non plus, proprement « sociaux ».

II

Cette hypothèse, présentée brièvement, comme je viens de le faire, met-elle fin à toute analyse sociologique ? Cette interrogation deviendra de plus en plus pressante à mesure que nous approcherons de la fin de la première partie de ce livre, qui est consacrée en effet à cette « fin du social », fascinante et inquiétante à la fois.

La disparition des sociétés comme systèmes intégrés et porteurs d'un sens général défini à la fois en termes de production, de signification et d'interprétation, nous place en effet devant un monde objectif dont Jean Baudrillard a raison de dire que le monde virtuel est une expression extrême. Un tel réalisme absolu chasse en dehors du champ social tout ce qui lui est étranger : la guerre et toutes les formes de violence, les poussées d'irrationalisme, la crise des individus surchargés de problèmes pour la solution desquels ils ne trouvent plus aucune aide dans les institutions ni civiles ni juridiques ni religieuses.

L'inquiétude, l'angoisse même, qui naissent de la perte de nos repères habituels, sont accentuées encore par l'omniprésence de critères de jugements économiques qui ne répondent nullement à une intensité de la demande mais la créent à travers les choix que font les décideurs économiques de maintenir à un niveau bas, ou au contraire élevé, le prix de la plupart des produits. L'idée traditionnelle que le prix d'un produit dépend de l'offre et de la demande s'applique de moins en moins souvent. Et parmi les produits créés par la publicité, la propagande ou les politiques de guerre figurent les images de nous-mêmes et de notre subjectivité. De sorte que nous avons le sentiment de perdre toute distance, toute indépendance par rapport à des constructions, en fait idéologiques, qui déterminent notre regard autant que les objets regardés.

Mais nous proposerons des moyens d'échapper à cette image d'un monde qui nous emprisonne. La seconde partie de ce livre s'efforcera de construire l'image d'une société devenue « non sociale », où des catégories culturelles remplacent les catégories sociales, où les rapports de chacun avec soi-même sont aussi importants que l'était autrefois la conquête du monde.

Chaque fois que change notre regard sur nous-mêmes, notre environnement et notre histoire, nous avons l'impression que l'ancien monde est tombé en ruine et que rien n'apparaît qui puisse le remplacer. C'est ce que nous ressentons aujourd'hui mais, comme nous l'avons fait dans le passé, nous allons tenter de construire une nouvelle représentation de la vie sociale et d'échapper ainsi à l'impression angoissante de la perte de tout sens.

Que ces premières phrases ne soient pas lues comme si elles annonçaient une catastrophe. La fin d'un monde n'est pas la fin du monde. Le bouleversement que nous vivons n'est pas plus profond que ceux que nous avons vécus au cours des derniers siècles, et il n'est pas plus effrayant d'évoquer la fin du social, et en particulier l'affaiblissement des catégories sociales d'analyse et d'action, qu'en d'autres temps la fin des sociétés proprement politiques et, avant encore, des sociétés religieuses.

III

Mais autant il ne faut pas croire à des catastrophes inévitables, autant il est nécessaire d'admettre que les changements qui s'opèrent ne se réduisent pas à l'apparition de nouvelles technologies, à un élargissement du marché ou encore à un changement des attitudes à l'égard de la sexualité. L'idée que ce livre veut défendre est que nous changeons de *paradigme* dans notre représentation de la vie collective et personnelle. Nous sortons de l'époque où tout s'exprimait et s'expliquait en termes sociaux, et nous devons définir en quels termes se construit ce nouveau paradigme dont la nouveauté se fait sentir dans tous les aspects de la vie collective et personnelle. Il est grand temps de savoir où nous en sommes et quel est le discours sur le monde et sur nous-mêmes qui nous les rend intelligibles. Commençons donc par prendre conscience de la rupture qui nous éloigne rapidement d'un passé encore proche, avant de chercher à définir la nature de ce changement de paradigme.

L'objet de ce livre est de présenter le passage d'un paradigme à un autre, d'un langage *social* sur la vie collective à un langage *culturel*. Ce passage s'accompagne d'une mutation provoquée par le rapide développement d'un rapport direct du sujet à lui-même, sans passer par les intermédiaires méta-sociaux relevant d'une philosophie de l'histoire. Cette mutation, tellement importante par elle-même, a une signification encore plus large : des collectivités, tournées vers l'extérieur et vers la conquête du monde, sont remplacées par d'autres, tournées vers l'intérieur d'elles-mêmes et de chacun de ceux qui y vivent. Le dernier chapitre de ce livre décrira ce grand retournement dont les femmes sont les actrices principales.

La démarche suivie ici surprendra, au moins au début, ou semblera difficile à comprendre. Désagrément qu'il est facile d'éviter : laissez-vous porter par le texte. C'est à mesure que votre lecture avancera qu'elle deviendra plus facile et que vos réactions critiques s'exprimeront plus facilement, parce que vous aurez déjà compris que tous les thèmes de ce livre sont fortement liés les uns aux autres sans pourtant que soit imposée au raisonnement une discipline trop rigoureuse. Un paradigme n'est pas un puzzle.

Comme le montre la table des chapitres, ce livre est divisé en deux parties. La première analyse la fin du social et tous les phénomènes de décomposition sociale et de désocialisation. Elle est intitulée : « Quand nous parlions de nous en termes sociaux. » La seconde partie est intitulée : « Maintenant que nous parlons de nous en termes culturels » et nous y rencontrerons les deux notions qui sont au centre du nouveau paradigme : le sujet et les droits culturels.

IV

Cette introduction s'est limitée à définir le passage d'un mode d'analyse et d'action sociale à un autre, afin d'éviter les interrogations sans fin sur le rapport entre la vérité et les diverses manières de la construire. On comprend de mieux en mieux l'impatience avec laquelle Michel Foucault a voulu s'éloigner des catégories très générales qui ont paralysé en partie la philosophie politique. Il a plongé dans les actes concrets de création et de maintien d'un ordre. Il a construit comme objet principal de son propre travail la notion de *discours*. Avec un tel succès qu'on ne parla plus aux États-Unis que de *narratives*.

Un discours est un mode de domination qui incorpore la parole, les règlements, les classifications dans un système de domination ou de « microphysique du pouvoir ». Le discours est l'instrument d'une domination de plus en plus serrée. Déjà pour Marx, les catégories économiques étaient le discours de la classe capitaliste au pouvoir.

Si je n'ai pas placé *discours* dans le titre de ce livre, mais *paradigme*, c'est pour indiquer d'emblée que mon but est de mettre en lumière des ensembles historiques qui ne peuvent jamais être réduits à des formes de domination, où les protestations, les conflits, les réformes occupent une place aussi grande (et même plus grande) que les contraintes de la gouvernabilité et du dénombrement. Un paradigme n'est pas seulement un instrument dans les mains de l'ordre dominant, mais tout autant la construction de défenses, de critiques et de mouvements de libération. Toutes ces formes de résistance reposent sur des principes non sociaux de légitimation. Tout paradigme est une forme particulière d'appel à une figure ou à une autre de ce que je nomme le *sujet* et qui est l'affirmation, dont les formes sont changeantes, de la liberté et de la capacité des êtres humains de se créer et de se transformer individuellement et collectivement. La *subjectivation*, c'est-à-dire la création du sujet, ne peut jamais être confondue avec la sujétion de l'individu et de la catégorie. Nous ne sommes pas enfermés ; nous ne sommes jamais réduits à dire que nous ne pouvons rien faire. L'idée de paradigme fait place à la lumière autant qu'à l'ombre. Si un discours peut être consacré tout entier à surveiller et à punir, un paradigme met en valeur autant la liberté que l'aliénation, autant les droits humains que l'obsession de l'argent, du pouvoir et de l'identité.

Paris-Île d'Yeu-Sassello

Première partie

QUAND NOUS PARLIONS DE NOUS EN TERMES SOCIAUX

CHAPITRE PREMIER

La rupture

9/11

Le 11 septembre 2001, les États-Unis sont frappés au cœur. Les symboles de la puissance économique et militaire du pays, les tours jumelles du World Trade Center à New York et le Pentagone à Washington, sont attaqués par des avions-suicides. Les tours sont entièrement détruites et les morts s'y comptent par milliers ; la population et les autorités de New York réagissent calmement, mais cette première agression sur le sol américain déclenche un choc qui ébranle toute la société américaine. Rapidement, le président Bush décide de poursuivre Oussama Ben Laden et le réseau de Al-Qaïda en Afghanistan où les terroristes se cachent parmi les Talibans qui ont soumis le pays à une conception extrême de l'islamisme et à leur pouvoir militaire. L'opinion publique mondiale accepte cette guerre de représailles, même si elle n'atteint pas ses buts et se perd dans les ambiguïtés de la politique pakistanaise.

Ce bref résumé d'événements encore présents à l'esprit de tous ne devrait pas figurer dans une analyse des transformations profondes des sociétés contemporaines. Et pourtant il a été vite évident, en particulier pour moi qui me trouvais à New York en février et mars 2003 à la New School University en plein Manhattan, que ce choc a entraîné des ruptures si profondes dans toute la société américaine et dans l'ensemble du monde qu'il était impossible de ne pas prendre cet événement dramatique comme point de départ d'une analyse dont l'objectif est d'une autre nature. L'événement a signalé un changement de longue durée.

Le rappel du 11 septembre conduit avant tout à une observation de la politique américaine. Comment définir sa transformation, depuis longtemps préparée mais qui devient dramatiquement évidente ? Les États-Unis, depuis l'écroulement de l'Union soviétique en 1989, dominaient si complètement la scène politique mondiale qu'ils n'avaient pas eu à élaborer une géopolitique. On ne parlait aux États-Unis et dans le monde que de la globalisation économique, des technologies nouvelles, de la situation des femmes, etc. Bill Clinton était le maître de cette formidable puissance économique et menait une politique multilatéraliste. Or, tout d'un coup, au lendemain du 11 septembre 2001, le langage officiel, celui du gouvernement et de l'establishment, change complètement.

Les problèmes économiques disparaissent du devant de la scène, la conquête des nouvelles technologies semble moins passionnante et l'espace public est entièrement occupé par un langage guerrier, géopolitique plus encore que patriotique. L'Amérique blessée s'interroge sur elle-même : pourquoi ne nous aime-t-on pas ? questionne Norman Mailer. Mais cet examen de conscience s'évanouit vite devant l'urgence : s'emparer d'Oussama Ben Laden. Bientôt la condamnation porte sur Saddam Hussein, qui n'entretenait pourtant pas de relations spéciales avec Al-Qaïda et, très vite, devant le Conseil de sécurité des Nations unies, hostile à la guerre, le président Bush et Tony Blair cherchent à démontrer la nécessité d'une intervention.

Le président Bush explique alors que les États-Unis sont

menacés à court terme d'une guerre d'agression chimique et biologique, peut-être même nucléaire, ce qui les oblige à recourir à une guerre préventive.

Pendant les semaines qui précédèrent l'attaque militaire en Irak, la scène politique américaine fut presque entièrement occupée par le président et le secrétaire à la Défense, Donald Rumsfeld. Le parti démocrate n'intervint pas. Les grandes chaînes de télévision, au-delà de leurs prouesses techniques, n'étaient plus que des appendices du quartier général. Seule BBC World donnait des informations. Dans la presse écrite, seul le *New York Times*, l'unique vrai journal national, après un long temps de silence, prit une certaine indépendance et commença à discuter les déclarations et les intentions du gouvernement. Bref, ce pays, où l'opinion publique disposait de médias nombreux et divers, sombra dans le silence.

Pendant des mois, on n'entendit que la voix du président Bush et celle du secrétaire à la Défense. Et plus encore, la voix de Dieu, que le Président écoutait souvent et que priait le Conseil des ministres.

Ce pays, qui avait été le premier État moderne laïque, devint en effet obsédé par sa mission divine, la défense du Bien contre le Mal. Ces mots doivent être pris au sens le plus littéral. C'est même parce que l'Amérique se considérait comme la figure de proue du camp du Bien qu'elle a pu se convaincre, à coups de mensonges, de faux et de propagande intense que l'Irak était celle du camp du Mal. Si l'on se rappelle la faiblesse réelle de l'Irak, déjà vaincu une fois sans difficulté et qui, à nouveau, s'est écroulé sans presque combattre, on prend la mesure du caractère imprévisible de la mutation d'un pays qui, quelques mois plus tôt et encore après l'élection du président Bush dans des conditions qui étaient proches de l'illégalité, semblait tout occupé à la gestion de sa propre puissance et avançait à grands pas sur la route des technologies nouvelles, devançant des Européens incapables de prendre des décisions et des Japonais embourbés dans une interminable crise bancaire.

Une observation encore. Peut-être la plus importante pour ceux qui ne sont pas américains. Les États-Unis, qui avaient créé le système des Nations unies (et en particulier le Conseil de sécurité), rejetèrent toute intervention de l'organisation internationale dans leur conflit avec l'Irak, tout en essayant d'obtenir une majorité au Conseil de sécurité en imposant au secrétaire d'État, Colin Powell, la tâche humiliante de défendre la thèse officielle à l'aide d'arguments qui ne pouvaient emporter la conviction. Les États-Unis, depuis deux ans, ne cessent de justifier l'unilatéralisme. Ils ont la charge de défendre le Bien contre le Mal, affirment-ils, et mèneront simultanément, s'il le faut, plusieurs guerres. Ils ont exprimé en termes brutaux leur mépris pour la « vieille Europe » et ont en même temps cherché avec succès à briser l'Union européenne, dont les États-membres sont incapables de s'entendre pour définir une politique internationale.

Certains pensent que la période actuelle n'est qu'un épisode, que le retour des démocrates à la présidence mettra fin tôt ou tard à cette politique idéologique. Mais cette politique a été élaborée depuis plus de dix ans. Jamais encore, depuis Wilson, on n'avait vu aux États-Unis un groupe aussi important d'idéologues – et d'une aussi bonne qualité intellectuelle – élaborer une conception nouvelle du rôle des États-Unis dans le monde en engageant leur pays dans une série de conflits qui pourraient le mener un jour jusqu'à une confrontation avec d'autres.

Dix-huit mois après le 11 septembre, la rupture avec le passé a pris des formes plus brutales encore. L'Irak, libéré de Saddam Hussein, a rejeté ses libérateurs sans pourtant sombrer dans la guerre civile ni former un front uni de résistance. L'armée américaine, harcelée par les guérillas, a recouru aux tortures comme la plupart des armées qui se sentent environnées par une population hostile. Et comme pour rendre plus scandaleuse encore l'identification de son pays au Bien, elle a multiplié les sévices sexuels les plus humiliants. Le changement de période historique et, derrière elle, de type de société, ne devient-il pas si dramatique qu'il nous oblige à nous interroger sur des ruptures qui vont bien au-delà des initiatives politiques et guerrières de la super-puissance ?

Mon but, en rappelant ces faits maintenant bien connus de tous, n'est pas de donner mon opinion sur la politique élaborée par Paul Wolfovitz, Robert Perle et tant d'autres, au service du président Bush, mais de constater, dès les premières pages de ce livre, une mutation qui affecte, au-delà de la politique internationale des États-Unis, l'ensemble du monde. Août 1914 a été vécu comme une rupture mortelle en Europe ; septembre 2001 marque la fin, non seulement d'une époque, mais surtout d'une certaine conception, d'un certain fonctionnement de la société américaine et de l'ensemble du monde.

Ce sentiment de rupture a été éprouvé dans le monde entier.

La peur

On ne parlait, depuis la chute de l'État et de l'empire communistes, que de société civile et d'affaiblissement des normes dans tous les domaines – et donc de libération des individus. Aucun de ces thèmes n'était superficiel ; aucun ne peut être oublié lorsqu'on entreprend une analyse générale de la vie sociale. Mais ce que nous avons vécu et compris depuis trois ans, c'est que la vie des sociétés, même des plus riches, des plus complexes et des mieux protégées, reste dominée par la peur, la violence, la guerre.

Beaucoup en tirent la conséquence qu'il faut toujours donner la priorité aux armes sur les techniques, à la méfiance sur la confiance, notion qui a joué un rôle si central dans la formation du capitalisme. Cette emprise de la peur, cette conscience d'une menace mortelle qui se rapproche, cette volonté de mener la guerre contre le Mal au nom d'un dieu protecteur, ne sont pas des inventions, des cauchemars américains. Le 11 septembre 2001 est la date d'un certain attentat commis à New York et à Washington, mais celui-ci avait été préparé par d'autres et en annonçait d'autres. En divers points d'un monde arabo-musulman très divers, on a vu se multiplier les « volontaires » d'une mort qui les frappe eux-mêmes autant que leurs ennemis. Ceux qu'on nomme d'un côté « terroristes », et de l'autre « combattants héroïques » contre les ennemis de Dieu et de la Nation, sont aussi des guerriers. Dans une vaste partie du monde, les essais de modernisation ont échoué ; puis les tentatives de créer des États islamiques, après avoir remporté de grandes victoires, surtout en Iran, se sont épuisées et semblent en recul. Et ici, comme aux États-Unis, apparaît, au-dessus de toutes les réalités sociales, l'idée de la guerre sainte qu'il faut mener au nom du Bien contre le Mal.

À un niveau plus faible de violence, on voit dans bien des pays, et même en France, cuirassée dans sa conscience républicaine, la société se fragmenter en communautés. À la fin du XIXe siècle européen, le passage des communautés à la société, des identités collectives au règne de la loi, était pourtant apparu comme un grand progrès. Vivons-nous un moment inverse, le retour aux communautés fermées sur elles-mêmes, dirigées par un pouvoir autoritaire et rejetant comme ennemies les autres communautés ?

Beaucoup diront que ces menaces et ces conflits sont assurément dangereux, mais qu'il est artificiel de réduire l'Occident à la politique guerrière de George W. Bush, et que les auteurs d'attentats ne forment qu'une infime minorité dans le monde islamique. Naguère l'Amérique latine semblait brûler de tous les côtés ; pourtant ses feux se sont éteints et les dictatures militaires, qui se présentaient comme seules capables de mettre un terme aux guérillas et qui avaient déclenché une violence beaucoup plus sanglante, sont tombées à leur tour. Nul ne se satisfait de la situation actuelle, mais nul ne réduit la vie du continent à une dépendance subie par des pays privés de toute action possible. Même l'Afrique, où s'accumulent tant de misère et tant de violence, ne saurait être réduite à des luttes ethniques et à des dictatures sanglantes.

Ne concluons pas, en effet, avant même d'avoir entamé notre réflexion, que la guerre et les violences communautaires détruiront tout sur leur passage. Mais ne nous contentons pas non plus de considérer ces conflits à mort comme autant d'accidents, de cas exceptionnels. Car, si nous regardons autour de nous, nous apercevons des sociétés détruites, bouleversées et manipulées. Nous avons toujours su que la vie publique était plus souvent dominée par les passions que par les intérêts. Mais de plus en plus, dans le monde d'aujourd'hui, les passions visent à la négation de l'autre plutôt qu'au conflit avec lui.

Un monde en recul

Des centaines de millions d'êtres humains, contraints de quitter leur pays par la misère, la violence sociale et les guerres elles-mêmes, sont jetés sur les routes et dans des camps de réfugiés. Une partie d'entre eux, en Chine en particulier, trouvent dans les villes le moyen de survivre – ou même d'entrer dans un nouveau type de vie sociale. Mais ces « paysans dépaysannés », comme les nomme Farhad Khosrokhavar, tous ces jeunes sans emploi et attirés par les reflets de la consommation urbaine mais qui ne peuvent pas intégrer les classes moyennes protégées par des États redistributeurs, et, avec eux, tant d'autres, relevant de diverses catégories du haut au bas de l'échelle sociale et de tous les continents, vivent des changements géographiques et socioculturels qui les détruisent plus qu'ils ne les font entrer dans la modernité.

Nous avions pris l'habitude, dans notre partie du monde, de constater que les progrès du niveau de vie et les politiques de solidarité sociale supprimaient ou réduisaient la grande misère caractéristique des débuts de l'industrialisation. Or, nous ne croyons plus, même dans les pays les plus riches, qu'il suffise de traverser un demi-siècle de travail intense pour accéder à un mode de vie meilleur. Dans les pays les plus riches, dont les citoyens sont le mieux protégés, le bilan des dernières décennies est négatif. Les inégalités sociales augmentent ; les échelles sociales deviennent trop courtes : les « golden boys » ne sont pas en haut de la société nationale, mais au-dessus d'elle, et les précaires et les exclus ne sont pas en bas, mais en dessous de l'échelle, suspendus dans le vide.

Les conquêtes du mouvement ouvrier, la force du syndicalisme, avaient permis à l'État-providence de créer dans les pays industriels de remarquables systèmes de protection sociale ; mais ils perdent aujourd'hui de leur force, et partout des stratégies de recul doivent être organisées pour sauvegarder une couverture acceptable de la maladie, le paiement des retraites, la prise en charge des personnes dépendantes et le recours à des traitements médicaux et à des explorations de plus en plus coûteux. Ces luttes de retardement ne sont pas menées par les catégories les plus pauvres, mais au contraire par celles qui ont la plus grande capacité de pression directe sur l'État ; par des classes moyennes menacées plutôt que par les plus pauvres et les plus faibles. Ceux-ci, les plus défavorisés, disparaissent dans l'obscurité, sombrent dans la marginalité ou l'illégalité.

Faut-il conclure de ces observations pessimistes que nos sociétés, qui ont connu les plus grandes innovations sociales dans le passé, sont désormais conduites au silence, comme si partout le fracas de la guerre et des croisades étouffait l'activité, toute conflictualité sociale, interne, en particulier dans les pays occidentaux. Il est vrai que les nouveaux mouvements sociaux qui s'étaient fait jour après 1968 se sont vite épuisés et que les espoirs mis en eux par différentes catégories d'intellectuels, et d'abord par moi-même, ont été déçus. Les noyaux d'extrême gauche, s'ils offrent une expression politique à ceux qui ne se reconnaissent plus dans les partis traditionnels, ne peuvent proposer ni stratégie à long terme ni objectifs de lutte.

Ce n'est donc pas de ce côté de la vieille gauche et de la très vieille extrême gauche qu'il faut chercher de nouvelles lumières. Même si l'influence du mouvement ouvrier reste considérable dans nos institutions et nos idées, même si les mouvements anti-autoritaires d'après 68 ont eu une réelle influence sur la situation des malades dans les hôpitaux, des travailleurs immigrés, des homosexuels ou des défenseurs des cultures locales, les « problèmes sociaux » n'ont pas suscité la création de grands « mouvements sociaux ». Le lien si étroit qui avait uni les revendications économiques et les luttes politiques des salariés s'est défait, et ce sont les partis politiques, en particulier les partis de gauche, qui ont souffert le plus de cette séparation. La France a vu la quasi-disparition du parti communiste, et la défaite électorale imprévue de Lionel Jospin en avril 2002 impose à la gauche française comme à celle de nombreux pays une redéfinition presque complète d'elle-même. Les partis de droite, en dehors des États-Unis, ne se définissent que par leur soumission à la super-puissance.

OÙ EST LE SENS ?

Toutes ces observations négatives s'inscrivent dans le thème beaucoup plus vaste de la décomposition de la société, de la désocialisation, qui occupera une grande partie des prochains chapitres. Mais à ces deux images qui s'imposent à l'observation : la désocialisation, c'est-à-dire le déclin du social, et la pénétration partout d'une violence aux mille formes, rejetant toutes les normes et les valeurs « sociales », il faut en ajouter une troisième, aussi manifeste que les deux premières : la montée des revendications culturelles, aussi bien sous une forme néo-communautaire que celle de l'appel à un sujet personnel et à la revendication de droits culturels. Nous parlions d'« acteurs sociaux » et de mouvements sociaux ; dans le monde où nous sommes déjà entrés, c'est de sujets personnels et de « mouvements culturels » qu'il nous faudra le plus souvent parler.

Nous ne croyons plus au progrès ; nous sommes angoissés par la décomposition des villes et des zones rurales, par la violence sociale comme par les guerres saintes. Ce qui ne nous condamne pas à un pessimisme trop agréable à vivre pour la plupart des membres des classes moyennes ici et là dans le monde, mais nous conduit à à nous poser la question : d'où viendra désormais le mouvement, quelle force arrêtera la guerre ?

Ce livre voudrait apporter une réponse à cette question en explorant les changements les plus profonds intervenus dans nos sociétés. Il prend le risque de se donner un objectif fort difficile à atteindre, parce qu'il est impossible de vivre sans chercher des réponses aux menaces qui pèsent sur nous et aux transformations qui nous ont déjà fait passer d'un type de société à un autre.

J'ai choisi dans ce premier chapitre d'accorder plus de place aux événements qu'à l'analyse ou à la formulation d'une vision générale à l'intérieur de laquelle prendraient place des considérations particulières. Ce reportage, encore éloigné des enjeux théoriques, doit nous aider à placer les principaux acteurs dans une situation historique concrète.

L'acteur principal est évidemment les États-Unis, mais l'immensité et la diversité de l'espace social dans lequel il évolue rendent difficile de ne pas céder à la fois à la diabolisation de son gouvernement et à la fascination exercée par un pays qui commande la consommation et les communications de masse du monde entier, et qui jouit d'une écrasante avance scientifique et technologique sur les autres pays.

Comment s'y prendre ? Nous devons, je crois, considérer que les États-Unis furent le pays-refuge par excellence, et en même temps une terre de conquêtes, de découvertes et de conflits qui rendirent à la fois fascinante et inquiétante sa vie intérieure. Aujourd'hui, malgré l'arrivée massive des hispanos, les États-Unis sont moins occupés par leurs problèmes internes que par leur rôle international, ce qui a provoqué, depuis la guerre du Vietnam et jusqu'à l'occupation de l'Irak, une montée des débats, des divisions et même des affrontements qui font des États-Unis d'aujourd'hui un pays plus proche du Royaume-Uni de 1904 que des États-Unis de 1954. Ce pays tourné vers l'intérieur et fier de ses succès est désormais confronté à des mouvements populaires et à des politiques d'État qui attaquent son hégémonie et ses entreprises militaires.

Le « monde occidental », cet ensemble vague mais réel, s'est dissout et on a vu la diminution brutale du rôle de la Grande-Bretagne. La toute-puissante Amérique s'intéresse beaucoup moins que naguère à l'Europe et à l'Amérique latine. Entre les États-Unis et la Chine, il n'existe que des centres de décision très secondaires, dont l'Union européenne est la plus visible, et une masse confuse qu'on nomme le monde islamique, tiraillé entre des tentatives de modernisation qui ont déjà échoué, des tentatives de retrait fondamentaliste et des entreprises guerrières.

Cette rapide évocation géopolitique vise d'abord à faire comprendre que ce n'est pas au niveau proprement politique qu'il convient de chercher l'explication des mouvements actuels. C'est au niveau mondial, et l'analyse purement politique ne saurait y suffire.

Mon point de départ, je l'ai dit, est que nous assistons à la décomposition du « social ». L'analyse de la réalité sociale en termes proprement sociaux avait fait suite à l'univers « politique » qui nous avait dominés pendant une longue période, et qui avait commencé avec Machiavel et avait duré jusqu'à Tocqueville, en passant par Hobbes et Rousseau. La crise et la décomposition du paradigme social de la *vie sociale* ont créé un chaos où se sont engouffrées la violence, la guerre, la domination des marchés qui échappent à toute régulation sociale – mais aussi l'obsession identitaire des communautarismes.

L'organisation sociale, menacée d'« en haut » par ce que nous nommons la globalisation, ne peut plus trouver en elle-même les moyens de son redressement. C'est « en bas », dans un appel de plus en plus radical et passionné à l'individu, et non plus à la société, que nous recherchons la force susceptible de résister à toutes les violences. C'est dans cet univers individualiste, très diversifié, que beaucoup cherchent et trouvent un « sens » qu'on ne trouve plus dans les institutions sociales et politiques – et qui peut seul accoucher d'exigences et d'espoirs capables de susciter une autre conception de la vie politique.

Les trois thèmes que je viens d'évoquer : 1) la décomposition du social, 2) la montée des forces placées au-dessus de la société : la guerre, les marchés, le communautarisme, la violence personnelle et interpersonnelle, et enfin 3) l'appel à l'individualisme comme principe d'une « morale », ne sont-ils pas liés les uns aux autres ? N'est-ce pas le déclin du social qui provoque à la fois la montée de la violence et le recours au sujet personnel ?

La proposition centrale sur laquelle peut se reconstruire une analyse sociale positive est, selon moi, que l'envahissement du champ social par des forces impersonnelles (qui peuvent être nommées *non sociales*) ne saurait plus être combattu par des réformes sociales, conquises par un mouvement social ; il ne peut l'être que par un appel à des principes d'action *qui ne sont pas*, eux non plus, *sociaux*, puisqu'ils mettent directement en cause ce que nous appelons les droits humains. Quand tout est question de vie et de mort, les interventions publiques ne sauraient suffire à régler les problèmes. La vie n'est pas seulement ce qui est, mais le mouvement par lequel les acteurs, au lieu de s'identifier à une valeur ou à un but extérieurs, découvrent en eux-mêmes, dans la défense de leur propre liberté, leur capacité d'agir de manière autoréférentielle, comme le faisait la « société » dans la situation précédente. Ainsi se crée un sens qui résiste à la logique du pouvoir et du marché, et tout autant à celle de l'intégration communautaire. Mais il faut ajouter, avant même de présenter de manière approfondie ces hypothèses, que ce sujet conscient de soi ne se réduit nullement à une attitude de méditation intérieure, de recherche de soi par l'élimination des influences exercées sur le moi par le monde extérieur ; il s'affirme avant tout en luttant contre ce qui l'aliène et l'empêche d'agir en fonction de la construction de lui-même. Le sujet personnel lutte contre les formes de vie sociale qui tendent à le détruire, mais tout autant contre le type d'individualisme qui est manipulé par les stimulations des marchés et des programmes. En même temps, de manière négative se développent, dans les pays et les catégories qui se définissent avant tout par la domination qu'ils subissent, des revendications communautaires. Celles-ci confèrent à l'affirmation de soi comme sujet un soutien puissant, mais tendent aussi constamment à la détruire.

Le sujet est, plutôt qu'une parole libératrice, une action et une conscience qui ne s'affirment le plus souvent que par leur combat contre les forces organisées qui, tout en donnant une existence concrète au sujet, risquent de le renverser, selon le modèle bien connu des mouvements religieux, politiques et sociaux qui, au nom d'un dieu, du peuple ou de la liberté et de l'égalité, se sont emparés du pouvoir et ont réduit au silence les libertés personnelles, comme le fit Lénine dès la fin de 1917.

Le sujet n'est ni un « supplément d'âme » ni un instrument aux mains des fondateurs d'appareils de gestion publics ou privés.

Une définition du nouveau paradigme ne pourra être formulée qu'à la fin de cette première partie. Mais dès maintenant, nous comprenons qu'il ne se définit ni comme une étape du progrès ni comme une idéologie ou une représentation du monde. La décomposition des ensembles sociaux et culturels fermés sur eux-mêmes, à la façon des systèmes holistes analysés par Louis Dumont, libère d'un côté des forces de changement de moins en moins contrôlées, ce qui est le cas du capitalisme mondialisé, mais aussi de divers types de crise, de rupture, de violence, qui expriment aussi le processus général de désocialisation (c'est-à-dire la dissolution des mécanismes d'appartenance à des groupes et à des institutions capables de pérenniser leur intégration et de gérer leurs transformations). Mais elle libère aussi un rapport à soi-même, une conscience de liberté et de responsabilité qui était prisonnière des mécanismes institutionnels dont le rôle était d'imposer à tous des valeurs, des normes, des formes d'autorité et l'ensemble de nos représentations sociales. Cette double dissociation peut déboucher tout aussi bien sur l'affaiblissement (voire la disparition) de l'espace proprement social, que sur le surgissement d'autres institutions.

L'analyse que j'entreprends est normative : elle repose sur l'idée que dans la société d'aujourd'hui, il existe, d'un côté, des forces de destruction des acteurs sociaux, qui agissent en invoquant la nécessité naturelle, et, en face d'elles, des figures du sujet (religieuses, politiques, sociales ou morales), qui résistent à ce qui menace la liberté. Entre les deux se maintiennent (ou même se renforcent) des institutions qui s'efforcent de donner forme à l'autonomie du social. Car, aujourd'hui comme hier, il n'est pas inévitable que le bien gagne ou que le mal l'emporte, et pas davantage que le monde social soit assez fort pour résister par lui-même à la puissance des éléments déchaînés. Si mon analyse est normative, elle n'est pas apologétique.

Le sociologue que je suis ne cherche pas, bien entendu, à détruire la sociologie. Mais il faut bien comprendre qu'il n'existe aucune raison convaincante pour identifier la sociologie à l'analyse d'une seule voie (ou d'une seule étape) de la modernisation. N'oublions pas que si les catégories « sociales » se décomposent aujourd'hui, elles se sont substituées aux catégories « politiques » il y a moins de deux siècles. Et puis l'analyse sociologique ne se forme pas à l'écart des faits observables. Je ne parlerais pas de crise du social, de montée de la violence non sociale et de sujet personnel si tous ces phénomènes n'étaient déjà constatables autour de nous et en nous-mêmes.

Je n'en appelle ici ni à un âge d'or disparu ni à une nouvelle conception du progrès. C'est de notre expérience que je parle, et en premier lieu de la situation historique dans laquelle s'opère le changement de paradigme dont ce livre veut rendre compte.

CHAPITRE II

La mondialisation

Des États de l'après-guerre à la mondialisation de l'économie

Après la Seconde Guerre mondiale, aussi bien dans les nouveaux pays créés sur les ruines du système colonial que dans les pays communistes et la plupart des pays occidentaux, on vit apparaître des États volontaristes qui cherchaient à créer une nation nouvelle, à redresser une économie détruite par la guerre ou encore à améliorer rapidement les conditions de vie des travailleurs.

Le *Welfare State*, institué en Grande-Bretagne en 1943 par le plan Beveridge, était assurément très différent de la Sécurité sociale française, créée en 1945, mais, dans ces deux cas comme dans tous les autres, la figure centrale de la vie économique et sociale était bien l'État, à la fois parce qu'il était le seul à détenir les ressources suffisantes pour impulser une politique économique et parce qu'au lendemain de la guerre, les bouleversements sociaux et nationaux exigeaient que soient profondément transformées les lois et la définition même de la vie politique.

L'État intervint donc dans tous les domaines (économique, social et culturel), souvent de manière autoritaire, mais, dans le cas de la plupart des pays occidentaux, avec la volonté d'associer à la reconstruction économique de profondes réformes sociales et une transformation de la conscience nationale. En Europe, pendant longtemps, se maintiendra l'espoir de réussir un développement économique plus soucieux des problèmes sociaux que ne l'était le modèle américain. Michel Albert a ainsi opposé le capitalisme rhénan, c'est-à-dire de type allemand, dans lequel la cogestion et le rôle des syndicats occupent une place importante, au capitalisme anglo-saxon, dont les objectifs sont exclusivement économiques. Et ce n'est qu'à la fin du siècle que le capitalisme rhénan apparaîtra comme un handicap plus qu'une force motrice face au triomphe des marchés internationaux et à la rapidité d'action des décideurs libéraux.

En fait, tous les aspects économiques de cet interventionnisme de l'État entrèrent plus ou moins vite en décadence, surtout dans les pays qui ne disposaient pas d'une bonne administration publique et où la corruption était active. Mais, jusqu'au début du XXIe siècle, s'est maintenue dans certains pays l'idée que la nationalisation des activités économiques est d'une importance vitale pour le progrès du pays. En France, en particulier, il s'est créé une conception quasi religieuse des nationalisations, et lors de la grande grève de 1995, on entendit encore, parmi les cheminots et leurs amis, exalter l'État comme porteur des valeurs universelles face à une bourgeoisie qui ne défendrait que des intérêts particuliers.

Malgré ces résistances, le nouveau mode de modernisation, fondé sur la libre entreprise et le rôle central du marché dans l'allocation des ressources, s'est vite installé partout. C'est ainsi que le contrôle et la régulation de l'économie s'appuient de moins en moins sur des objectifs ou des normes étrangères à l'économie. Tout au long du dernier quart du XXe siècle, l'État interventionniste a été presque partout (et presque complètement) remplacé à la fois par un État qui cherche avant tout à attirer les investissements étrangers et à faciliter les exportations nationales, et par des entreprises qui s'intègrent de plus en plus dans des ensembles transnationaux et sont associées à des réseaux financiers qui, appuyés sur de nouvelles techniques mathématiques, peuvent tirer des profits importants de la circulation des informations en temps réel. Ces rapides transformations sont la conséquence directe d'une internationalisation de la production et des échanges qui vont aboutir à la *globalisation* de l'économie.

Notre propos n'est pas de décrire en détail cette globalisation, cette mondialisation de l'économie, mais il faut la situer en termes historiques afin de pouvoir comprendre ses effets sur la désagrégation des sociétés contemporaines.

Revenons donc sur la période qui s'est ouverte au milieu des années soixante-dix jusqu'à la chute du mur de Berlin, et a pris fin avec l'attentat qui a détruit les tours du World Trade Center à New York. Cette période avait commencé avec la crise du pétrole, autrement dit après un déplacement massif de ressources venues du Japon et de l'Europe occidentale en direction des pays pétroliers, qui placèrent leurs réserves dans des banques de New York afin de générer des intérêts, ce qui témoignait déjà d'une forme de globalisation de l'économie. Depuis un tiers de siècle au moins, malgré l'agressivité du camp soviétique au début de la période, le monde occidental a pris une avance considérable dans presque tous les secteurs de la vie industrielle et économique, où les États-Unis ont acquis une position de plus en plus dominante. Une vision économique de l'histoire s'est alors imposée, conférant de plus en plus d'importance aux facteurs économiques et technologiques du changement social. La mondialisation des marchés, la croissance des entreprises transnationales, la formation de réseaux (*networks*) dont Manuel Castells a bien souligné l'importance capitale, et la nouvelle efficacité d'un système financier capable de transmettre les informations en temps réel, la diffusion par les mass media, par la publicité et par les entreprises elles-mêmes de biens culturels de masse le plus souvent américains, tous ces faits, maintenant bien connus de tous, ont créé cette globalisation caractérisée à la fois, aux yeux de nombre d'analystes, par un élargissement rapide de la participation aux échanges internationaux et par l'emprise d'un grand capitalisme dont les centres de décision sont le plus souvent américains. Et le monde, en effet, semble désormais quadrillé par une extension presque sans limite du modèle américain.

Pourtant, dès le début, les écologistes soulignèrent l'impossibilité d'une généralisation de ce modèle, et rapidement des protestataires se manifestèrent dans toutes les parties du monde, tandis que se multipliaient les soulèvements contre les États-Unis. Plus récemment, les graves conséquences de la crise boursière, déclenchée par une forte spéculation sur les valeurs technologiques, ont accentué la défiance à l'égard des grandes entreprises qui sont apparues moins comme l'avant-garde de la modernisation que comme les agents d'une spéculation effrénée, ou comme des sources d'enrichissement direct pour leurs dirigeants. Au tournant du siècle, les mouvements anticapitalistes en vinrent à dominer une partie importante de l'opinion, et à induire une capacité de mobilisation massive des salariés et des consommateurs mécontents. On vit ainsi se former un important mouvement d'opposition contre la globalisation, qui choisit vite de changer son nom, pour mieux faire entendre que son objectif était de construire un autre type d'organisation mondiale (altermondialisation).

Un capitalisme extrême

Si le thème de la globalisation a acquis une importance politique centrale, c'est pour une raison qui n'est pas économique mais idéologique : ceux qui ont chanté le plus fort la gloire de la globalisation ont en effet voulu imposer l'idée qu'aucun mode de régulation sociale ou politique d'une économie mondialisée n'était plus ni possible ni souhaitable, puisque l'économie se situait à un niveau mondial et qu'il n'existait pas d'autorité capable d'imposer des limitations à l'activité économique à ce niveau-là. L'idée même de globalisation portait en effet en elle la volonté de construire un capitalisme extrême, libéré de toute influence extérieure, exerçant son pouvoir sur l'ensemble de la société. C'est cette idéologie d'un capitalisme sans limites qui a suscité tant d'enthousiasme et tant de contestation.

La longue histoire des capitalismes nationaux est profondément liée à l'histoire générale de chaque pays. Il n'en va plus de même aujourd'hui, car les seules institutions puissantes au niveau mondial, les banques et surtout le Fonds monétaire international ou l'Organisation mondiale du commerce, cherchent à imposer une logique économique aux États et non pas des objectifs sociaux et politiques aux acteurs économiques. Pendant de longues années, cet enthousiasme pour la globalisation a été contesté surtout par les défenseurs d'intérêts locaux ou nationaux et de productions qui avaient besoin de la protection nationale pour garantir leur existence dans la concurrence mondiale. Les agriculteurs européens et nord-américains, par exemple. Malgré tout, l'Organisation mondiale du commerce s'est renforcée de manière décisive quand la Chine en est devenue membre. Et les résistances locales se sont largement fondues dans un mouvement planétaire d'opposition à la fois au capitalisme « global » et à la puissance américaine qui est son principal appui. Le forum de Porto Alegre en a été le haut lieu.

Certains pensent que l'affaiblissement ou la décomposition des sociétés et des États nationaux constituent des étapes vers la formation d'une vie politique et culturelle autant qu'économique au niveau mondial. Cette idée n'est-elle pas conforme à ce que nous constatons depuis longtemps, à savoir la constitution d'ensembles sociaux de plus en plus vastes ? À cet égard, la formation des États nationaux, imposant leur pouvoir à des seigneurs ou à des collectivités locales, villes ou monastères, a été assez longue et tumultueuse pour que nous soyons préparés à ce que l'élaboration d'une société mondiale soit lente et difficile mais tout aussi inéluctable.

Personne ne saurait écarter une telle hypothèse, mais lorsque nous cherchons à définir une période plus limitée, c'est dans une direction opposée que nous nous sentons portés : non vers la formation d'une société mondiale, mais vers la dissociation croissante des mécanismes économiques, qui fonctionnent au niveau mondial, et des organisations politiques, sociales et culturelles qui n'agissent qu'à une échelle plus réduite, perdant toute capacité d'interaction avec le niveau mondial. De sorte que ce qu'on appelait *société* éclate, puisqu'une société est définie par l'interdépendance dans le même ensemble territorial des secteurs les plus divers de l'activité collective. La mondialisation de l'économie n'entraîne-t-elle donc pas nécessairement le déclin de l'État national, et par conséquent une dérégulation de plus en plus massive de l'économie ?

Ces rapides indications nous permettent de dégager les principales implications culturelles et sociales de la globalisation. La plus manifeste est la formation d'une société de masse dans laquelle les mêmes produits matériels et culturels circulent dans des pays de niveaux de vie et de traditions culturelles très variés. Ceci ne signifie nullement la standardisation générale des consommations et l'« américanisation » du monde entier. On voit au contraire se mêler divers courants contraires. Le premier d'entre eux est l'influence culturelle exercée par les grandes entreprises de consommation et de loisirs : Hollywood est bien l'usine à rêves du monde entier. Mais on constatera aussi qu'elle ne fait pas disparaître pour autant les productions locales. Car on assiste, d'un autre côté, à la diversification de la consommation dans les pays les plus riches. À New York, Londres ou Paris, il y a plus de restaurants étrangers qu'autrefois, et l'on peut y voir davantage de films en provenance d'autres pays du monde. Enfin, on assiste aussi à une résurgence de formes de vie sociale et culturelle traditionnelles ou nourries par la volonté de sauver une culture régionale ou nationale menacée. Mais partout, comme un effet de ces tendances opposées, s'accélère le déclin des formes de vie sociale et politique traditionnelles et de la gestion nationale de l'industrialisation.

Le cas le plus visible est celui des syndicats. En France, par exemple, la syndicalisation du secteur privé est devenue très faible, surtout dans les petites et moyennes entreprises. Le syndicalisme anglais, dominé par le syndicat des mineurs et la gauche, a été vaincu par Madame Thatcher et ne s'est pas relevé de cette défaite. Aux États-Unis, où le taux de syndicalisation est plus élevé, les syndicats ont peu d'influence et l'époque de Walter Reuther et du grand syndicat de l'automobile est bien loin de nous.

Pendant les années 1980-1990, alors que déclinait puis se brisait l'empire soviétique, le thème de la société de l'information et de la communication, à partir du développement d'Internet et des réseaux financiers, s'imposa à l'opinion mondiale. Période assez courte mais décisive, pendant laquelle la guerre et les impérialismes apparurent privés de sens par la fin de la lutte entre les deux blocs et l'affaiblissement de ce qu'on nommait le tiers-monde. La pensée sociale accorda une importance centrale à l'analyse d'un nouveau type de société, aux contours plus larges que la société industrielle ou post-industrielle, et même que la société de l'information, qui avait été définie par les technologies qui formaient ce que Georges Friedmann avait appelé une nouvelle révolution industrielle. Ce type de pensée était aussi d'une nature différente de celle qui avait présidé aux analyses centrées sur l'affrontement du capitalisme et du socialisme, ou sur les problèmes de la dépendance de bien des pays à l'égard d'un pouvoir de décision extérieur.

La société de l'information a été créée par des entrepreneurs d'un nouveau type, enthousiastes, et portés par une nouvelle conception de la société. C'est le cas du groupe Linux, formé en Californie par de véritables chevaliers (ou moines !) de l'informatique, qui élabora une morale, celle de l'*enjoyment*, opposée au puritanisme si bien décrit par Max Weber, et qui joue à une autre échelle le rôle qui avait été celui des saint-simoniens en France au début de l'industrialisation. Cette société de l'information se construit sur un nouveau mode de connaissances, de nouveaux investissements et une représentation transformée des objectifs du travail et de l'organisation sociale.

La rupture des sociétés

S'agit-il d'ailleurs vraiment d'une nouvelle société ? Dans les types antérieurs de société, le mode technique de production était inséparable d'un mode social de production. Dans la société industrielle, l'organisation du travail, telle qu'elle fut définie par Taylor puis par Ford, consistait à transformer le travail ouvrier pour obtenir le meilleur profit possible, et le travail au rendement, qui fut si répandu, était avant tout une forme extrême de domination de classe. Le monde de l'information est au contraire purement technologique, c'est-à-dire que ses techniques sont socialement neutres et n'ont pas par elles-mêmes de conséquences sociales inévitables. Est-ce à dire qu'il n'y a plus ici de rapports de domination ? Non, bien sûr. Mais les conflits de classes, si l'on peut encore les nommer ainsi, se situent désormais au niveau de la gestion globale, surtout financière, plutôt qu'au niveau du travail et de l'organisation de la production. La société industrielle était fondée sur l'usine ou l'atelier ; et c'est à ce niveau aussi qu'étaient apparus les syndicats, avec leurs revendications, leurs grèves et leurs négociations collectives. L'image que suggère la globalisation est celle de réseaux d'informations et d'échanges qui peuvent n'avoir pratiquement aucune existence matérielle, et la transformation des entreprises au cours des vingt dernières années a souvent consisté à externaliser des secteurs de production, à fragmenter, donc à réduire, la taille des entreprises dans des proportions considérables. L'image devenue classique d'un noyau central de l'entreprise constitué de « manipulateurs de symboles », comme les nomme Reich, fait bien comprendre la perte d'importance des travailleurs « productifs ».

Les grands conflits se forment désormais autour de l'orientation du changement historique, de la modernisation. Pour reprendre une distinction importante, les mouvements *sociaux* formés dans un type de société sont remplacés par des mouvements *historiques* qui répondent à un type de gestion du changement historique. La globalisation est, il faut le répéter, une forme extrême de capitalisme qui n'a plus de contrepoids. La lutte des classes disparaît donc, non pas parce que les relations entre employeurs et salariés seraient devenues pacifiques, mais parce que les conflits se sont déplacés des problèmes internes de la production vers les stratégies mondiales des entreprises transnationales et des réseaux financiers.

Les mouvements opposés à la globalisation consacrent l'essentiel de leur temps à critiquer la politique des États-Unis et des pays les plus riches, tout en essayant de donner une forme à de très nombreux mouvements de base constitués dans divers pays ; mais ils n'ont pas su proposer jusqu'à présent une analyse générale des conflits qui se formeraient au niveau mondial.

Le mouvement écologique est dans une situation analogue ; il défend la nature, la terre ; il attaque ceux qui détruisent l'environnement, et il défend l'idée d'un *développement durable*, c'est-à-dire les intérêts de ceux qui sont trop loin, dans l'espace ou dans le temps, pour se faire entendre. Mais il se heurte à la résistance des États et n'a obtenu que des résultats limités.

La notion de classes sociales s'est imposée à l'époque où les diverses catégories de salariés, à commencer par celle des ouvriers, étaient avant tout définies par des rapports sociaux vécus dans le travail. Quand on parle de globalisation, c'est de catégories générales qu'il faut se servir et celle de classes ne l'est pas assez. C'est d'ailleurs de l'humanité ou de générations futures qu'on entend le plus souvent parler, ou encore des nations pauvres plutôt que d'une catégorie socialement définie. La définition de l'acteur historique n'est plus donnée en termes sociaux mais dans un vocabulaire d'une autre nature, mettant plus directement en cause la dignité de certains individus, les conditions de survie de la planète ou la diversité des cultures. Les notions proprement sociales, comme celle de classe sociale, perdent de leur force d'explication et de mobilisation.

Le rôle dominant du marché, de la concurrence et des coalitions d'intérêts, sans oublier la corruption, n'est pas une nouveauté. Et si l'on parle de « néo-libéralisme », c'est bien parce que la fin du XIXe siècle avait été dominée par le libéralisme, avant que le syndicalisme et les partis « ouvriers » n'introduisent de nouveaux modes de régulation de l'économie par l'État, et des éléments de protection sociale pour tous ainsi que la redistribution du revenu. Ce qui est nouveau, c'est que la concurrence n'oppose plus des pays comparables, comme c'était le cas quand la Grande-Bretagne, l'Allemagne, les États-Unis ou la France étaient en concurrence et en même temps passaient entre eux des accords économiques et politiques d'ouverture des marchés ; elle oppose les pays riches, et plus ou moins « sociaux-démocrates », à des pays où les salaires sont plus bas et les syndicats inexistants (et où il existe, à l'occasion, un vaste secteur de travail forcé). Or, il a été impossible jusqu'à présent de coordonner les politiques sociales et fiscales à l'intérieur de l'Union européenne. Cette nouvelle donne doit être acceptée. Il serait vain de croire qu'on peut élever des barrières autour d'une économie nationale. Une telle politique aurait – et a eu dans le passé – des conséquences très négatives. Les interventions de l'État ne doivent plus servir à maintenir en vie des entreprises non compétitives ou à apporter des garanties à certaines catégories sociales pour des raisons politiques et à rebours de toute rationalité économique. La résistance des pays européens à cette transformation est considérable, mais elle recule de plus en plus.

Aucun problème politique n'est plus important pour ces pays, et ceux qui ont adopté un modèle social comparable, que la recherche d'un nouveau mode d'intervention politique, qui ne porte pas atteinte à la compétitivité mais protège néanmoins la population contre la brutalité d'une économie libérale sur laquelle la plupart des pays n'ont aucune capacité d'influence. La difficulté proprement politique de ce problème est démontrée par le nombre des gouvernements, dans bien des pays, qui s'y sont cassé les dents. Plus grande encore est la difficulté d'élaborer un ensemble d'interventions en faveur de ceux dont la personnalité se brise ou s'épuise face à des agressions répétées, et de ceux qui ne peuvent plus trouver un emploi qui leur convienne. Et comme la protection sociale doit être renforcée en même temps que la lutte contre l'inégalité, il est difficile de fixer *in abstracto* l'ampleur du glissement budgétaire acceptable par une population qui aspire à mesurer les progrès accomplis.

Ceux qui trouvent ces tâches trop difficiles à accomplir et souhaitent toujours davantage que l'État se contente d'apporter des aides à ceux qui en réclament déjà le plus conduisent leur pays à la chute. Il doit exister en permanence une forte tension entre la course à la créativité et à la compétitivité et l'effort visant à permettre au plus grand nombre possible d'habitants de chaque pays de construire sa vie et d'influer sur son environnement.

Les entreprises européennes ont réalisé de grands progrès et se sont internationalisées ; mais l'effort des Européens en matière de création, de diffusion et d'application des connaissances reste insuffisant, et partout, à des degrés divers, on échoue à donner à chacun la possibilité d'être un acteur, bien préparé, protégé, informé et orienté, de la vie sociale. Il n'y a de solution ni dans le maintien de l'État-providence actuel ni dans l'acceptation d'un libéralisme sans limite. Seul le renouvellement de nos idées sur la société et ses transformations peut nous permettre de concevoir pleinement les politiques sociales qui permettront de dépasser l'État-providence en modifiant ses objectifs et surtout les modes d'intervention publique.

L'ALTERMONDIALISME

Résumons-nous. La globalisation ne définit pas une étape de la modernité, une nouvelle révolution industrielle. Elle intervient au niveau des modes de gestion du changement historique. Elle correspond à un mode capitaliste extrême de modernisation, catégorie qui ne saurait être confondue avec un type de société, comme la société féodale ou la société industrielle. Et la guerre, froide ou chaude, appartient à cet univers des concurrences, des affrontements, des empires, et non pas à celui des sociétés et de leurs problèmes internes, y compris de leurs luttes de classes.

Autour du thème général de l'antiglobalisation, se regroupent une grande diversité de revendications qui voudraient converger dans un projet d'altermondialisation. Le succès du forum de Porto Alegre provient de ce qu'il a tenté de rassembler des mouvements sociaux et des courants d'opinion qui cherchent à donner un sens positif aux manifestations de Seattle, Göteborg, Gênes et bien d'autres qui avaient, avant tout, une fonction critique. Ainsi s'est organisé un mouvement aussi puissant que diversifié, qui défie les plus importants dirigeants de l'économie globale.

Une vague de sympathie a accompagné les David défiant les Goliath de la finance internationale. Et l'état de l'économie, si souvent présentée comme une étape du progrès, apparaît maintenant aux yeux de beaucoup comme une construction mise au service des privilégiés et au détriment des plus pauvres. Si le mouvement antiglobal s'est rebaptisé altermondialiste, c'est, nous l'avons dit, pour indiquer clairement qu'il n'est pas contre l'ouverture mondiale de la production et des échanges et qu'il lutte pour une autre mondialisation, qui n'écraserait pas les faibles, les intérêts locaux, les minorités et l'environnement au seul profit de ceux qui détiennent déjà la richesse, la puissance et l'influence.

Le mouvement altermondialiste occupe une place aussi importante aujourd'hui que le socialisme aux premières décennies de la société industrielle. L'un et l'autre luttent avant tout contre la direction capitaliste de l'économie et de la société. L'un et l'autre, par conséquent, ont attaqué et attaquent un mode de développement plutôt qu'un type de société défini par des formes de production, d'organisation et d'autorité. Le mouvement altermondialiste en appelle à une gestion démocratique des grandes transformations historiques. Rôle qui est et restera différent de celui du syndicalisme dans la société industrielle, qui fut un mouvement social d'importance centrale dans un type de société donné. Mais la faiblesse de l'altermondialisme, qui est aussi manifeste que son succès, provient de ce qu'il ne parvient pas à définir clairement au nom de qui, de quels intérêts ou de quelle conception de la société il lutte, de sorte qu'une certaine confusion s'instaure entre la défense de certains intérêts acquis et des revendications menées effectivement au nom des catégories les plus directement dominées. Inversement, ce serait une erreur de ne voir dans ce mouvement qu'un rassemblement lâche de groupes minoritaires. La même erreur avait été commise à propos du premier mouvement de défense du Larzac, qui n'était pas passéiste, mais au contraire porté par des paysans innovateurs luttant contre l'extension improductive d'un camp militaire. Le mouvement altermondialiste est un élément central de notre époque, parce qu'il s'oppose directement à la globalisation en tant que prétention à éliminer toutes les formes de régulation sociale et politique de l'activité économique.

Que dire, en conclusion de cette évocation de la globalisation, de cette période pendant laquelle elle a dominé la réalité économique et la pensée sociale ? Que nous sommes passés d'une période dominée par les problèmes structurels générés par un système socio-économique à une époque où c'est le triomphe du capitalisme, et donc d'un certain mode de gestion du changement historique, de modernisation, qui occupe la place centrale. Oui, tel est bien le sens principal de la globalisation. Il faut maintenant s'interroger sur ce qui a suivi le grand tournant de septembre.

De la société à la guerre

Il est plus difficile, mais encore plus nécessaire, de définir ce qui oppose cette courte période, que j'ai définie de manière imagée comme celle qui s'étend symboliquement de la chute du mur de Berlin à la destruction des tours du World Trade Center, à la grande rupture qui lui a mis fin et qui a fait triompher l'esprit de guerre. Contrairement à ce qui est encore souvent affirmé, la période de la globalisation est restée caractérisée par la circulation accélérée des biens et des services, mais aussi d'œuvres et de pratiques culturelles – et même de représentations sociales et politiques. Ce n'est plus la logique d'un type de société qui s'impose, mais ce n'est pas encore celle d'une croisade ou d'un empire. La période qui s'est définie avant tout par la globalisation a été dominée par le capital financier plus que par le capital industriel, ce qui a conduit à l'éclatement de la bulle technologique, mais elle a conu un mode de transformation du monde qui reste multilatéral. Les États-Unis ne se croyaient pas encore investis seuls du devoir de sauver le monde. Et ceux qui s'opposaient à la globalisation, tout en formulant de justes critiques, ne réalisèrent pas que c'est précisément pendant cette période que s'est affirmée la sensibilité multiculturelle. Or, dans la phase actuelle de la politique américaine, le multiculturalisme est abandonné. Il ne s'agit plus de comprendre l'autre et de reconnaître les différences entre le modèle culturel occidental et le modèle islamique, par exemple, mais de combattre l'islam – ou plutôt ceux qui font la guerre en son nom. La vague d'anti-américanisme, qui n'a cessé de croître, surtout depuis le début de la deuxième Intifada et la guerre d'Irak, laisse trop souvent croire qu'il ne se produit aucun changement dans un monde totalement dominé par la puissance américaine. Au contraire, les changements sont profonds et rapides : une vision civile est remplacée par une vision militaire. Pendant les années qui ont précédé 2001, les États-Unis – et par conséquent la plus grande partie du monde – qui vivaient dans une société dominée par les problèmes économiques et technologiques, et par la montée de nouveaux mouvements sociaux, en particulier le féminisme et l'écologie politique, avaient encore conscience de vivre une transformation globale du monde qui n'était pas entièrement dans les mains du gouvernement. La globalisation dégageait l'économie de tous les autres secteurs de la société, et la société était dominée par l'économie ; les nouveaux guerriers n'étaient pas encore au pouvoir.

Le passage d'une logique de la société, ou plus précisément du changement social, à celle de la guerre s'observe aussi du côté des islamistes. Les grands projets de fondation de républiques islamiques, dans l'esprit de ce qu'avait fait Khomeyni, échouent et sont abandonnés. Ceux qui préparent et exécutent l'attentat du 11 septembre sont des combattants dont l'objectif a changé : il est de détruire et de terroriser l'ennemi, comme le font les combattants palestiniens dans une logique qui a été (et est encore) celle des militants d'une cause nationale prêts à mourir pour la libération de leur pays.

Même si nous ne percevons pas assez clairement le passage d'une logique à une autre, nous sentons fortement que nos catégories d'analyse de la vie sociale se décomposent rapidement, ne nous sont plus utiles. Nos problèmes intérieurs sont désormais commandés par des événements qui se produisent à un niveau mondial ou continental. Chacun de nous cesse peu à peu de se définir comme un être social. Bien avant que s'impose l'idée d'une guerre sainte, nous parlions déjà moins souvent des problèmes du travail et de la vie professionnelle. Ils étaient masqués par ceux de l'emploi, c'est-à-dire du non-emploi, du chômage et de la précarité. Et quand les salariés d'une usine que ses propriétaires fermaient pour cause de délocalisation, bien qu'elle fît des bénéfices, se mettaient en grève, occupaient l'usine, barraient les rues ou menaçaient de tout faire sauter, les téléspectateurs s'émouvaient de leur malheur, mais ne s'associaient à aucune protestation.

Nous avons découvert peu à peu que les événements, les conflits politiques, les crises sociales qui se produisent près de nous sont commandés par des événements lointains. Les circonstances locales ne portent pas vraiment le sens des événements qui s'y déroulent, bien que la situation locale ajoute un sens secondaire à des événements qui s'expliquent avant tout au niveau mondial.

Depuis la Seconde Guerre mondiale, nous savons qu'il faut chercher l'explication des nouvelles locales au niveau du monde entier. Notamment avec la guerre froide et l'extension du régime communiste à l'immense Chine. Plus encore, au cours des dernières années, il est devenu évident que le lieu central des conflits mondiaux est le morceau de terre que se partagent Israéliens et Palestiniens.

UN MONDE GLOBALISÉ

Nous vivons en France, plus que dans d'autres pays, les conséquences indirectes de cet affrontement, parce que Juifs et Arabes y forment des collectivités nombreuses. Ils ont longtemps vécu côte à côte dans un calme relatif, mais à partir de la seconde Intifada, qui a transformé les guérillas en luttes à mort, on a vu se constituer des « communautés » dans des quartiers et dans des lycées ; des injures et des sévices ont été échangés entre Juifs et Arabes. Les actes antisémites ont fortement progressé en nombre et en gravité, et une campagne d'opinion vigoureuse a été lancée en Amérique pour dénoncer l'antisémitisme qui renaîtrait en France, en agitant le spectre des campagnes menées naguère contre le capitaine Dreyfus et en rappelant les lois antijuives de Vichy. Pourtant les attaques ont changé de nature : les allusions racistes sont devenues rares ; en revanche, les attaques contre Israël occupent une place dominante et les Juifs sont accusés d'utiliser la Shoah qu'ils ont subie pour réprimer avec la plus grande violence le mouvement national palestinien. Pendant ce temps, de petits groupes néo-nazis s'attaquent aux sépultures juives et arabes.

Comment ne pas voir que l'explication de l'antisémitisme en France, inséparable du racisme anti-arabe, se trouve à Jérusalem autant qu'à Paris ? C'est dans la guerre à mort qui déchire la Palestine qu'il faut chercher les raisons d'être d'un anti-israélisme qui porte directement en lui un antisémitisme renforcé par des thèmes issus de la réalité française, en particulier l'inégalité avec laquelle la France traite les Juifs et les Arabes. Et c'est presque uniquement contre les Arabes que se développe un racisme tempéré par le fait que l'anti-islamisme est avant tout culturel.

L'attentat du 11 septembre 2001 à New York ne saurait, lui non plus, être réduit à sa dimension locale : il fut un défi, lancé par Al-Qaïda, à la puissance américaine, et la deuxième guerre d'Irak a renforcé de mois en mois cette interprétation : le monde islamique et les États-Unis s'affrontent et chaque camp peut frapper en n'importe quel point du globe.

Mais c'est aussi cette situation qui a fait émerger l'action humanitaire, portée par le thème de la nécessaire ingérence dans les affaires d'un État qui viole massivement les droits fondamentaux d'une partie de sa population. Et, malgré la faiblesse de leurs moyens, c'est d'Amnesty International, de la Croix-Rouge, de Médecins Sans Frontières et de Médecins du Monde que nous recevons les meilleures informations sur les drames et les scandales qui agitent le monde, tandis que nos gouvernements semblent se noyer dans des problèmes subalternes et que l'Europe elle-même paraît incapable d'intervenir au-delà de ses propres frontières.

Comment traiter de l'idée de globalisation sans se référer à celle que l'on oppose le plus directement à elle, et qui a suscité tant de passion, celle du *choc des civilisations* tel que Samuel P. Huntington l'a exposé dans son livre, *Le Choc des civilisations* ? Alors que l'idée de globalisation suggère un monde dominé par des entreprises ou des réseaux économiques et financiers, vecteurs de biens, de services, de valeurs et d'intérêts, la théorie de S. Huntington recourt à la notion de civilisation, le mot étant employé au pluriel, c'est-à-dire en un sens très différent de celui que lui donnait la France du XVIIIe siècle, et qui correspond mieux à l'idée allemande de *Kultur*, pour soutenir que les conflits principaux du monde actuel engagent bien plus que l'économie et la politique : l'opposition d'ensembles globaux, surtout culturels et en particulier religieux, animés par des États qui ont une forte capacité de mobilisation.

En fait, cette idée générale est appliquée à deux ordres de conflits assez différents. D'abord aux affrontements proprement culturels, sociaux et politiques à la fois, comme ceux qui déchirèrent la Serbie, la Croatie et la Bosnie. Ensuite aux conflits pour la domination du monde, comme celui qui a opposé l'Occident au bloc soviétique pendant la guerre froide, celui qui oppose les États-Unis à l'islam aujourd'hui, et celui qui les opposera demain à la Chine – à moins que celle-ci ne décide d'engager sans tarder sa puissance dans la lutte pour la domination du monde. Entre ces deux types extrêmes il existe des cas réputés « intermédiaires », ceux en particulier où l'essentiel de la lutte vise la conquête du pouvoir politique et où les cultures (et d'abord les religions) ne sont que des « ressources » mobilisées par les adversaires l'un contre l'autre.

S. Huntington peint pour nous un monde multipolaire et

insiste sur le déclin de l'Occident qui a cru pendant longtemps qu'il jouissait du monopole de la modernité et de la puissance, et qu'il incarnait, à lui seul, l'idée d'universalisme. Sa thèse serait faible si elle se contentait de mettre en scène une lutte très inégale entre un empire central et des sociétés ou des États périphériques incapables de le défier véritablement. Huntington nous montre au contraire un Occident (c'est-à-dire les États-Unis) en perte d'hégémonie et menacé par la montée d'autres civilisations.

Ceux qui placent la globalisation au cœur de la représentation du monde montrent à l'inverse que celui-ci est dominé par l'hégémonie américaine, puisque les réseaux mondiaux sont en très grande partie dans les mains des Américains. Et c'est contre eux que se sont formés les mouvements altermondialistes.

L'opposition des deux thèses n'est si complète que parce qu'elles sont en partie complémentaires. Ce qui a valu à l'approche de Huntington un si vaste courant d'approbation, c'est qu'elle met en évidence le rôle de plus en plus central des appartenances et des croyances culturelles, et en particulier religieuses, dans des conflits que plusieurs générations d'analystes avaient essayé d'expliquer en termes purement économiques ou politiques. À cet égard, Huntington a sûrement raison de parler de l'Islam là où tant d'autres auteurs ne veulent entendre parler que du pétrole. Mais ces données culturelles sont impliquées dans des politiques et des luttes qui, elles, n'ont que faire des frontières des États. Al-Qaïda, en particulier, recrute, on le sait, des militants souvent fortement insérés dans les pays occidentaux. Ce n'est donc ni l'économie ni les civilisations qu'il convient de placer au centre de l'analyse mais les forces de mobilisation des ressources nécessaires à l'action politique.

Il faut aller au-delà de cette première réflexion. Le monde politique est dominé par l'affrontement des États-Unis (et de ses alliés les plus fidèles), de l'Islam ou de ce qu'on nomme tel. Qu'on l'accepte ou non, la thèse de Huntington appelle aujourd'hui une proposition plus positive sur les rapports de la religion et de la politique dans un monde qui vit et vient de vivre de grands conflits dont les acteurs se désignent eux-même comme religieux. Est-ce sans raison que j'ai ouvert moi-même ce livre sur le coup de tonnerre du 11 septembre 2001 à New York et sur l'entrée du monde dans un état de guerre, qui, depuis lors, a pris de plus en plus la forme d'attentats et d'exécution d'otages qui nous propulsent en pleine barbarie et font obstacle à la compréhension des causes de ces combats, et à la recherche des solutions à leur apporter ?

Pour progresser dans l'analyse, il nous faut retourner à notre point de départ qu'est la globalisation, en tant qu'elle signifie, au-delà de la mondialisation des échanges, la séparation entre l'économie et la société, séparation qui porte en elle la destruction de l'idée même de société. Nous avons vu se séparer la puissance objective des États-Unis et la résistance subjective, nationale, religieuse ou autre, de groupes ou de nations qui ne peuvent plus se défendre que subjectivement par l'appel à leur ethnicité ou à leur histoire. C'est quand cette subjectivité et cette exigence d'identité se développent dans un vide politique que les rapports entre les nations peuvent se réduire à une guerre entre des adversaires définis par leurs cultes, leurs religions ou leurs lois.

Dans un passé déjà lointain, l'Iran de Khomeyni s'est attaqué aux États-Unis ; on a vu de même, en Afghanistan, au Soudan et en Algérie en particulier, des groupes politiques islamistes créer ou tenter de fonder de nouvelles républiques islamistes. Mais après les années conquérantes sont venus les échecs, en particulier celui des Talibans en Afghanistan. Et les grandes entreprises politico-religieuses ont fait place à des conduites de guerre, à des attaques contre le pouvoir hégémonique américain, dont Al-Qaïda semble être l'agent principal.

Nous avons entendu, il y a cent ans, Lénine défendre l'idée du rôle de l'avant-garde révolutionnaire, puis vu naître, soixante ans après, l'idée du *foco*, forgée en Amérique latine, afin de mettre en valeur le rôle d'une avant-garde encore plus réduite – et encore plus coupée des « masses ». Aujourd'hui, nous avons affaire à une guérilla de kamikazes qui mènent des actions armées dont l'effet sur l'opinion est immense, mais qui ne se réfèrent à aucun projet religieux. Beaucoup d'entre ces terroristes autosacrifiés semblent être mus surtout par la haine de l'ennemi. Dans le cas palestinien, la composante religieuse du mouvement a été limitée (sauf au début du mouvement, quand était si important le rôle tenu par ces chrétiens influencés par le marxisme).

L'histoire récente tourne donc le dos à la thèse de Huntington, mais n'est-ce pas toute l'histoire mondiale qui la rejette ? C'est aux XVIe et XVIIe siècles que nous avons vécu des guerres de religion. Ensuite, la concurrence des États, les luttes économiques, les ambitions totalitaires ont inspiré des guerres où la religion n'a joué qu'un rôle secondaire, sauf lorsqu'on mettait en scène des peuples ou des nations qui cherchaient à conquérir leur indépendance, comme ce fut longtemps le cas de la Pologne. Bref, la thèse de Huntington, brillante et bien présentée, surgit au moment historique où elle s'applique le moins...

CHAPITRE III

L'Europe, un État sans nation

Bien des analystes regardent la décomposition de la « société » et l'affaiblissement des États nationaux sous l'effet de la globalisation comme une étape normale dans la formation d'ensembles de plus en plus vastes. Et leur argument principal repose sur la création de l'Union européenne, où ils voient aujourd'hui se forger une volonté politique, une culture, une conscience commune de citoyenneté. La création d'une Europe intégrée est en effet une extraordinaire réussite ; mais je ne vois pas s'affirmer d'État national au niveau européen. Au contraire, l'intérêt de la construction de l'Europe est qu'elle naît de la dissociation d'une économie mondiale, d'une gestion économique continentale, du renouveau de la vie locale et du maintien des identités nationales. C'est pourquoi l'importance historique de cette construction ne peut pas être séparée du rôle très restreint qu'elle joue dans les transformations profondes de la vie sociale que je cherche à mettre au jour.

Déclin de l'État national ?

On a beaucoup parlé du déclin de l'État national. Et en particulier les Européens, qui se sentent de plus en plus appartenir à des ensembles territoriaux plus vastes ou plus restreints qu'un État, définissent ces ensembles en termes économiques ou culturels, et de moins en moins institutionnels ou politiques. Mais on ne peut pas se contenter d'affirmations aussi vagues. D'abord parce que beaucoup d'Européens se sont sentis appartenir, dans l'histoire moderne, avant tout à une ville et à sa région : Amsterdam, mais aussi Leyde et Hambourg, Florence et Sienne, autant de villes-États, qui ont joué un grand rôle au moins pendant une certaine période, avant d'être incorporées à un État national.

L'État national a eu trois fonctions principales : créer une bureaucratie d'État capable d'intervenir dans le développement économique ; exercer un contrôle sur les mœurs et les sentiments, comme l'a montré surtout Norbert Elias dans ses études sur la monarchie absolue et notamment sur la cour de Versailles ; faire la guerre, pour constituer un territoire national ou se défendre contre les attaques d'États ennemis. Qu'en est-il aujourd'hui de l'État national et, dans le cas européen, peut-on parler de son déclin ou de sa disparition, hypothèses qui pourraient être étendues à l'Amérique latine ou à d'autres parties du monde ?

L'action administrative et économique de l'État s'est accrue, mais elle est en même temps débordée par les conséquences de la globalisation économique et de la construction européenne elle-même. Le rôle de formation, d'éducation, mais aussi de contrôle moral et de répression de l'État a nettement régressé, en partie comme conséquence des progrès de la science, en partie par les conquêtes d'un individualisme consommateur et hédoniste. Au total, l'État national est beaucoup moins qu'avant un cadre général d'identification collective. Anglais, Allemands ou Français n'identifient plus leur conscience nationale à la politique de leur État. Au contraire, on peut penser que l'intégration européenne a renforcé la conscience nationale en

Italie, parce que le pays tout entier a dû faire de grands efforts pour entrer complètement dans une Europe monétaire ; mais cette conscience nationale était très faible, étant donné l'échec relatif de l'unité italienne au XIXe siècle. Les citoyens des autres pays aiment à se moquer des nationalismes européens ; mais c'est confondre le présent avec le passé. Le drapeau national flotte sur beaucoup plus de bâtiments, même privés, aux États-Unis ou en Suède qu'en France ou en Italie. Reste ce sentiment de supériorité des « vieux » pays qui ont fait pénétrer leurs armes, leur langue et leurs produits sur de vastes territoires...

La création de l'Europe, et d'abord de la Communauté européenne du charbon et de l'acier, avait eu pour objectif premier de rendre impossibles des guerres entre pays européens. Or, aucun d'eux ne songe plus à déclencher un nouveau conflit, toujours susceptible de faire couler autant de sang et susciter autant d'horreur que les conflits précédents. Cette volonté de rendre impossibles des guerres qui l'étaient en fait déjà devenues, du fait de l'abaissement de l'Europe au moment du règlement final après la chute de l'Allemagne et du Japon, n'était pas artificielle. Elle a engagé les six pays qui avaient pris l'initiative de la construction européenne dans une nouvelle forme de vie politique, bien que nul n'ait parlé alors d'Europe fédérale, alors que de Gaulle, lui, parlait de « l'Europe des patries ».

La réussite de l'Europe créée par Schuman, de Gaulle, Adenauer, Monnet, De Gasperi, Spaak et d'autres, s'explique d'abord par l'absence de débats théoriques et idéologiques tout au long de son histoire. L'Europe a progressé pas à pas, accompagnant le mouvement mondial de libéralisation et maintenue unie par l'existence du danger soviétique.

La grande réussite des États européens a été la création de ce que Jacques Delors a appelé le « modèle social européen », dont il fut le meilleur artisan. La Grande-Bretagne, puis la France, à la fin et au lendemain de la Seconde Guerre mondiale, ont créé des systèmes de sécurité sociale différents l'un de l'autre, mais qui ont donné corps à l'idée de *Welfare State*, cette idée qui continue à caractériser les pays européens, et en premier lieu les pays scandinaves, pourtant très réticents à l'égard de l'Europe politique. Ces pays, mettant à profit le legs des luttes ouvrières et de la puissance des partis socialistes, ont permis à leurs citoyens de vivre dans des conditions qui n'étaient qu'un espoir lointain pour les générations de militants qui avaient ouvert la voie aux grandes réformes sociales de l'après-guerre. Ce qui rend difficile de parler de la disparition de l'État national dans des pays où la dépense publique atteint ou dépasse la moitié du produit national. Pays de solidarité sociale, les pays européens sont devenus aussi des pays de mémoire – ou de refus de mémoire –, d'une manière si diversifiée que cet effort a accentué les différences entre les consciences nationales, tout en affaiblissant leur hostilité mutuelle.

L'Europe est l'exemple le plus probant de création d'un ensemble politique et économique supranational, mais cette réalisation a été vécue par sa population comme le fruit d'une initiative prise par des dirigeants politiques fermement engagés, pendant la guerre froide, du côté américain. Les mouvements de base qui s'appuyèrent sur un fort courant d'anti-américanisme et dénoncèrent la construction européenne comme une manœuvre du « grand capitalisme américain et mondial » traduisaient la déception profonde de beaucoup, au-delà même des partis, face au recul des réformes et des espoirs suscités par la Libération, et qui avaient été soutenus par des partis communistes qui avaient alors une grande influence, en particulier en France et en Italie ; mais ces mouvements d'opinion ne parvinrent pas à se transformer en partis politiques.

La construction européenne fut ainsi perçue comme

l'œuvre de dirigeants politiques et de hauts fonctionnaires dont l'action n'avait aucune légitimité démocratique. Cette Europe, à laquelle les sociaux-démocrates et les démocrates-chrétiens ont apporté un appui décisif, a été réalisée grâce aux liens personnels de certains responsables français et allemands : de Gaulle et Adenauer, Giscard d'Estaing et Schmidt, Mitterrand et Kohl, assurément tous démocrates, mais qui ne répondaient pas à une volonté populaire claire. La construction de l'Europe ne se fit pas sous le contrôle de l'opinion publique ; elle fut seulement un objet d'attention pour les instituts de sondage.

L'image de l'Europe est restée longtemps intermédiaire entre celle d'un projet d'unité continentale et celle d'un instrument de la domination américaine. La multiplicité des mesures de rapprochement entre villes, étudiants ou milieux professionnels a sensibilisé davantage à la diversité du continent qu'elle n'a suscité d'enthousiasme pour son unité. Mais il est vrai que l'idée européenne est restée vivante et a même été de mieux en mieux acceptée, ce qui a permis de renforcer l'intervention de la Commission sur la vie économique et sociale des pays européens et de leurs citoyens.

Une Europe sans Européens se construit. L'ampleur de la réussite impressionne le monde entier ; le nationalisme des grandes puissances européennes s'est évanoui ; partout on se dit européen, pour ne plus avoir à se dire allemand ou italien. Les Espagnols, eux, se sentent plus fortement européens que les autres car cet adjectif symbolise le succès de leur grand projet : revenir dans le groupe de tête des pays du continent et mettre fin à deux siècles de retard sur leurs voisins.

Les progrès de l'Europe sont impressionnants, mais pour autant ils ne confèrent à l'Union européenne aucun poids dans les affaires internationales. De leur côté, les habitants des divers pays européens ne s'identifient comme tels que quand ils ne souhaitent pas être identifiés à leur pays.

Si je réfléchis à ma propre évolution, je constate d'abord l'affaiblissement de ma conscience d'être français. J'ai aimé ce pays, qui était le seul que je connusse dans mon enfance, et dont la langue avait donné forme à mes émotions et à mes idées. J'étais à la fois naturellement et volontairement français. C'est de juin 1940 que date la première blessure qui a mis fin à mon identification complète avec une France dont la capitulation avait été humiliante. Plus tard, après la Libération, j'ai découvert la médiocrité qui avait été celle de mon pays avant et pendant la guerre, et j'ai éprouvé le besoin de m'éloigner à la fois de mon milieu étudiant et de la vie française. J'ai cherché à m'ouvrir à d'autres parties du monde, sans que jamais pourtant se dissolve mon attachement à mon pays. J'ai effectué professionnellement de nombreux séjours aux États-Unis et au Canada, en Italie, en Espagne, et dans bien d'autres pays, et je me suis attaché à l'Amérique latine presque comme à une seconde patrie, tout en restant très français. Sous des formes très diverses, je suis convaincu que la plupart des Européens ont connu une évolution analogue à la mienne : abandon de tout nationalisme, ouverture à la diversité du monde, tout en restant profondément attachés au pays qui les a modelés, autant par ses institutions, sa langue, sa littérature que par son histoire.

C'est peu à peu, et surtout avec la préparation du traité de Maastricht, que cette Communauté économique européenne a commencé à se transformer en Communauté européenne, puis en Union européenne. Désormais, il était impossible de laisser l'Europe se faire par elle-même ; il a fallu élaborer une politique spécifique pour parvenir à la création, réussie malgré l'abstention britannique, d'une monnaie unique et à un projet d'élargissement qui a abouti à incorporer le centre et l'est du continent. Les Français acceptèrent du bout des lèvres ce traité. D'autres pays l'auraient refusé, si l'on avait consulté leurs citoyens.

La question que désormais chacun se pose, même si la

plupart des participants à la construction européenne restent partisans d'une définition empirique de celle-ci, peut être formulée ainsi : l'Europe sera-t-elle un État national, comme l'ont été l'Angleterre et la France ? Existera-t-il bientôt une conscience et une identité européennes, et les Européens se désigneront-ils sous ce nom plutôt que sous celui d'Anglais, d'Allemands ou d'Italiens, quand ils se présenteront à des Américains ou à des Japonais ?

L'UNITÉ EUROPÉENNE EST-ELLE POSSIBLE ?

Un grand pas en avant a été réalisé lorsque a surgi l'idée d'une Constitution européenne. Des Allemands, comme Jürgen Habermas ou Daniel Cohn-Bendit, mus par leur hostilité profonde à tout nationalisme allemand, prirent la tête d'une campagne en faveur de la création d'une citoyenneté européenne. Mais cette poussée fut de courte durée. L'idée d'une Constitution fut relancée, mais de manière plus pragmatique, lorsqu'il s'est agi d'incorporer de nouveaux États-membres. Cet effort est d'autant plus nécessaire que les États défendent tous leurs particularismes, leurs intérêts nationaux. Le succès, qui reste encore incertain au moment où j'écris, de ce projet de Constitution, s'accompagne paradoxalement d'un recul du sentiment européen. Du coup, la Constitution européenne n'a plus d'autre finalité que la survie de l'Union. Très utile et méritant le soutien d'une large majorité, cette Constitution ne fondera pas le « patriotisme de la Constitution » dont parlait Jürgen Habermas. Dans de nombreux pays, il ne se trouverait pas de majorité pour soutenir un tel document, et des succès électoraux importants ont été remportés par les adversaires de l'idée européenne – dans la Flandre belge ou les Pays-Bas, après l'Autriche et le monde scandinave, toujours hésitant à l'égard de l'Europe. En France, à la surprise de beaucoup, le parti socialiste, soutien constant de l'idée européenne, se divise et l'un de ses dirigeants construit son projet de candidature présidentielle sur une victoire du non.

L'Europe, à mesure qu'elle s'étend, qu'elle se diversifie et qu'elle intervient davantage dans la vie des États-membres, semble ainsi se refermer sur elle-même, sur ses problèmes internes, en même temps qu'elle ne parvient toujours pas à jouer un rôle important dans les affaires du monde. Quel Européen peut évoquer sans un vif sentiment de honte l'incapacité de l'Europe à empêcher les massacres de Bosnie, et à imposer une paix aux belligérants ? Quel Européen peut être satisfait de l'Europe, quand on prononce les noms de Sarajevo, Vukovar et Srebrenica ?

Bien avant l'invasion de l'Irak par les États-Unis, avec l'appui de nombreux pays européens, et surtout des nouveaux membres de l'Union libérés de la domination soviétique, le doute s'était installé sur la possibilité de créer une société européenne et un État national européen. Aujourd'hui, l'idée fédérale a reculé, elle n'est plus qu'à peine mentionnée. Les Européens ont certes reçu un passeport « européen » qui définit leur nouvelle nationalité, mais peut-on pour autant parler de *citoyenneté* européenne, au sens où les Français de la période révolutionnaire s'interpellaient du nom de citoyens ?

UE ET USA

Les Européens, comme beaucoup d'autres habitants de la planète, vivent dans une multiplicité de temps et d'espaces. Ils se pensent en se plaçant simultanément au niveau local, régional, national, mondial et même parfois européen. Ils ne gardent qu'une vague mémoire nationale, quand ils ne vivent pas dans un présent sans passé ni avenir. Sont-ils unifiés par des habitudes communes de consommation ? Ce n'est pas évident. Les Italiens ne ressemblent pas plus aux Néerlandais qu'autrefois, même si les uns et les autres peuvent parler ensemble des mêmes stars de la Formule 1 ou des désastres écologiques. Je l'ai dit, l'affaiblissement des identités nationales n'est pas compensé par la formation d'une identité continentale.

Il est vrai que la première génération des nouveaux membres de l'Union européenne s'est remarquablement rapprochée du groupe de départ. L'Espagne, le Portugal, la Grèce et l'Irlande sont vraiment entrés dans l'Europe, ou y ont retrouvé leur place, et il en sera de même probablement, au-delà des turbulences initiales, pour les grands pays que sont la Pologne, la Hongrie et la République tchèque.

Peut-on parler pour autant d'une société européenne ? On l'a pu, dans une certaine mesure, tant que le « modèle social européen » a eu, face au libéralisme américain et au modèle japonais de la grande entreprise, une forte réalité fondée sur la redistribution des revenus par le moyen des impôts, et par la distribution de prestations égales pour tous ou qui aident davantage les plus faibles. Mais ne faut-il pas parler des difficultés et du recul de ce modèle ? Comment ne pas voir que s'impose partout la conception libérale de l'économie, dont les critères de politique macro-économique sont à l'opposé du modèle social européen, puisque c'est l'équilibre budgétaire qui apparaît comme la clé du progrès économique, en opposition avec les politiques keynésiennes ?

Le modèle européen est certes loin d'avoir disparu : l'écart est encore grand entre les prélèvements de l'État sur le produit national en Europe et ce qu'ils sont aux États-Unis (et aussi au Royaume-Uni, depuis Madame Thatcher). Quant à la France et à l'Allemagne, elles se font sévèrement tancer par la Commission, mais elles n'en réduisent pas plus vite leurs déficits budgétaires.

L'Europe, au total, est un agent efficace, par sa prudence même, de la construction en Europe du modèle libéral qui triomphe au niveau mondial plutôt que le créateur d'un autre modèle.

Faut-il en conclure que l'Europe a perdu son dynamisme originel, qu'elle s'affaiblit à mesure qu'elle s'étend et qu'elle pèse au total peu à l'intérieur du processus de globalisation ? Il est vrai que l'Europe est de moins en moins interventionniste, sans être aussi libérale que le voudraient les dirigeants de l'Organisation mondiale du commerce. Il lui reste un espace réduit d'initiative, défini plutôt en termes négatifs, c'est-à-dire de suppression des obstacles à la libre circulation des biens, des capitaux, des informations – et même des personnes.

Cette conclusion pessimiste s'est renforcée pendant la période où l'Europe a pris un retard important par rapport aux États-Unis dans la mise en œuvre des nouvelles technologies de l'information et de la communication. Retard accompagné d'une montée du chômage. En France, la conscience du déclin a conduit à l'angoisse et à l'éclatement de la grève de 1995, qui a débordé largement les revendications des services publics. Ces grèves, qui ont suscité une vive polémique entre intellectuels et syndicalistes, en appelaient au retour à l'intervention massive de l'État dans la vie économique, ce qui n'était pas dans l'ordre du possible et témoignait surtout d'une opposition absolue aux politiques libérales. Or, certains pays, et singulièrement la France, ont beaucoup de difficulté à se libérer du modèle dirigiste et planificateur si longtemps prédominant au sein de la gauche, et cela en dépit de l'écroulement économique du modèle soviétique. En France, la défense du secteur public, accru par les nationalisations de 1981, reste pour beaucoup la condition principale du progrès social, et cette approche est chargée de sentiments anti-européens. Dans l'Europe prise dans son ensemble, nul n'aspire au retour à l'économie dirigée et il plane un doute croissant sur l'efficacité du modèle social européen.

L'attentat du 11 septembre et la guerre américaine contre l'Irak ont divisé l'Europe : un grand nombre de pays ont appuyé les États-Unis ; d'autres, la France en premier lieu, se sont opposés aux décisions unilatérales des États-Unis, appuyés dans leur refus de la guerre par une grande partie de l'opinion publique. Ce qui affaiblit encore l'Union européenne.

L'ÉTAT EUROPÉEN

Il faut conclure de tout cela que, si les pays européens échappent à l'enfermement sur eux-mêmes, ce n'est pas parce qu'ils formeraient désormais une seule nation, mais parce qu'ils construisent un État. Cet État existe d'ailleurs déjà, puisqu'une grande partie de l'Europe dispose d'une monnaie commune et que les parlements nationaux consacrent une partie importante de leur activité à adapter les lois de leur pays aux directives communautaires. Mais ce qui empêche l'Europe d'être aujourd'hui un véritable État est qu'elle n'a pas de politique internationale.

Même si elle intervient économiquement dans différentes régions du monde, l'Europe n'a aucun poids politique, en particulier au Moyen-Orient. L'un des points les plus importants du projet de Constitution est d'ailleurs la création des conditions nécessaires à l'exercice d'une politique extérieure, à une géopolitique européenne. Ce point est capital. Face à la politique de confrontation décidée et menée par les États-Unis, surtout depuis le 11 septembre, il faut souhaiter qu'une politique extérieure européenne cherche à établir des relations d'une nature différente avec le monde islamique, ou du moins avec certains des pays qui le composent. L'Europe a pris une décision importante en acceptant le principe d'une adhésion de la Turquie à l'Union européenne, alors que l'essentiel du territoire de ce pays se trouve en Asie et que sa (longue) histoire est liée à un islam conquérant, quand bien même Atatürk lui a imposé une laïcisation qui a eu des effets durables. Ce pays, qui n'a jamais été colonisé et qui se rapproche depuis plus d'un siècle de l'Europe, a déjà fait des pas importants vers une combinaison d'économie libérale, de démocratie politique et de culture islamique. Et il ne semble pas impossible qu'on puisse voir des tendances analogues se développer (et même l'emporter) en Iran. Ainsi pourrait s'ouvrir un espace favorable à une politique européenne qui s'appuierait sur les pays dotés d'un État capable de décisions et qui ont connu des tentatives de modernisation. Ce qui n'est pas le cas dans une grande partie du monde arabe. La difficulté ici réside moins dans les obstacles que rencontre un tel projet de politique internationale que dans la peur de l'Europe de modifier ses rapports avec les États-Unis. L'Europe s'est placée en situation de dépendance militaire à l'égard des États-Unis et l'écart technologique en ce domaine s'est beaucoup accru depuis les années quatre-vingt, si bien que la marge d'initiative des Européens est très réduite. La solution qui avait été autrefois évoquée par beaucoup, la construction des deux piliers de l'OTAN et de l'Alliance atlantique, a perdu toute crédibilité après l'aveu d'impuissance des Européens à régler les problèmes de l'ancienne Yougoslavie (et aujourd'hui, la position de la Grande-Bretagne suffit à elle seule à rendre impensable une telle solution). Il faudrait donc que les Européens soient en situation de prendre des initiatives diplomatiques importantes dans certains pays islamiques ou dans d'autres parties du monde pour retrouver une certaine capacité d'action autonome face aux États-Unis, tout en évitant naturellement une confrontation qu'ils ne sont pas en état de soutenir.

Dès lors, les Européens seront-ils incapables d'assumer quelque mission mondiale que ce soit ou seront-ils de plus en plus absorbés par les problèmes internes de leur propre continent ? On retrouve ici l'opposition déjà signalée entre les opinions publiques et les gouvernements. Dans la plupart des pays européens, l'opinion publique aspire à une politique internationale unifiée et exprime une volonté d'indépendance plus grande à l'égard des États-Unis. Mais rien de cela ne se traduit au niveau des gouvernements.

L'IMPUISSANCE EUROPÉENNE

L'impuissance européenne ne se manifeste pas seulement au niveau de la politique internationale : la majeure partie de l'élite scientifique et industrielle mondiale est attirée par les États-Unis en raison de la qualité de ses centres de recherche et de ses grandes universités.

Il serait donc temps que l'Europe, en surmontant les faiblesses et l'impuissance de chacun des pays européens, crée un réseau d'institutions et de centres de recherche d'excellence qui seraient capables de rivaliser avec les États-Unis – ou de collaborer avec les universités et les laboratoires américains sur un pied d'égalité. Mais nous sommes loin d'être capables d'atteindre un tel but, et si la politique européenne de la recherche a pris de l'ampleur, c'est au prix d'une lourdeur administrative qui décourage tous ceux qui ne participent pas à des projets de très grande taille.

L'Europe est donc encore bien loin de composer un véritable État, mais elle y tend néanmoins. À l'opposé, il est impossible, je l'ai dit, de parler d'une nation européenne, et encore moins d'une patrie, d'un *Heimat* européen.

L'élargissement de l'Union européenne accentue encore sa faiblesse comme nation. Que tous les pays-membres appartiennent à la même aire « culturelle », définie en termes très généraux, n'empêche pas les nations et les gouvernements d'être très différents les uns des autres. Peut-on dire que Waterloo et Aboukir soient des souvenirs communs aux Anglais et aux Français ? L'opposition classique des pays protestants et des pays catholiques a-t-elle disparu, comme celle qui sépare les buveurs de thé des buveurs de café, ou ceux dont le fond de cuisine est l'huile et ceux pour qui c'est le beurre ?

Beaucoup de Français, d'Italiens ou d'Allemands se sentent moins dépaysés à New York que dans bien des villes européennes. La Grande-Bretagne aime à regarder vers le grand large, c'est-à-dire vers les États-Unis, tandis que l'Italie se sent méditerranéenne. Ces différences venues d'une longue histoire sont une des attractions majeures de l'Europe. Pourquoi vouloir une culture européenne quand nous en avons plus de vingt ? Les Européens restent convaincus de la nécessité de construire l'Europe ; ils acceptent l'extension des compétences de l'Union ; ils reconnaissent que les pays indiscutablement européens qui viennent d'entrer dans l'Union avaient le droit d'y entrer. Tout cela, disent-ils, est de l'ordre du raisonnable, de la bonne gestion, et dans la logique du grand projet européen. Mais où sont, dans tout cela, la conscience d'appartenance, la mémoire collective, et les projets sociaux qui donnent un sens concret à l'idée nationale ? Et sur quoi repose l'idée que l'Europe se substitue aux États nationaux dans la vie collective des citoyens des pays européens ?

Sur un plan politique ou pratique, un tel débat n'a pas une très grande importance, puisque l'Union européenne elle-même a renoncé à se substituer complètement aux États et à se transformer en États-Unis d'Europe. Mais il est important, pour comprendre les changements qui transforment profondément notre vie, de reconnaître que l'affaiblissement des États et des systèmes politiques nationaux n'est pas compensé par le progrès de la construction européenne. Et il faut écarter l'idée, assez répandue, que nous vivons avant tout un changement d'échelle. En fait, le cadre traditionnel des États-nations ne se reconstruit pas au niveau européen et ne compense pas les effets de la globalisation.

Faut-il s'en affliger ? Oui, car l'Europe n'a pas l'influence internationale que sa population et son niveau de développement appellent. Oui, aussi et surtout, parce que l'Europe apparaît comme une zone de faible progrès, ou même de stagnation, dans un monde bouleversé par la croissance accélérée de la Chine et par l'hégémonie américaine. Ce qui n'empêche pas de penser que c'est en Europe qu'il est le plus agréable de vivre.

Il faut écarter les illusions d'un discours « européiste » extrême et reconnaître qu'il faut chercher à un autre niveau, plus fondamental, la raison d'être du déclin d'une certaine vision de la vie sociale. Cette fausse réponse écartée, il faut faire face à ce que j'appelle « la fin du social » et en tirer les conséquences pour nos propres analyses.

L'affaiblissement de l'Europe provient de ce qu'elle ne croit pas à son avenir. Elle est mécontente de l'hégémonie américaine mais pas assez pour chercher à jouer un rôle géopolitique égal à celui des États-Unis ou de la Chine. Sans pour autant aspirer à devenir neutre, car elle sait bien qu'elle appartient au monde des privilégiés. Et si les opinions publiques sont quelquefois davantage disposées à agir, les gouvernements craignent de susciter un conflit avec les États-Unis. De ce point de vue, les Américains n'ont pas tort de juger sévèrement ces Européens qui n'ont « ni armes, ni idées, ni volonté ».

L'ABSENCE DE CONSCIENCE EUROPÉENNE

C'est bien la faiblesse de la société européenne (ou des sociétés européennes) qui explique la difficulté de l'Europe à agir comme un État. Ce constat doit nous convaincre que les chances de l'Europe dépendent de la capacité qu'auront ses gouvernants de répondre aux intérêts et aux revendications de ses membres et d'être « représentatifs », comme l'ont été les gouvernements démocratiques des derniers siècles.

Tout, dans la méthode suivie jusqu'à présent pour construire l'Europe, a fait obstacle à ce que l'État européen soit démocratique. L'idée de l'Europe n'est pas sortie de la volonté populaire ou d'un grand mouvement d'opinion, je l'ai rappelé. La Commission est restée à peu près indépendante d'un Parlement qui n'était perçu dans aucun pays comme le centre de la création des lois ; ce qui explique la faible participation aux élections européennes. Il existe, il est vrai, un fort courant d'opinion en faveur du renforcement des pouvoirs du Parlement, et même de son droit de renverser la Commission. Mais cette tendance, qui a déjà permis des transformations importantes, est contrecarrée par l'élargissement de l'Europe qui donne l'impression à tous les pays qu'il est de plus en plus difficile pour eux d'orienter les décisions prises à Bruxelles. Si le pouvoir de la Commission a diminué au cours des dernières années, c'est plutôt au profit du Conseil des chefs d'État et de gouvernement, à mesure que l'idée européenne s'éloignait du fédéralisme.

La construction européenne a néanmoins tant d'avantages que seule une petite minorité la rejette. Mais elle est si peu exaltante qu'elle transforme les pays européens en observateurs critiques de l'histoire mondiale. Et cette absence de motivation dans un monde où de vastes territoires se modernisent en s'imposant de grands sacrifices annonce un déclin, lent d'abord, et accepté sans difficulté, mais qui se fera plus rapide ensuite et suscitera des crises internes de plus en plus graves.

L'Europe n'est plus un continent de combattants ; elle devient un continent de retraités.

Ne poussons pourtant pas trop loin la critique. Sommes-nous les principaux responsables de la faiblesse des initiatives européennes, en particulier dans le domaine international ? Non. Une des causes principales de la transformation de la politique européenne est que l'unilatéralisme nouveau pratiqué par les États-Unis, en faisant fi du système des Nations unies qu'ils avaient institué eux-mêmes, a privé les pays européens de presque toute influence et n'a laissé aucun rôle à l'Amérique latine. Une expression comme « le monde occidental » n'a presque plus de sens. Ce qui unissait fortement l'Europe occidentale et l'Amérique du Nord au temps du danger soviétique a disparu, et les États-Unis seuls se sont engagés dans la défense mondiale du Bien contre le Mal.

Il faut en conclure non seulement que l'Europe est un État sans nation, mais que cet État est faible, menant une action plus gestionnaire que politique. Et puisque l'Europe n'est pas une nation, c'est à l'espace intellectuel, scientifique, artistique et culturel que forment un ensemble de pays, de villes, de courants d'idées, d'écoles, de centres de recherche qu'il faut demander d'être plus créateur, plus indépendant des États-Unis, plus cosmopolite et multiculturel aussi.

CHAPITRE IV

La fin des sociétés

LA REPRÉSENTATION SOCIALE DE LA SOCIETÉ

L'idée qui est au départ de ce livre est, je le rappelle, qu'au-delà d'événements dramatiques et de changements économiques à long terme, nous vivons la fin d'un type de société, et en premier lieu d'une représentation de la société dans laquelle le monde occidental a vécu pendant plusieurs siècles.

Ce paradigme qui s'affaiblit s'est construit sur l'idée que la société n'a pas d'autre fondement que social. Ce n'est pas lui qui s'est imposé d'abord, au moment où disparaissait l'ordre religieux du monde. C'est en effet l'ordre politique qui occupa sa place, et d'abord l'État. La formation des États modernes, des monarchies absolues, mais aussi des villes-États, et plus tard des États nationaux, a été la grande création de cette période, qui peut être nommée aussi la période des révolutions, depuis celles qui obtinrent le renversement de la monarchie absolue – en Hollande, en Angleterre, aux États-Unis, en France et dans la plupart des colonies espagnoles d'Amérique – jusqu'aux révolutions plus récentes qui débordèrent l'Europe ou se développèrent en dehors d'elle.

C'est le développement de l'industrie qui, beaucoup plus

tard, plaça au cœur de la vie sociale l'économie et les formes d'organisation qui lui sont liées. C'est alors que se forma une représentation proprement « sociale » de la société. Mais la succession de ces deux représentations de la vie sociale intervient clairement à l'intérieur du même vaste ensemble historique. Pendant plus de quatre siècles, unissant les deux types successifs de société, s'est imposée l'idée que la vie sociale était sa propre fin, que l'intégration de la société et la rationalité de son fonctionnement, ainsi que sa capacité de s'adapter à des changements, constituaient l'instrument principal de mesure du bien et du mal. La déviance et le crime furent définis comme ce qui menaçait l'ordre social, et l'éducation familiale ou scolaire fut appelée socialisation. Ces faits sont bien connus, mais il faut les rappeler ici, puisque notre affirmation centrale est précisément que nous vivons la fin de la représentation « sociale » de notre expérience. Rupture aussi importante que celle qui, plusieurs siècles plus tôt, avait mis fin à la représentation et à l'organisation religieuses de la vie sociale.

Cette définition d'un aussi vaste ensemble historique se heurte à deux objections. La première est que les pays qui se constituent en États et en sociétés ont aussi deux autres activités principales : le commerce extérieur et la guerre. L'Européen fut l'homme des grandes expéditions vers l'est et vers l'ouest, et il créa de vastes empires chargés de fournir des richesses à la métropole. Pourtant les empires portugais et espagnol n'ont pas donné naissance à des sociétés du type présenté ici, tandis que très vite, selon l'enseignement de Fernand Braudel, ce sont les Pays-Bas et l'Angleterre qui transformèrent les expéditions et les conquêtes en des sociétés sachant transformer l'or et l'argent en machines, en connaissances et en lois. L'autre activité qui occupait une place centrale dans les pays européens était la guerre, et même si celle-ci fut un facteur de rationalisation de la production, comme on l'a vu dans les arsenaux, il reste que les luttes entre les grands États pour l'hégémonie en Europe et les guerres plus ou moins longues et plus ou moins destructrices qu'elles ont entraînées ont mobilisé une part importante des ressources des États. Cette objection doit rester sans réponse tant les guerres européennes ont été constamment présentes et coûteuses. Mais il faut suivre Max Weber et la plus grande partie des historiens modernes qui révèlent comment, derrière cette histoire militaire, celle des princes et des soldats, s'est formé un autre type de société, celui des bourgeois et des artisans, des administrateurs publics et privés, qui fut aussi celui de la création et de la diffusion massive de la connaissance.

C'est ici que l'on se heurte à la seconde limite, la plus importante, de l'idée de *société*. À l'époque des Lumières, la domination anglaise et française suscita des réactions nationales souvent animées par une politique volontariste d'entrée dans un monde trop entièrement aux mains des Anglais et des Français. Herder en fut le meilleur représentant, plaidant pour le droit des Allemands, des Baltes et des habitants des pays balkaniques à se faire une place dans le nouveau type de société. Mais ces réactions se plaçaient encore à l'intérieur du modèle central. Ce ne fut plus le cas des nationalismes qui, au nom de l'essence particulière d'une culture, d'une histoire et même d'une origine biologique rompirent, ou du moins voulurent rompre, avec le modèle franco-britannique.

La violence de Fichte, en particulier dans ses attaques contre la langue française, et une longue tradition de défense de la nation définie comme créatrice d'une culture et d'un imaginaire particuliers, ont marqué l'Allemagne qui, à d'autres moments, devint le meilleur représentant de la société industrielle avec ses travailleurs, ses employés, ses fonctionnaires et ses entrepreneurs. Inutile de souligner que, dans beaucoup de pays, la sécularisation fut limitée, laissant subsister des liens, souvent très forts, entre l'idéologie d'État et la morale chrétienne, tandis que dans d'autres pays, comme la France, c'est une évolution opposée qui l'emporta, la laïcité devenant davantage un instrument de lutte contre l'Église catholique qu'un pur agent de rationalisation. Mais tous ces facteurs de diversité ne détruisirent pas l'unité de la vision « sociale » de la vie collective.

Comment expliquer l'existence de cette vision et de cette organisation purement « sociale » de la vie collective ? Elle ne peut pas avoir été seulement imposée par un pouvoir, alors que si souvent c'est au nom de la société et de la nation que des princes ont été renversés. Ce caractère purement « social » de la société, cette autofondation de la société manifestent une croyance illimitée en la capacité de ces sociétés de se transformer elles-mêmes. Elles se définirent alors comme « actives » et voulurent que les situations acquises l'emportent sur les situations transmises, sans fixer de limites à leur capacité d'autocréation et d'autotransformation.

J'ai utilisé dans mes premiers livres le mot *historicité* pour désigner cette capacité d'autoproduction et en montrant la montée par étapes de cette historicité, depuis le domaine de la consommation jusqu'à celui de la répartition puis à ceux de l'organisation et de la production proprement dites. L'usage que je faisais de ce mot était différent de celui qu'il reçoit le plus souvent, qui est de désigner la place d'un fait ou d'un ensemble dans une évolution globale ; je voulais montrer que la société avait une conscience croissante de se produire elle-même au lieu de n'être définie que par des évolutions quasi naturelles. L'usage que je faisais alors de la notion d'historicité n'a pas été bien accueilli, mais je le maintiens, car là est l'essentiel : nos sociétés se sont considérées comme créées par elles-mêmes, filles de leurs œuvres, non pas seulement en mettant des moyens matériels au service de grands projets, mais en se donnant pour objectif principal la construction, la consolidation et la défense de sociétés dont l'intérêt, entendu au sens le plus large, y compris l'égalité des chances, constitue le principe le plus important d'évaluation des conduites, et de définition du bien et du mal. Inutile de parler de sociologisme, comme s'il s'agissait de renforcer une pensée extrême ou même réductrice. Il s'agit bien d'une conception générale, dans laquelle se placent la plupart des écoles sociologiques et qui a constitué longtemps la base de notre droit et de notre organisation sociale.

Le mode européen de modernisation

Toutes les sociétés se sacralisent mais, dans le cas de ces sociétés européennes, cette sacralité ne leur est venue que d'elles-mêmes. Elle ne repose ni sur un dieu ni sur le mouvement de l'histoire – et encore moins sur une situation définie en termes naturels. Et la morale qu'elle élabore et qu'elle enseigne est purement civique. Nous avons parlé ailleurs des droits de l'homme, mais ici c'est des devoirs des citoyens qu'il s'agit. Et même si l'enthousiasme patriotique a faibli dans les pays européens depuis les débuts de la construction européenne et de la globalisation de l'économie, cet attachement de type religieux, mais purement laïque, à la patrie se rencontre dans beaucoup de pays, grands ou petits, et en particulier aux États-Unis.

Cette référence extrême et constante de la société à elle-même caractérise un mode de développement, celui qui réduit le plus possible la protection d'un héritage ou des intérêts acquis. Et c'est seulement dans les sociétés ouvertes, capables de conquérir des marchés et de maîtriser leur environnement, que put se développer cette vision entièrement « sociale » de la vie sociale et que la notion de *société* put acquérir le statut de principe d'évaluation des formes de conduites personnelles ou collectives dans l'ensemble social.

Je parle ici d'un mode d'accroissement de la capacité d'action de la société sur elle-même. Mais cette analyse ne serait ni complète ni suffisante si elle ne pénétrait pas à l'intérieur de la vie des sociétés pour appréhender leur dynamisme, leurs conflits internes – et aussi leurs éléments de faiblesse.

Ce type de société a acquis sa puissance en concentrant toutes les ressources entre les mains d'une « élite » dirigeante détenant les connaissances, gérant l'accumulation et la production, commandant la vie publique. Ces élites dirigeantes ont été formées d'hommes adultes appartenant au monde occidental et aux pays colonisateurs. Ont été définis, au contraire, comme inférieurs le travail manuel, le corps, le sentiment, la consommation immédiate, la vie privée, le monde féminin et celui des enfants. Il n'est même pas suffisant de dire que les femmes ou les ouvriers ont été considérés comme inférieurs : c'est l'infériorité qui a pris diverses figures, parmi lesquelles les femmes et les ouvriers. Une telle polarisation, dont Claude Lévi-Strauss a dit qu'elle évoquait la machine à vapeur, qui oppose un pôle chaud à un pôle froid pour produire de l'énergie, suscite des tensions et des conflits entre ceux ou celles d'en haut et ceux ou celles d'en bas, entre les *have* et les *have not*. D'où l'importance constante des luttes de classes, des révolutions et des débats idéologiques dans ces sociétés.

Les sociétés occidentales se sont ainsi définies par l'accumulation des ressources dans les mains d'une élite dirigeante et par la puissance des conflits sociaux, qui empêchaient les dirigeants de se transformer en rentiers et en privilégiés. Nos sociétés ont été conquérantes. Grâce à l'emploi de la force et de la raison, elles ont dominé la nature et s'en sont rendues maîtresses. Tournées vers le dehors, proclamant constamment leurs buts et leurs stratégies, elles ont réussi à mettre au travail le plus grand nombre pour satisfaire les objectifs fixés par les entreprises et les dirigeants.

En revanche, elles ont détourné leur regard des individus eux-mêmes. Elles ont aimé la pensée et la science, mais elles se sont méfiées de la conscience – où elles voyaient la marque de la religion qui exerce une influence si négative, surtout sur les femmes. Les programmes de l'enseignement public ont correspondu fidèlement à l'image que ces sociétés voulaient avoir d'elles-mêmes. L'école devait transmettre des connaissances, former l'esprit, imposer des disciplines, et faire disparaître les différences entre les individus derrière l'uniformité de la règle, c'est-à-dire par la soumission de tous aux formes de pensée et de vie qui assurent le succès de la production et récompensent les meilleurs. Dans la vie économique, l'idéologie de l'élite dirigeante a réduit les travailleurs à être des individus routiniers ou même paresseux, mais qu'on peut mettre en mouvement en leur accordant des gratifications matérielles. F. W. Taylor a donné une formulation classique de cette représentation des travailleurs et des moyens de les faire travailler pour le plus grand profit des employeurs.

Société de classes ? Bien sûr, puisque la concentration des ressources y est extrême, et par conséquent aussi la distance qui sépare les catégories supérieures des inférieures. Mais l'expression deviendrait trompeuse si elle conduisait à localiser dans l'économie elle-même, et en particulier dans les rapports de propriété, la racine la plus profonde de ces rapports de classes. C'est en un sens plus large que nos sociétés définies par leur modernisation ont été des sociétés de classes.

Les luttes de classes y ont joué un rôle essentiel pour la simple raison que ce modèle repose entièrement sur l'action de la société sur elle-même. Il ne fait appel à aucun principe placé au-dessus ou au-dessous d'elle. Il parle de pouvoir, d'argent, de connaissance, et aussi de révolutions et d'institutions. Il est rationaliste, sécularisé, et ne conserve rien des communautés anciennes alors que le monde arabe ou le monde chinois, pour prendre deux cas importants, ont plus longtemps conservé des formes d'organisation, d'autorité et de croyances issues du passé. Au contraire, tout est « social » dans le modèle européen de modernisation. C'est pourquoi l'idée générale de société n'est qu'une expression abstraite de ce modèle européen. C'est ce que comprit F. Tönnies, dès le début de la sociologie moderne, quand il opposa société et communauté.

Cette place centrale occupée par l'idée de société, et la définition de celle-ci comme un système social doté de ses mécanismes de fonctionnement et de changement, a pour contrepartie, il faut le souligner, un rejet de toute analyse et de toute forme d'organisation sociale qui considère l'acteur autrement que par la place qu'il occupe dans la société. La subjectivité a aussi été considérée comme une donnée brute qui devait être transformée en analyse objective. De sorte que rien ne pouvait s'opposer à l'intérêt général de la société, et que les égoïsmes et toutes les résistances devaient être surmontés au nom de la raison et du progrès.

Société et modernité

L'idée de modernité, à laquelle sera consacré aussi le prochain chapitre, s'oppose à celle d'une société qui serait son propre fondement, sa propre légitimité. Elle affirme au contraire qu'elle n'existe que parce qu'elle reconnaît et défend l'existence de fondements non sociaux de l'ordre social. Ce dont elle témoigne par l'importance qu'elle accorde à la raison, qui est universaliste et ne dépend pas entièrement de son rôle dans le fonctionnement de la société. Cet universalisme, qui porte en lui l'idée des droits de l'homme, ne s'inscrit nullement à l'intérieur de la notion de société, telle que l'a conçue la pensée occidentale. Il est même intellectuellement préférable d'insister sur l'opposition entre le discours de la modernité, qui subordonne l'organisation sociale à des principes non sociaux, universalistes, et le discours de la société, qui ne fait reposer les normes sociales que sur l'intérêt de la société.

Le rappel de cette opposition apparaît plus nécessaire encore si l'on se souvient que le mode de développement occidental, fondé sur l'idée de société et sur l'importance donnée à ses conflits internes, n'est pas le seul, même s'il a acquis une importance exceptionnelle liée à ses succès économiques et politiques. Le modèle occidental a reposé sur un choix extrême. Tous les autres associent le passé et le présent, combinent les références universalistes avec la défense de particularismes. Il existe même des cas de refus du développement pour maintenir un certain degré de vie communautaire. Il faut aller jusqu'au bout de ce raisonnement et dire que les divers types de *modernisation* combinent 1) des références à la modernité, 2) des références au modèle occidental de société et 3) des formes très diverses de référence à un héritage ou à un idéal communautaire.

Les sociétés occidentales sont constamment agitées par un conflit entre une vision à la fois systémique et utilitariste, d'un côté, et l'appel à des principes universalistes, de l'autre. Les autres sociétés, si elles ne font appel à aucun de ces deux pôles, sont entraînées vers le passé dont elles ne parviennent pas alors à se séparer, si ce n'est de manière autoritaire. Mais pour parvenir à une rupture nécessaire, elles peuvent soit faire appel à la conception occidentale de la société (et courent alors le risque de nourrir le sociologisme), soit défendre des valeurs communautaires rénovées.

Beaucoup ont été tentés de définir cette société par l'utilitarisme, donc par le triomphe des intérêts sur les passions qui se déchaîneraient au contraire dans les sociétés où l'autorité charismatique l'emporte sur l'autorité rationnelle légale, pour reprendre les notions de Max Weber. Cette idée reste cependant à la surface de la réalité, parce qu'elle donne le rôle central à des différences de conduites. Or, le principe de la société, c'est-à-dire du modèle européen de modernisation, est d'avoir tout subordonné, les passions comme les intérêts, au fonctionnement de la société qui est fait de luttes sociales, souvent dominées par l'intérêt mais aussi par l'esprit de conquête et de modernisation qui met en jeu l'imaginaire et transforme les figures de l'infériorité en subjectivités, qui élaborent à leur tour des projets de libération, celle des femmes comme celle des colonisés, à l'origine du déchaînement des passions. Au point que l'opposition de l'intérêt et de la passion, loin de marquer une ligne claire de partage entre les acteurs, apparaît presque comme artificielle.

Le monde des intérêts et celui des passions restent toujours liés. Par exemple, Marx croit que les hommes sont guidés par l'intérêt, mais les événements historiques qu'il analyse sont chargés de passion, comme l'est la lutte des classes.

À l'inverse, les sociétés qui se rapprochent du pôle de la modernité risquent toujours de s'installer dans un double langage, un langage communautaire et un langage universaliste, ce qui affaiblira leur action.

Ces considérations ne concernent pas seulement les pays dits « sous-développés » ; elles renvoient aussi à des situations concrètes dans les pays dits « développés », car il n'en existe aucun qui parvienne à ne faire du neuf qu'avec du neuf et à se débarrasser de toute référence communautaire.

Telle est l'une des raisons pour lesquelles le modèle de la société entièrement autolégitimée, qui a été pendant si longtemps l'instrument principal des victoires européennes et occidentales, doit recevoir tant d'attention. Entre le passé et le présent s'interposa un modèle sans définition historique, puisque son caractère propre fut de ne fonder la société que sur elle-même, donc en dehors de toute référence à des conceptions évolutionnistes ou historicistes.

Ce modèle européen de modernisation a conquis une telle avance qu'il a pu s'identifier à la modernité elle-même et se convaincre lui-même qu'il n'existe qu'un chemin vers la modernisation, de sorte que l'ensemble des pays, des régions et des villes formeraient une longue caravane où chaque animal mettrait ses sabots dans les traces de celui qui le précède. Les Pays-Bas, puis la Grande-Bretagne et les États-Unis ont conscience d'être ou d'avoir été en tête de la caravane, bien que l'Allemagne puis le Japon se soient crus, à certains moments, capables de leur ravir la première place et que les Français se regardent comme ceux qui ont le mieux pensé ce modèle. Les prétentions de l'Union soviétique n'ont jamais dépassé les limites de la propagande militante.

Le modèle européen de modernisation peut être nommé *masculin*, dans la mesure où aucune opposition n'est plus complète en lui que celle de l'homme conquérant, innovateur, et de la femme, vouée à la reproduction. La femme n'y est pas méprisée ; elle peut même être glorifiée à l'occasion, mais sans jamais être extraite de son enfermement. La distance qui sépare les femmes des décisions centrales semble augmenter à mesure que s'accélère la modernisation, jusqu'à ce qu'elle parvienne en France, en 1848, au point extrême que fut la création du suffrage universel pour tous les hommes – et donc l'élimination de toutes les femmes de la vie publique.

Mais ce modèle européen de modernisation prend une forme différente dans chacun des pays où il s'applique. C'est à Amsterdam, puis en Hollande et en Angleterre que l'activité économique a le plus tôt conquis son indépendance par rapport au pouvoir politique. Au contraire, la France, qui a créé la première, avec la Grande-Bretagne, un État national, futur modèle politique qui domina le monde, a conféré à cet État un rôle central dans la mise en œuvre de la modernisation, sous tous ses aspects. Plus tard, à partir du XVIIIe siècle, l'Allemagne, non encore unifiée, revendiqua sa prétention à fonder un type particulier de modernisation, supérieur aux autres, plus profondément enraciné dans l'histoire et la culture d'un *Volk*.

Hors d'Europe, tous les modes de modernisation ont combiné de manière plus ou moins conflictuelle l'entrée dans la modernité avec la défense, ou même la renaissance, d'une culture et d'une société plus anciennes. Certains de ces pays avaient atteint un niveau de connaissances et de techniques supérieur à celui des pays occidentaux, mais ceux-ci furent les seuls à donner une impulsion au mouvement de la modernité par la transformation de la science en techniques et en innovations, par la formation de l'esprit national – et par la reconnaissance des droits individuels. La plupart des modes de modernisation furent aussi affaiblis et déformés par la subordination des pays considérés à un pouvoir colonial qui accrut la distance entre des élites occidentalisées et des peuples enfermés dans la tradition et la désorganisation sociale, au point de faire échouer les tentatives de développement (et même d'induire des tendances dramatiquement négatives à la démodernisation).

Bref, aucun mode de modernisation dans le monde n'a élaboré une vision comparable à celle de l'Europe occidentale : faire de la société non pas un moyen, mais une fin. Il est donc raisonnable de donner la priorité à l'analyse de ce modèle occidental, dont l'emprise sur l'ensemble du monde, après avoir été très grande, semble avoir reculé à l'ère des succès militaires et politiques du modèle léniniste-maoïste, puis repris sa marche en avant après la défaite de l'empire soviétique, jusqu'à devenir triomphale, en même temps qu'elle se concentrait aux États-Unis, tandis que l'Europe manquait de volonté d'agir et que le Japon semblait paralysé.

LA CRISE DE LA REPRÉSENTATION

Le modèle européen de modernisation s'est créé autour d'une définition de toutes les catégories de l'organisation et de la pensée sociales en termes proprement sociaux, c'est-à-dire de fonctions remplies par les acteurs et par les institutions pour assurer l'intégration de la société et sa capacité de s'adapter aux changements nécessaires. Ce modèle, classique depuis plus d'un siècle, accorde une grande importance à la *représentation* : les forces politiques sont censées représenter les acteurs sociaux, en particulier les classes sociales. Dans un domaine différent, la représentation d'un personnage consiste à indiquer la fonction *sociale* et l'environnement *social* de ce personnage : vêtements, postures, tout doit définir la position sociale du personnage et ses caractéristiques personnelles s'aperçoivent d'autant mieux que les cadres sociaux de celui qui est représenté sont plus clairement indiqués. Or, aujourd'hui, ces portraits socialement définis ont vécu. Les références à l'environnement social se font indirectes. Les caractéristiques individuelles au contraire sont renforcées, jusqu'à redonner vie à un genre qui n'intéressait plus les historiens : la biographie. Quand le peintre cesse de représenter un notable ou une danseuse et cherche à peindre le regard qu'il porte sur la réalité plutôt que la réalité elle-même, ses œuvres cessent d'être figuratives. L'individualisme s'impose et se détache de tout environnement social jusqu'au moment où toute forme de représentation tend à disparaître.

Un exemple d'une importance moindre illustre cette crise de la représentation. La mode mettait en valeur des différences individuelles à l'intérieur de modèles sociaux imposés, comme l'a souligné Georg Simmel. Lorsqu'elle prend son autonomie par rapport à la hiérarchie sociale, avec les premiers grands couturiers du XXe siècle, le vêtement à la mode ne caractérise plus une classe sociale ; il devient une interprétation du corps de la femme, et si Yves Saint Laurent domine si nettement les couturiers du dernier demi-siècle, c'est parce qu'il a osé, plus que les autres, habiller un corps nu. Ceux qui n'ont pas suivi son exemple n'en sont pas pour autant revenus à la représentation de tel type social mais ont fabriqué des décors de théâtre, ont joué avec des couleurs et des formes – et pris des risques qui les qualifient d'« avant-garde ».

Ces deux exemples ne sont pas isolés. La représentation n'est plus recherchée nulle part : elle devient même un signe de médiocrité. Nous sommes sortis, dans ces domaines comme dans d'autres, de ce que j'appelle d'un mot qui peut être mieux compris maintenant : une conception *sociale* de la société dans laquelle, tout acteur, individuel ou collectif, est défini par une situation sociale. De là l'impression que nous avons aujourd'hui de plonger dans « l'abstrait » et de ne plus avoir de guides pour nous faire visiter la société.

Toutes nos catégories de description et d'analyse de la société ont été bouleversées par la fin du réalisme social, depuis le roman jusqu'à l'architecture. La politique et l'économie, pendant cette longue période, ont produit des créations culturelles et sociales d'une grande valeur. Il ne faut pas l'oublier, mais il nous faut aussi nous écarter de cet héritage. Les sciences sociales ont un retard particulièrement grave à combler. Trop souvent elles parlent encore de la réalité sociale en des termes qui ne correspondent plus au modèle culturel où nous vivons depuis la fin du XIXe siècle. Ce doit être une de nos préoccupations principales que de mettre en cause les catégories sur lesquelles a reposé cette sociologie classique qui est parvenue au bout de sa route. La sociologie des systèmes doit laisser la place à une sociologie des acteurs et des sujets.

Ce qui n'est pas aisé, parce que le modèle européen a trouvé une de ses expressions les plus pures dans les sciences sociales, qui se sont précisément définies par leur capacité à expliciter les conduites personnelles par le fonctionnement du système. Beaucoup de juristes, des institutionnalistes comme Hauriou jusqu'à Jean Carbonnier, spécialiste de droit privé, ont bien représenté la tendance qui domina dès le début la sociologie, celle d'Émile Durkheim. La sociologie a obtenu ses plus grands succès en dénonçant les illusions des acteurs sociaux, en leur montrant que derrière une apparence de liberté, des mécanismes sociaux cachés déterminent nos conduites. Dites-moi quelle est votre origine sociale, et je vous dirai le parcours que vous ferez dans le système d'éducation. Indiquez-moi votre profession et votre revenu, et je vous dirai quel est votre choix politique rationnel, même si vous ne le suivez pas toujours. Chaque étude publiée semblait détruire une illusion, et un large public découvrait l'importance de l'inégalité, de la stratification et de la mobilité ascendante ou descendante, dont il avait d'ailleurs une connaissance spontanée que les études savantes confortaient agréablement. Quant aux études économiques, elles se sont le plus souvent identifiées à l'étude des choix rationnels, ce qui leur permettait d'écarter certaines variables trop complexes et trop mal définies, celles de la subjectivité, pour se consacrer à l'étude des relations entre les éléments du système économique.

Ce point de vue « sociologiste » n'a, certes, jamais complètement triomphé en sociologie ; mais il a presque toujours occupé une position dominante depuis Durkheim jusqu'à Parsons, et il a continué jusqu'à nos jours à récolter des succès en faisant mieux apparaître les inégalités sociales. Mais la domination de la sociologie « classique » a finalement été détruite, moins d'ailleurs sous l'effet de la critique intellectuelle qu'en raison de la décomposition des institutions et des normes.

LES TROIS MORTS DE LA SOCIÉTÉ EUROPÉENNE

Le modèle occidental de développement était d'une efficacité et d'une brutalité également extrêmes. Il a profité longuement de son avance pour conquérir le monde, ajoutant les profits de la colonisation à ceux de l'industrialisation appuyée sur un progrès des connaissances dont l'université allemande du XIXe siècle fut le meilleur instrument. Mais ce triomphe, si impressionnant qu'il ait été, ne pouvait durer éternellement. La période dont nous sortons n'est pas celle de son apogée, mais celle de son déclin et de sa décomposition.

Dans la multiplicité et la complexité des parcours historiques, on peut distinguer trois grands processus de crise : 1) la perte des tensions dynamiques ; 2) la soumission à une dictature répressive ; 3) la dissolution du volontarisme dans l'économie de marché.

La diversité de ces évolutions, dont l'une fut en général d'esprit démocratique, la deuxième d'esprit clairement antidémocratique, tandis que la troisième créait la société de masse, doit nous rappeler, au moment d'évoquer ces grands courants de l'histoire contemporaine, la complexité de la société au sens européen : elle était à la fois produite par son travail et sa discipline, traversée par des conflits sociaux radicaux et capable d'une forte autorégulation.

a) La forme la moins dramatique, et même souvent la plus positive, que prit ce déclin fut la démocratisation d'une société où les conflits fondamentaux trouvèrent des solutions ou des médiations institutionnelles. L'histoire du mouvement ouvrier dans la société industrielle témoigne parfaitement de cette évolution. L'exploitation du prolétariat provoqua un mouvement social souvent chargé d'une violence à la fois subie et voulue, mais qui parvint à faire reconnaître, d'abord en Grande-Bretagne et en Allemagne, plus tard aux États-Unis et en France, des droits sociaux, grâce à l'arrivée au pouvoir de gouvernements « de gauche », c'est-à-dire associés au mouvement *syndical* ou inspirés par lui. Sous des formes bien différentes, la domination coloniale fut débordée, et finalement renversée, par des mouvements de *libération nationale* qui prirent les formes les plus variées – nationalismes armés, non-violence à la Gandhi, alliance des communistes et des nationalistes, modèle qui s'imposa dans une grande partie du monde. Enfin le *féminisme*, né du mouvement en faveur du droit de vote des femmes en Grande-Bretagne et aux États-Unis, finit par obtenir la suppression des formes les plus extrêmes de dépendance et d'infériorité infligées aux femmes par la société masculine européenne, presque sans violence, mais avec des effets très profonds sur la transformation des mœurs.

L'arc européen se détendit alors. Les sociétés européennes et celles qui suivaient leur exemple devinrent moins injustes, moins violentes et mieux contrôlées. Les contreparties de ces succès furent une perte de dynamisme conquérant et le poids croissant des intermédiaires sociaux et des catégories protégées. Cette évolution déboucha sur la création de vastes systèmes de sécurité sociale, qui apportèrent aux travailleurs une protection efficace contre le chômage et les accidents du travail. Plus tard se développèrent d'autres politiques de solidarité, d'animation culturelle et d'éducation personnelle qui atteignirent leurs formes les plus achevées dans les pays scandinaves.

b) À l'opposé on trouve la forme étatique *autoritaire*, dictatoriale et même totalitaire, par laquelle, dans bien des pays, les catégories supérieures ou moyennes repoussèrent à la fois l'opposition ouvrière et la sécularisation, par la conquête de la société au nom du nationalisme, lui-même soutenu par la volonté répressive des forces armées, fondé sur une idéologie qui exaltait l'unité de la nation ou du peuple contre les partis. Des dictatures réactionnaires méditerranéennes au nazisme ou à l'impérialisme militaire du Japon jusqu'aux longues victoires du léninisme-maoïsme, les distances sont immenses ; mais partout le modèle de la société fut détruit au profit d'un pouvoir absolu de l'État, et il fallut longtemps pour qu'on redécouvrît, sous des terres brûlées par la violence étatique, les restes ou les nouvelles pousses d'une société « civile ».

c) Enfin, très différent de ce deuxième type mais d'une autre orientation que le premier, un troisième processus de mise en cause du modèle européen de société fut le triomphe du marché. La société, pendant la grande période de triomphe du libéralisme, existe de moins en moins : ce sont les marchés, en particulier les réseaux financiers, qui commandent à une vie économique où la consommation de masse progresse vite. Les technologies de communication facilitent davantage les relations entre entreprises, villes ou individus qu'elles ne favorisent la construction d'un nouveau type de société. La télévision délivre un grand nombre d'informations sur la Bourse en Europe et en Amérique, tandis que bien peu d'informations sont données sur la vie des entreprises, même quand il est question d'une fusion ou d'un échec grave qui ont des conséquences importantes sur l'emploi. Ce sont, par ailleurs, les anticipations des gains sur actions qui provoquent une telle poussée en Bourse, mouvement susceptible d'induire à son tour la croissance de la production. Celle-ci n'est plus alors le facteur premier ; elle n'est que le résultat indirect d'une anticipation de bénéfices.

À un niveau plus immédiat, les commentateurs parlent constamment de la « crise de confiance » qui explique la baisse de la consommation et de l'investissement. Au même moment, le prestige des entrepreneurs, même des plus grands, s'est trouvé fortement ébranlé par des manœuvres frauduleuses. La force des syndicats s'est dégradée de son côté, car elle reposait surtout sur la classe ouvrière qui s'est fragmentée au sens strict...

C'est cette troisième porte de sortie de la société européenne qui a conduit vers le système économique et social qui a la plus grande influence à la fin du XXe siècle et qui a trouvé aux États-Unis sa forme la plus achevée : la société de masse. C'est ce qui a permis à ce pays de se tailler une position dominante (qui avait été celle du système européen, et surtout de l'empire britannique, au XIXe siècle). La démocratie sociale qui s'est imposée en Europe et dans les grands pays du Commonwealth a, certes, assuré le plus souvent la pérennité du système de protection sociale. Mais les interventions de l'État ont de plus en plus souvent été dirigées vers les catégories moyennes ou les petits salariés les mieux intégrés, sans parvenir à enrayer la chute des catégories les plus défavorisées, accélérée encore par les migrations internationales.

Parmi les meilleurs travaux de sociologie en Europe, beaucoup sont consacrés à l'évaluation de l'action des politiques sociales dans les domaines de l'éducation, de la santé, de l'urbanisme, des retraites – et plus largement de la sécurité sociale. Certains commentateurs ont voulu interpréter l'échec constaté, ou le renoncement avéré, comme le signe du triomphe du capitalisme. Ils ont en partie raison, puisque les interventions du marché l'emportent de plus en plus souvent sur les politiques sociales, mais aussi parce que la population aisée et éduquée utilise mieux certaines prestations et sait obtenir des avantages injustes, et que la crise de l'école publique tient en grande partie au vieillissement de sa pédagogie plus orientée vers les besoins de la société que vers les demandes des enseignants.

Quoi qu'il en soit, en ce début de siècle, et au moment

où deviennent membres de l'Union européenne des pays ex-communistes où la gestion par l'État avait pris des formes très inefficaces, le modèle européen, au-delà du cas particulier du *Welfare State*, se décompose de façon accélérée.

SURGISSEMENT DE LA DÉMOCRATIE

C'est pendant la première phase de la modernisation que les catégories politiques furent appliquées à tous les domaines de la vie sociale. La préoccupation dominante était d'assurer l'ordre contre le désordre, la paix intérieure contre la violence et l'intégration de la société contre l'arbitraire d'un prince ou d'un chef de guerre.

L'État national, expression qui résume la plus importante création politique au sein du modèle européen, mérite sa gloire, parce qu'il déborda les monarchies absolues et fonda un ensemble politique, la nation, qui à son tour établit des liens forts avec la société civile. La notion de *citoyenneté* repose sur la reconnaissance des droits politiques. Celle d'État national ne porte en elle aucune référence à la démocratie. Elle s'en rapproche quand le pays considéré, la Grande-Bretagne avant tout autre, donne à la société civile, c'est-à-dire économique, son indépendance et en fait la base de sa légitimité. L'autre pays qui a inventé l'État-nation, la France, n'associa à l'État et à la nation que le peuple, notion inventée par l'État et qui réduit la société à être son reflet, puisqu'il a la même unité que lui. La mémoire historique des Français combine volontiers la Révolution et Napoléon en une période centrale de son histoire que François Furet prolongeait jusqu'à la fin du XIXe siècle, c'est-à-dire jusqu'au déclin de la France paysanne, bourgeoise et patriote.

Dans beaucoup d'autres pays, l'État fut moins fort ou n'exista pas, et c'est la volonté de former une nation qui porta le nationalisme à donner à l'État une légitimité si forte qu'elle s'y fondit complètement et regarda toujours davantage de son côté que de celui de la société.

La démocratie, donc, *ne fait pas, toujours, partie* du modèle européen de société, alors que la révolution en est une composante importante. Cette remarque s'applique encore plus clairement aux pays où l'État national ne s'est pas formé et est resté prisonnier d'un empire, comme dans le cas de l'Autriche-Hongrie. Mais elle n'a existé que de manière limitée aux États-Unis, puisque le principal problème de ce pays, celui de la condition des Noirs, conduisit à une guerre civile et ne trouva sa solution que dans le dernier quart du XXe siècle comme résultat d'une action à la fois démocratique, révolutionnaire et populiste.

En France, la démocratie a été affaiblie par le long refus d'accorder le droit de vote aux femmes. Elle a servi le plus souvent à légitimer le pouvoir des oligarchies plutôt qu'à construire un système politique où la majorité contrôlerait le pouvoir exécutif à travers la représentation parlementaire ou référendaire.

On serait tenté de dire que la démocratie, même fort teintée d'oligarchie et de pouvoir de classe, fut une réalité plus britannique qu'européenne, autrement dit triompha dans un pays plus impérial que national, puisqu'il est resté défini par la réunion de plusieurs nations. Ce qui renforce encore l'idée que la nation et la démocratie sont des notions plus opposées l'une à l'autre que complémentaires. Les Français l'ont démontré récemment. L'opinion publique éclairée, invitée à choisir entre les notions de république et de démocratie, a évolué de plus en plus nettement vers l'idéal républicain, tout en manifestant un faible intérêt pour l'égalité, valeur centrale de la démocratie. Ainsi, l'inspiration plus révolutionnaire et nationale que démocratique qui avait remis sur pied la France à la Libération, sous la direction conjointe du général de Gaulle et du parti communiste, quand elle s'épuisa, ne fut pas remplacée par un progrès de la social-démocratie.

L'État national, dont on ne parle tant que depuis qu'on annonce chaque jour sa prochaine disparition, a dû au contraire sa durable importance et sa résistance à la globalisation elle-même, parce qu'elle a été et reste l'expression politique de la société, au sens fort que donne à ce mot le modèle européen.

C'est presque dans les mêmes termes qu'il faut parler des *mouvements sociaux*. Eux aussi occupent une place centrale dans le modèle de la société, puisque celui-ci repose sur une grande concentration des ressources, la formation d'une élite dirigeante dynamique et des conflits à la limite de la rupture. Et pour les mouvements sociaux plus encore que pour l'État-nation, l'espace politique se définit mieux en termes de révolution que de démocratie. Au point que ce dernier mot a pu être employé par le mouvement communiste dont le centre, le régime soviétique, n'a jamais pu revendiquer sérieusement d'être un pouvoir démocratique. Il signifiait alors que l'on se préoccupait d'assurer le bien-être du peuple, et surtout la destruction des ennemis du peuple, ce qui fit de lui le synonyme de révolution. Rien à voir avec l'idée d'un pouvoir formé et transformé de bas en haut.

À l'opposé, on vit se former, d'abord en Grande-Bretagne, l'alliance des mouvements sociaux avec la démocratie. Celle du mouvement syndical et de la démocratie a été scellée en Grande-Bretagne grâce aux Fabiens et à l'idée de démocratie industrielle, d'où sortit une social-démocratie qui, ailleurs, évolua vers le communisme, et ailleurs encore, cessa d'avoir partie liée avec le mouvement ouvrier – tandis que dans quelques cas, surtout scandinaves, elle garantit une alliance durable entre un syndicalisme puissant et une démocratie égalitaire.

Le cas français est moins brillant : la figure de Jean Jaurès est restée la plus haute, bien qu'il ne soit pas parvenu à la direction du parti socialiste, parce qu'il fut, avec la même force, le député des mineurs de Carmaux, le défenseur des grandes causes démocratiques et un dreyfusard actif. Son cas, presque unique, souligne la faiblesse des liens entre le mouvement ouvrier et la démocratie.

Les mouvements de libération nationale offrent un spectacle peu homogène : ils ont rarement été d'inspiration démocratique, bien qu'ils aient été soutenus par des courants d'opinion démocratique (en fait plutôt révolutionnaires) dans les métropoles coloniales.

Ce n'est que dans le dernier chapitre de ce livre qu'il sera question du mouvement des femmes, qui fut et reste profondément démocratique. Mais il faut rappeler ici que ce cas est bien différent des autres, puisque ce mouvement s'est développé pour l'essentiel après la chute du modèle européen.

Le retour du politique

L'analyse critique de l'État national ne doit cependant pas faire oublier que celui-ci s'inscrit dans le modèle que j'appelle la *société*, tandis que d'autres types d'État non seulement ne s'y intègrent pas mais s'efforcent de plier tous les aspects de la société à la construction de leur propre pouvoir. Le nationalisme est l'imposition des intérêts de l'État à la nation et à l'ensemble de la société. Où passe la frontière entre l'État-nation et le nationalisme ? Avant tout entre l'existence et la non-existence, la force ou la faiblesse de la société – et en particulier de sa composante nationale.

Là où l'hétérogénéité politique, sociale ou culturelle est grande, lorsqu'un pays est traversé par des différences régionales profondes ou par des barrières linguistiques ou religieuses infranchissables, l'État national se transforme en volonté nationaliste, en affirmation de l'unité d'une nation qui n'existe pas en fait. Le nationalisme est un projet purement politique et qui cherche à « inventer » une nation en donnant à un État des pouvoirs non contrôlés pour faire émerger une nation et même une société. Quand il est dévoré par le nationalisme, l'État national cesse d'être une composante de la société et celle-ci risque d'être détruite. Le nationalisme est très éloigné de la modernité, et il est doublement dangereux pour la démocratie. En premier lieu, parce qu'il fonctionne de haut en bas, donc d'une manière opposée à celle de la démocratie. En second lieu, parce qu'il substitue à la complexité des rapports sociaux la pure affirmation d'une appartenance qui se définit alors moins par son contenu que par la nature de ses adversaires. Les nationalismes ont puissamment contribué à détruire la société en imposant à celle-ci une logique de guerre, une division du monde entre amis et ennemis qui bloque le fonctionnement de la société.

C'est la désagrégation de la société, modèle globalisant, qui a libéré un espace proprement politique, de sorte que le retour à la pensée politique et son autonomie croissante (voire même son emprise sur la sociologie) comptent au nombre des aspects les plus importants du déclin et de la chute du modèle européen de modernisation dont la notion de société fut le pivot. Le retour du politique n'est pas un retour au paradigme politique qui avait précédé le paradigme social. C'est la chute de ce dernier qui fait renaître le politique, mais cette fois comme un sous-système.

Ce retour d'une pensée spécifique du politique est un aspect si important de la crise de la société de type européen qu'on ne peut pas présenter celle-ci sans évoquer ce changement intervenu à l'intérieur de la pensée sociale et dont l'effet principal fut le développement des analyses et des théories portant sur la démocratie.

C'est en France que cette transformation de la pensée

sociale, et le retour du concept de politique, a pris la forme la plus spectaculaire, car la France, à la différence de l'Italie, de la Grande-Bretagne et des États-Unis, n'avait pas produit depuis longtemps de penseur politique important. Tocqueville et ses contemporains avaient constitué le seul ensemble important de penseurs du politique dans l'histoire intellectuelle de la France, au début du XIXe siècle, et Élie Halévy s'était retrouvé fort isolé à la fin du même siècle lorsqu'il prétendit entreprendre une analyse proprement politique.

La raison principale de cette absence de la pensée politique en France est l'importance donnée à la Révolution française et à l'Empire, mais aussi l'influence des historiens « sociaux » de la Révolution, Albert Mathiez et Georges Lefebvre en particulier. Cette domination de l'historiographie de « gauche », à la fois sociale et politique, poussa les Français à défendre la notion d'antifascisme et à s'opposer à celle de totalitarisme pour la raison que, dans la première perspective, les communistes, composante essentielle de la gauche, étaient du bon côté, tandis que, dans l'analyse du totalitarisme, ils se trouvaient du côté du léninisme et du stalinisme, autrement dit des adversaires acharnés de la démocratie. C'est pourquoi l'œuvre qui eut la plus grande influence dans ce retour au politique fut celle de François Furet, qui imposa à des adversaires qui lui étaient intellectuellement inférieurs la nécessité d'une analyse proprement politique de la Révolution française. Ce qui permit à la pensée française de renoncer à sa méfiance à l'égard d'Hannah Arendt.

Sur le terrain des idées, c'est Raymond Aron qui dirigea ce changement d'orientation de la pensée sociale, à la fois par son œuvre personnelle et par ses critiques efficaces contre la faiblesse intellectuelle du courant althussérien, qui cherchait à rationaliser une analyse globale, de type marxiste, de la société. Son courage intellectuel, démontré à plusieurs reprises, accrut l'influence de ses idées. De manière moins spectaculaire, mais à travers une réflexion plus élaborée, Claude Lefort fut le penseur de la démocratie que la France n'avait en fait jamais eu.

ADIEU À LA SOCIÉTÉ

Le modèle européen de développement, celui qui s'est identifié à la notion de société et par conséquent à l'idée que le social n'a d'autre fondement que lui-même, est donc en voie de disparition, bien que certains de ses aspects réapparaissent dans d'autres modes de développement. On a pu penser que l'Amérique latine et d'autres parties du monde prendraient ainsi le relais de l'Europe et feraient survivre son mode de développement. Cela aurait pu se produire, mais la plus grande partie du continent a opté soit pour une intégration à l'économie américaine, soit pour une adhésion à l'idéologie cubaine, c'est-à-dire au modèle communiste. Ces choix furent néfastes l'un comme l'autre, le premier le fut notamment pour l'Argentine et le deuxième pour le Venezuela et le Guatemala...

Cependant, au Brésil, après l'échec des tentatives libérales, puis après les dictatures de Vargas et la période de la dictature militaire, s'est imposé un modèle de développement qui ressemble par certains côtés au modèle européen, y compris intellectuellement. Et le Brésil a conscience que son histoire dépend avant tout de lui-même.

Mais il n'y a qu'au Chili qu'il est possible de parler de modèle européen : forte organisation de l'État, luttes sociales souvent extrêmes. La longue dictature de Pinochet apparaît au premier coup d'œil en rupture totale avec le modèle européen, mais c'est un jugement trop rapide : n'oublions pas la dimension autoritaire de l'empire allemand et la violence de la répression de la Commune de Paris en 1871. Cette particularité du Chili fait de lui un pays original mais n'autorise pas à parler à son propos d'une nouvelle étape de la vie du modèle européen.

Finalement, ce modèle n'est ni une version de la modernité, ni une figure du capitalisme et pas davantage du socialisme qui pourtant sont sortis de ses rangs : il a combiné ces deux types de gestion économique pour construire un type de société entièrement autocréé et autolégitimé. Autrement dit, le modèle européen n'a pas proposé une troisième voie entre le capitalisme et le socialisme. C'est au contraire ces deux types de gestion économique qui sont apparus comme des formes particulières et opposées du modèle européen.

La guerre au-dessus de nous

Il nous reste cependant à considérer un aspect essentiel de ce type idéal que j'ai laissé délibérément de côté pour ne pas le séparer de problèmes qui occupent une place prédominante dans la situation contemporaine. Il s'agit de la guerre, puisque toutes les analyses de l'histoire européenne accordent une extrême importance aux luttes pour l'hégémonie entre les grandes puissances européennes. C'est l'autoproduction des sociétés nationales européennes qui a empêché la formation d'un système européen intégré et favorisé la mise en place d'une succession de traités fondés sur la nécessité de régler la concurrence entre les principaux pays, traités qui n'eurent pas tous la même durée que celui de Westphalie (1648).

L'idée de société a été si forte qu'une formule célèbre a pu affirmer que la guerre était la politique continuée par d'autres moyens. Cette vision « civile » de la guerre, qui a pu être appliquée aux guerres napoléoniennes, au moins pendant la première période, quand le premier consul puis l'empereur transportaient avec lui dans les pays conquis les idées et les institutions de la Révolution française, ne peut plus l'être dans les régimes totalitaires du XXe siècle, construits autour des notions de guerre, de conquête, de dictature du prolétariat et de croisade. Si ce livre s'est ouvert sur l'évocation du 11 septembre 2001 aux États-Unis, c'est pour souligner dramatiquement la rupture qui a transformé cette société puissante, au premier rang dans presque tous les domaines, en une force de guerre combattant les forces du Mal au nom d'une mission confiée par Dieu aux États-Unis afin qu'ils sauvent le monde créé par lui.

La guerre a donc changé de statut. Elle avait joué un rôle central dans la formation des États rationalisés et « bureaucratiques » qui devinrent les acteurs centraux d'une modernisation qui consista d'abord à imposer à la noblesse l'autorité du roi et de son administration civile et militaire. C'est le mouvement inverse que nous vivons depuis la fin de la Première Guerre mondiale. Commencée comme conflit armé entre les États européens, celle-ci se transforma en un massacre où l'ensemble de l'Europe se détruisit et qui conduisit à la victoire dans plusieurs sociétés nationales de dictateurs pour qui la violence politique était à la fois moyen et fin.

Aucune force politique n'a eu autant d'influence au XXe siècle que le léninisme-maoïsme, qui imposa à des sociétés le pouvoir absolu d'un État-parti-armée chargé officiellement d'éliminer les ennemis de classe. Il n'y a pas eu de société soviétique ; seulement un ensemble de mécanismes de soumission des différents éléments d'une société, toujours virtuelle, à un pouvoir totalitaire qui ne se serait pas maintenu s'il n'avait pas contrôlé un formidable pouvoir militaire et policier. Le seul moment où l'Union soviétique a pris figure de société, c'est quand elle est redevenue une patrie pour laquelle les hommes, russes ou d'une autre nationalité, sont morts. C'est seulement sur les champs de bataille de Stalingrad et dans Leningrad assiégée et affamée que la société russe a réapparu derrière le régime soviétique, de sorte que la société russe est restée une société de morts.

La guerre a cessé d'être la continuation de la politique et une forme extrême de mobilisation des ressources permettant l'affrontement des armes et des nations et le triomphe des forts sur les faibles, des armes sur le bien-être. La guerre n'est plus au cœur des sociétés, comme elle l'a été pendant les siècles de la modernisation d'une Europe qui en profita pour dominer le monde, en même temps qu'elle créait de grands États, dont chacun cherchait à mettre à mort les autres. La guerre est désormais au-dessus des sociétés ; elle signifie la destruction, non le combat, la mort, non la victoire.

Qui voit dans la bombe d'Hiroshima l'instrument de la victoire finale des États-Unis sur le Japon ? Nous y voyons tous la mort, par le souffle de l'explosion et par les radiations mortelles qu'elle dégagea, de milliers et de milliers d'habitants de la ville. Et cette image d'Hiroshima et de Nagasaki est présente dans notre esprit au moment où les États-Unis, après avoir combattu le communisme comme ils avaient combattu le nazisme, pour la liberté d'une grande partie de l'Europe et d'autres pays, se laissent entraîner par un discours mensonger vers la construction unilatérale d'un empire sans limite. Ainsi se crée au-dessus du monde une menace de destruction et de chaos qui ne défend pas les intérêts d'un groupe social ou d'une nation, moins encore ses besoins en pétrole, mais une conception politico-religieuse qui s'affronte à une autre.

L'espace qui fut celui des rapports entre « sociétés » est aujourd'hui envahi par les forces de la guerre, de l'argent, de la peur et de la violence, mais auxquelles résiste, avec des succès très divers, la modernité telle qu'elle a été définie ici et dont les principes s'incarnent dans des institutions qui sont avant tout des instruments construits pour la défense des libertés, comme doivent l'être, d'un côté, les lois, et, de l'autre, les systèmes d'éducation familiale et scolaire.

L'espace public n'est pas vide, mais il n'est presque plus occupé par la politique représentative. Nous avançons dans une direction opposée à celle que nous aimions concevoir avant-hier encore. Nous sommes restés marqués par l'idée que les sociétés modernisées donnaient de plus en plus d'importance à la « société civile » et donc aux acteurs sociaux. De sorte que la politique devenait de plus en plus proche des conflits et des mouvements sociaux. Un demi-siècle après les premières grandes luttes ouvrières, des gouvernements sociaux-démocrates avaient fait reconnaître les droits sociaux des travailleurs et, un peu plus tard, dans une grande partie de l'Europe et des grands pays du Commonwealth, s'était créé un État-providence dont le budget est, en France par exemple, supérieur à celui de l'État national. Les luttes entre États semblaient être mises en marge dans notre partie du monde, et les conflits guerriers semblaient réservés au tiers-monde et aux régimes totalitaires. Les guerres entre « grandes puissances » feraient courir de tels risques à l'humanité, disait-on, qu'un accord s'était fait pour limiter l'emploi des armes nucléaires et s'opposer à leur diffusion. Or ce schéma, qui accordait une place plus importante aux problèmes de la société et de la culture qu'aux combats proprement politiques, et surtout à la guerre, a été brutalement démenti par la réalité.

Ce qui domine le monde aujourd'hui, moins de quinze ans après l'écroulement de l'empire soviétique, c'est l'affrontement de groupes islamistes prêts à tout, y compris au suicide, et de l'empire américain, qui possède les armes les plus puissantes mais n'arrive pas à prendre le contrôle total de l'Afghanistan, de l'Irak et des autres pays du Moyen-Orient.

Le cœur de ce monde, c'est aujourd'hui la zone géographique très limitée où Israéliens et Palestiniens se disputent le même sol et préfèrent une guerre à mort à une transaction qui instituerait un État palestinien. Le sanglant attentat de Madrid en mars 2004 en annonce d'autres en Europe occidentale, aux États-Unis et dans les territoires occupés par eux. Le monde entier suspend son souffle et essaie de savoir si les noyaux dirigeants d'Al-Qaïda seront détruits ou si la liste des attentats qui ont frappé déjà l'Occident plusieurs fois va s'allonger et produire des traumatismes de plus en plus durables. Le monde en ce début de siècle est passé du vocabulaire de l'économie à celui de la guerre, en même temps qu'il se sent menacé de plus en plus directement par un affrontement direct. On s'attendait au triomphe de la société civile, et c'est au contraire un choc entre ensembles politico-religieux qui domine le monde entier. Même si l'on ne partage pas les vues de Samuel Huntington, il faut reconnaître qu'il a mieux que personne souligné l'importance de ces chocs globaux entre civilisations opposées.

Ne poussons pas cette analyse trop loin. Il serait absurde d'affirmer que les réalités sociales ont fondu dans le chaudron de la guerre. Des dizaines de millions d'êtres humains sont tués par la violence guerrière. Nous ne devons pas confondre leur malheur extrême avec le sentiment d'insécurité et de précarité que ressentent beaucoup de pays où la vie reste néanmoins très acceptable pour la majorité des habitants. En revanche, il nous faut maintenir l'idée que l'autorégulation institutionnelle des sociétés s'est affaiblie – quand elle n'est pas en voie de disparition. La statue de la société, qui était installée au cœur de l'espace public, est aujourd'hui réduite en miettes.

Face aux forces de guerre et à toutes les formes de violence, nous ne croyons plus en l'action politique et syndicale. Seules les forces qui reposent sur une légitimité non sociale, comme la défense des *droits humains*, peuvent s'opposer avec succès aux forces de guerre qui, elles non plus, ne sont pas fondées sur des principes proprement sociaux, définis dans les termes de l'intérêt général de la société.

Quand système et acteurs se séparent

La décomposition de la société dans les pays les plus modernisés atteint ses formes extrêmes lorsque le lien entre le système et l'acteur se rompt, lorsque le sens d'une norme pour le système ne correspond plus à celui qu'elle a pour l'acteur. Tout prend alors un double sens et l'individu veut s'affirmer par son opposition au langage de la société. Cette rupture est moins facile à percevoir que les destructions matérielles ou l'extension de la criminalité, mais il est nécessaire d'y parvenir si l'on veut comprendre jusqu'où peut conduire la chute de l'idée de société, et par conséquent, dans quel besoin pressant nous pouvons construire une autre représentation de la vie collective et de notre vie personnelle.

La plus importante et la plus visible de ces crises est celle qui concerne la place du *travail* dans la vie de chacun. La réduction de la semaine de travail, l'augmentation du nombre de jours fériés, et plus encore, l'allongement du temps de la retraite ont conduit beaucoup d'analystes à parler de la fin du travail. Notre vie, qui fut si longtemps dominée par le problème de la production et la nécessité de la survie, l'est maintenant par la consommation et les communications. La diminution accélérée du temps de travail est vécue par la plupart comme une libération et non plus comme la privation d'une expérience créatrice.

Ce discours partout entendu, et qui est le préféré des catégories intermédiaires, soulève cependant deux types d'objections. La première provient des catégories les plus élevées. Se peut-il qu'une société de haute technologie fonctionne seulement avec des travailleurs intérimaires et précaires ? Comment oublier que le nombre des techniciens, des spécialistes, des professionnels de tous ordres, des « manipulateurs de symboles », comme dit Reich, a beaucoup augmenté ? Ces catégories se trouvent, certes, le plus souvent protégées sur le marché du travail par leur compétence, mais ce n'est plus au succès de l'entreprise qu'elles s'intéressent, depuis qu'elles ont appris que celle-ci pouvait être éliminée par la concurrence, délocaliser ses activités ou se débarrasser brutalement de ses travailleurs âgés. C'est à leur propre succès, à leur carrière, à leur capacité de saisir des données et d'explorer des domaines nouveaux qu'elles pensent. Et c'est aussi comme cela que se comportent les chercheurs, innovateurs et professionnels du secteur public, universitaire ou médical, qui connaissent bien les faiblesses, probablement inguérissables, de leurs institutions mais se lancent dans des projets nouveaux, européens ou mondiaux, ou même émigrent pour maîtriser les connaissances nouvelles.

L'autre type d'objections vient d'en bas. Qu'il est amer d'entendre célébrer la fin du travail et l'extension du temps libre quand on est chômeur ou travailleur précaire, quand on travaille dans un secteur en recul ou quand on voit sa propre qualification perdre de sa valeur parce que de nouvelles technologies apparaissent !

En fait, nous avons vécu un renversement de situation et d'attitude si profond que nous ne le percevons pas spontanément. C'est dans les rapports de travail que prenaient leur source les conflits sociaux principaux ; c'est maintenant au niveau de l'économie globalisée, dont les conséquences se font sentir sur l'emploi local et qui suscitent une opposition unissant la défense du local et la critique du global. Un aspect de ce renversement est que ce qui nous touche au plus près est ce qui nous apparaissait naguère comme le plus lointain, ce que traduit bien l'idée de développement durable (*sustainable*) ou, celle, inverse, d'un changement climatique qui bouleverserait la vie du plus grand nombre, tandis que notre expérience la plus quotidienne s'est, en partie au moins, délivrée des contraintes qu'elle nous imposait. La part du travail qualifié permettant une certaine autonomie a beaucoup augmenté par rapport au travail non qualifié, en dépit de la forte augmentation des travaux précaires.

Le travail trace plus que jamais la ligne de démarcation entre la partie centrale et supérieure de la société et sa périphérie. Il est vrai que beaucoup ne pensent au travail que comme un moyen de s'assurer des vacances et une garantie de ressources à l'âge de la retraite ; mais pour un nombre aussi grand de personnes, ou même plus grand, le travail occupe une place plus importante, qui ne se réduit pas aux heures qui lui sont directement consacrées : c'est ainsi que la formation, le recyclage, les jeux technologiques ou l'information sont au cœur du temps libre. Or, ils ne sauraient être considérés seulement comme des loisirs. Autrefois, la grande coupure séparait ceux qui vivaient de leur travail et ceux qui vivaient de leur capital. Aujourd'hui, la séparation opère entre ceux qu'on peut appeler les spécialistes (ou les professionnels) et ceux qui n'ont pas de qualification requérant une vraie formation et qui évoluent de plus en plus dans le secteur des services.

Et songe-t-on aux taches noires qui s'étendent sur la carte du monde, celles où la production est faible, où la population ne vit que d'aides extérieures, de contrebande ou d'autres activités illégales, comme la production, le trafic et la vente de drogue ? Le monde économique n'est plus ce vaste ensemble où chacun s'assurait d'un emploi et d'un salaire. Les friches industrielles s'étendent, mais la mobilité des professionnels qualifiés augmente aussi. Le travail manque à beaucoup ; il donne à d'autres leur principale raison de vivre. C'est bien la dissociation de l'économie et des travailleurs, du système et de l'acteur, qui est la meilleure définition de la crise actuelle. Sous nos yeux se dissocie la logique des marchés, qui commande les entreprises, et la protection des carrières, à laquelle aspirent les salariés. Mais la globalisation va contraindre tous les pays, industrialisés ou non, à pousser leurs avantages et donc à utiliser au mieux leurs « ressources humaines », leurs compétences, et à élever leur niveau de production.

Que les habitants des pays industrialisés et riches ne se reposent donc pas plus longtemps sur la qualité de leur héritage. Les délocalisations les frappent déjà durement, mais n'est-il pas prévisible (et même logique) que ceux qui travaillent beaucoup et gagnent peu l'emportent sur ceux qui ne travaillent pas beaucoup et ont des revenus élevés ? Mais il nous est plus facile de dénoncer les maux dont souffre le tiers-monde que d'abaisser les barrières que nous avons élevées nous-mêmes pour défendre notre production agricole ou industrielle...

En résumé, le travail ne perd rien de l'importance qu'il avait au cœur de la période industrielle dans la vie de la majorité des gens. Ce qui s'efface sous nos yeux, c'est la civilisation du travail. Jürgen Habermas parle, à ce propos, de la dissociation du contenu historique et du contenu utopique de la civilisation.

Ce qui vient d'être dit du travail peut être généralisé, ou au moins étendu, à d'autres domaines importants de la vie sociale. Partout on retrouve la même dissociation entre le sens d'une activité pour la société et son sens pour celui qui l'exerce. Mais le sens pour la société tend à être toujours plus faible que le sens pour les acteurs eux-mêmes. Nous vivons donc dans des sociétés mécontentes d'elles-mêmes, mais où chacun forme pour lui-même des projets et des attentes plus positives. Situation inverse de celle dans laquelle nous avons longtemps vécu, où les individus broyaient du noir dans une société plutôt contente d'elle-même. Bref, nous assistons à un transfert des valeurs de la société vers les individus et nous entrons, quand nous le pouvons, dans une nouvelle figure du monde économique.

Prenons le cas de l'école. À son propos, les idées sont encore confuses et les choix bien difficiles. Dans beaucoup de pays, parmi lesquels la France, l'école a reçu pour mission de préparer, de socialiser des travailleurs et des citoyens. L'école dit elle-même qu'elle n'a pas à prendre en considération les différences entre les élèves, ce qui la conduirait, pensent ses représentants, à s'intéresser davantage aux élèves les plus actifs, provenant des milieux favorisés. Elle n'est pas au service des élèves, elle doit aider ceux-ci à acquérir des connaissances générales, à respecter l'organisation de la société et de la nation et à acquérir le sens de la discipline. Tel fut l'esprit des lycées allemands et français, classiques ou scientifiques, avant, dans le cas allemand, le bouleversement introduit par le nazisme. Cette conception est clairement résumée par la définition de l'éducation comme facteur de socialisation et par l'idée complémentaire que c'est la socialisation réussie qui crée des individus libres et responsables. Cette conception a prospéré longtemps sur le monopole de fait des lycées publics, sur la bonne qualité professionnelle des enseignants et dans une situation économique qui assurait à la très grande majorité des élèves une place dans le monde des adultes.

Ce discours et cette conception de la vie scolaire sont encore vivants. Mais ils sont en déroute, et les plaintes fusent de tous côtés. Le débat français sur la laïcité n'a fait qu'accroître la confusion. Comment peut-on encore ne considérer l'élève que comme un futur membre de la société ? Peut-on pousser l'aveuglement ou la mauvaise foi assez loin pour ne pas voir qu'en refusant de tenir compte de la situation psychologique, sociale et culturelle des élèves, on accroît les privilèges de ceux qui appartiennent à un milieu éduqué, qui jouissent des meilleures informations et sont donc en situation d'élaborer des projets d'avenir ? Ne faut-il pas avoir le courage de dire que l'école, qui devrait favoriser l'égalité, tend à renforcer l'inégalité en multipliant les obstacles sur le chemin de ceux qui proviennent de milieux sous-privilégiés et des minorités culturelles, comme le montre, dans le cas français, le faible nombre des enfants issus de l'immigration qui s'élèvent dans la société ?

Les enseignants sont perturbés d'avoir à transmettre des connaissances à des élèves dont beaucoup ne portent aucun intérêt aux programmes scolaires et s'ennuient à l'école – où ils se trouvent encore parfois à l'âge adulte. Mais il ne faut pas oublier que nombre d'enfants et de familles savent que leur avenir dépend largement de leur réussite scolaire. Contrairement aux stéréotypes si massivement répandus, beaucoup de jeunes musulmanes voilées partagent cette conviction, veulent faire de bonnes études et ne voient pas pourquoi elles auraient à choisir entre leurs croyances religieuses et leur avenir professionnel. Les enseignants, confrontés à de grandes difficultés, adoptent fréquemment des attitudes défensives. Ils opposent les enseignants qu'ils sont aux « éducateurs », ce qui cache en fait une absence d'intérêt actif pour les élèves les plus en difficulté. Il est vrai que les conduites personnelles des enseignants sont souvent plus ouvertes et plus innovatrices que leur discours collectif, mais la souffrance est grande des deux côtés et ne fera que s'accroître à mesure que se renforcera la pression pour que les droits culturels de chacun soient respectés – droits à ses croyances, à ses habitudes de vie, etc. L'idée déjà vieillie de l'école comme sanctuaire de la vie publique, tandis que les conduites religieuses ne sortiraient pas de l'espace privé, deviendra vite insoutenable parce qu'elle sera perçue par un nombre croissant d'élèves et de parents d'élèves comme répressive et injuste.

Une reconnaissance importante de la nécessaire individualisation de l'enseignement a été apportée en France par les enseignants des collèges, qui ont eu le courage de recommander le maintien du collège unique pour éviter d'accroître la ségrégation sociale qui existe dans les lycées ; ce qui suppose une individualisation de l'enseignement, étant donné l'hétérogénéité des classes du collège. Il faut affirmer avec la même force la nécessité d'un apprentissage de la pensée rationnelle et même scientifique, domaine dans lequel les prix Nobel, comme Georges Charpak en France, ont pris des initiatives couronnées de succès.

Cette orientation générale de l'enseignement vers l'élève est encore tournée en dérision par quelques-uns, et le laxisme de certains enseignants comme les excès de certains didacticiens ont conduit beaucoup de parents et d'enseignants à demander le retour à une forme plus traditionnelle d'enseignement, fondée sur l'acquisition de connaissances. Mais le changement de conception de l'école est trop profond pour dépendre entièrement des aléas de la conjoncture politique. On ne reviendra pas à une conception de l'enseignement comme socialisation puisque le système social, la *société*, n'offre plus la solidité d'autrefois et que l'individualisation de l'apprentissage, et donc l'aide apportée aux initiatives de chaque élève sont déjà à l'œuvre dans l'enseignement d'aujourd'hui.

On pourrait faire, dans d'autres secteurs, des constatations analogues. Ce que nous vivons n'est pas pour autant l'écroulement d'un château de sable, c'est l'épuisement de la politique sociale centrée sur la société, ses fonctions et son intégration. Nous sommes déjà tous engagés dans le passage qui mène d'une société fondée sur elle-même à la production de soi par les individus, avec l'aide d'institutions transformées. Tel est le sens de cette *fin du social* dont je parle ici.

LA RUPTURE DU LIEN SOCIAL

Aucun thème n'est plus répandu aujourd'hui que la rupture du lien social. Les groupes de proximité, la famille, les copains, le milieu scolaire ou professionnel semblent partout en crise, laissant l'individu, surtout jeune ou âgé, sans conjoint et sans famille, étranger ou migrant, dans une solitude qui conduit soit à la dépression, soit à la recherche de relations artificielles et dangereuses, comme ces groupes dont les leaders assoient leur influence sur la force et l'agressivité.

Mais, si importants que soient ces thèmes et la gravité de la criminalité, qui s'accroît en effet, il est arbitraire de n'éclairer qu'un côté des conduites d'individus qui savent aussi inventer des activités collectives ou individuelles, activités qui leur apportent plus de satisfaction que l'intégration dans des groupes aux normes desquels ils doivent se soumettre. N'imaginons ni un sujet entièrement créateur, ni un individu dirigé du dehors par les marchés et les médias.

Les conséquences négatives de ce vide social frappent surtout les catégories les plus faibles et les plus dépendantes, et d'abord celles qui sont rejetées hors du monde du travail ou à ses marges : chômeurs de longue durée, assistés permanents, salariés temporaires ou à temps partiel, et « *working poor* » forment des masses considérables qu'il est presque impossible de saisir ou même de dénombrer tant elles sont cachées dans l'obscurité des classifications sociales.

Depuis longtemps déjà les sociologues latino-américains s'affrontent sur le thème : le sous-emploi favorise-t-il la formation d'une armée de réserve qui permet au capitalisme de peser sur les salaires, ou encourage-t-il la multiplication de marginaux dispersés en dehors du marché du travail organisé ? C'est la seconde hypothèse qui s'est révélée juste : elle définit mieux la marginalité urbaine, et, par voie de conséquence, rend mieux compte de ces populismes qui ont si souvent et si fragilement mobilisé les salariés.

Ce que nous savons des émigrés partis de leurs villes et de leurs villages pour chercher du travail dans les pays les plus riches, aux États-Unis, en Allemagne ou même en France, reste très vague, comme si ces catégories restaient vraiment en marge de la société. En France, on parle de « banlieues », de « quartiers », voire même de « cités », composés d'immeubles construits à l'aide des fonds publics pour abriter, avant et surtout après la Seconde Guerre mondiale, des familles à faible revenu. Ces hommes et ces femmes dont on parle tant sont en fait des gens invisibles. Cette situation prend une forme extrême quand on regarde du côté des camps de réfugiés déplacés par les guerres, en Afrique, au Liban et en Jordanie, où la majorité de la population palestinienne vit sans ressources propres. Partout s'infiltrent la violence, la peur, la mort. Les actions qui se forment dans de telles situations appartiennent aussi à ce monde du vide social où l'action tend à devenir impossible, où la mort dont on frappe l'ennemi comme soi-même est la réponse la mieux adaptée à des situations de décomposition et d'exclusion sociales.

À un enquêteur qui lui demandait « Quelle est la catégorie sociale que vous haïssez le plus ? », un jeune homme sans travail fixe et passé d'un stage de formation à un autre donna un jour cette réponse : « La police, en premier lieu. » Réponse tellement logique qu'elle n'appelle pas de commentaire. « Et ensuite ? » demanda l'enquêteur. « Les enseignants et les travailleurs sociaux », répondit le jeune homme. « Mais pourquoi ? s'étonna l'enquêteur. Ne cherchent-ils pas à vous aider et non pas à vous exploiter ? » Le jeune homme répondit : « Parce qu'ils nous mentent, nous trompent. Ils nous appellent à nous intégrer dans une société désintégrée. » Cette réponse déborde le cas de la population à laquelle appartenait ce jeune homme. Pour beaucoup, le monde a perdu tout sens et le non-sens ne peut susciter que des conduites de pure haine – haine de soi et de l'environnement – ou une agitation sans but au cœur d'une culture de masse hantée par les images de violence.

Avec les travailleurs et les émigrés des pays pauvres, ce sont les femmes qui subissent le plus fortement cette perte de sens d'elles-mêmes. Elles formaient une catégorie définie par son infériorité mais n'en avaient pas moins des fonctions reconnues. La décomposition de l'ancien système a beau préparer la venue de nouveaux acteurs et de nouveaux types de culture et de société, elle conduit aussi à une soumission de plus en plus complète à la domination du marché. L'image de la femme manipulée comme objet sexuel et soumise à la violence masculine contient, malgré certains excès, beaucoup de vérité – et on ne peut plus récuser les accusations féministes portées contre la fréquence et la gravité de la violence subie par les femmes.

Assistons-nous à la fin des mouvements sociaux ?

Faut-il aller jusqu'à mettre en cause le thème auquel j'ai moi-même donné tant d'importance, celui des mouvements sociaux ? D'abord, il faut constater l'affaiblissement de cette notion. Elle évoquait le mouvement ouvrier, les mouvements de libération nationale et le féminisme. Aujourd'hui, je lis, dans la station de métro où je descends, qu'un « mouvement social s'étant produit dans une certaine catégorie de personnel, plusieurs stations de métro seront fermées jusqu'à nouvel ordre ». Comment ne pas être troublé par la perte de substance de cette grande notion, désormais utilisée pour désigner n'importe quel arrêt de travail, alors que l'idée de mouvement social était réservée aux conflits entre acteurs sociaux organisés dont l'enjeu était la mobilisation sociale des principales ressources culturelles d'une société ? Le mouvement ouvrier, par exemple, n'était-il pas en conflit avec le monde des employeurs pour l'accès aux ressources créées par une industrialisation que les deux camps valorisaient également ? Invoquée à tout propos, la notion de mouvement social perd tout contenu, devient inutile.

Nous qui sortons de cette longue période dominée par l'idée de société, notre premier mouvement est de renoncer à un instrument d'analyse qui a perdu apparemment toute sa force. D'aucuns ajouteront qu'il était grand temps d'étudier de manière plus positive des problèmes plus concrets, les négociations collectives, les conflits ou l'élaboration des politiques sociales publiques, par exemple. Mais bien des observateurs, dont je suis, tout en reconnaissant l'importance de recherches plus limitées, cherchent aussi à identifier les nouveaux acteurs et les nouveaux enjeux, et donc les nouveaux mouvements sociaux d'aujourd'hui – plus culturels sans doute que sociaux. Tel sera le but de la seconde partie de ce livre.

Conclusion

L'essentiel aujourd'hui n'est pas de décrire le succès ou la ruine du modèle de société qui fut l'instrument du triomphe de l'Occident. C'est de rejeter aussi bien l'optimisme du progrès que le pessimisme de la sociologie critique qui n'a perçu que la chute. Ce qui compte, c'est de savoir si l'individualisme, qui remplace l'utilité sociale comme axe central de la pensée et de l'action, cédera aux sirènes du marketing et des programmes de télévision ou s'il se révélera au moins aussi exigeant et combatif que l'a été l'idée d'égalité au cœur de la société occidentale. Il est si facile de reprocher à l'individu actuel son égoïsme et son absence de sens de l'histoire ! Aussi facile qu'il l'était de reprocher à la société son goût pour les normes et la raison instrumentale.

Il faut, certes, apercevoir de quelle façon l'individu est manipulé par la propagande et la publicité, mais tout autant découvrir l'acteur social présent dans cet individu, et même le sujet qui est en lui et qui se bat contre la société de masse, l'impersonnalité des marchés et la violence de la guerre. Pendant presque un demi-siècle, la pensée sociale, surtout en France, a cherché à se débarrasser du sujet, comme si celui-ci trahissait son discours idéaliste et privilégiait les riches contre les pauvres, parce que les riches parlent mieux. Combat dérisoire alors que le monde était dominé par les totalitarismes, les guerres et les affrontements.

La fin de la *société* peut-elle conduire à la naissance du *sujet* ? Beaucoup refusent cette hypothèse optimiste. Je leur demande seulement de reconnaître qu'il s'agit de l'enjeu principal de notre société : comment défendre et faire croître la liberté créatrice du sujet contre les vagues de violence, d'imprévisibilité et d'arbitraire qui recouvrent de plus en plus l'espace social ?

CHAPITRE V

Le retour sur soi

L'idée de *modernité* ne semble pas, au premier abord, ajouter grand-chose à l'analyse de ce que j'ai appelé le paradigme « social » de la vie sociale. N'appelle-t-on pas moderne ce qui est créé et constamment transformé ? L'opposition, depuis longtemps classique, entre *communauté* et *société* ne fait-elle pas de celle-ci le synonyme de la modernité ? Ne pensons-nous pas que la modernité écarte les trônes et les autels pour laisser la société se gérer elle-même, considérant son intégration comme un besoin central qui doit servir de critère d'évaluation des conduites ? Nous sommes fiers de nous regarder comme des citoyens membres d'une nation, et dépositaires de la souveraineté, et donc du pouvoir de faire ou de changer la loi. Et tout aussi fiers d'être des travailleurs dont l'activité est utile à la collectivité, à la société qui le reconnaît par diverses sortes de rétributions, en particulier monétaires.

Ce triomphe de l'idée de société n'a été nulle part aussi complet que dans le monde occidental, qui a pris de l'avance sur le reste du monde en s'identifiant précisément à la modernité.

Dès lors, parler de la « fin du social », est-ce dire autre chose que « la modernité est épuisée » ?

Beaucoup d'analystes sont tentés de déclarer en ruine

la modernité elle-même et d'annoncer notre entrée dans le post-moderne. Parler ainsi signifie notamment qu'on affirme la disparition de tout principe historique central de définition de l'ensemble social. Posture intellectuelle qui a des conséquences si générales et si radicales qu'elle confère à ceux qui l'adoptent la conscience des possibilités presque infinies de conceptualisation qu'ils s'accordent et, du même coup, les risques graves de désorganisation théorique et pratique auxquels ils s'exposent. Je suis toujours resté éloigné de cette démarche intellectuelle, si importante et si féconde qu'elle soit.

Qu'est-ce que la modernité ?

Je veux d'emblée avancer une définition de la modernité qui oppose la pensée centrée sur la société à celle qui l'est sur la modernité, et que résume bien une expression qui sera à plusieurs reprises avancée ici : la modernité se définit par le fait qu'elle donne des *fondements non sociaux* aux faits sociaux, qu'elle impose la soumission de la société à des principes ou à des valeurs qui, en eux-mêmes, ne sont pas sociaux. Voilà qui peut surprendre.

Il est clair qu'une telle définition de la modernité nous conduit dans une direction différente de celle qui est annoncée par le mot de société. J'ai rappelé que les sociétés autoproduites, définies par leurs instruments et leurs œuvres, ne faisaient appel à aucun principe non social dans leur analyse comme dans leur action. Mais cette analyse interne, qui doit être maintenue, doit aussi être complétée par une autre caractérisation. Comment une société « active », créatrice et conflictuelle à la fois, se forme-t-elle en opposition avec des systèmes sociaux organisés en vue de leur reproduction, de leur équilibre, de leur intégration, ce que nous nommons des communautés qui reposent sur des principes non sociaux, qu'ils soient de type religieux, de type traditionnel ou de l'association des deux ? Faut-il expliquer le passage de la communauté à la « société » par l'imposition, à l'ensemble de la vie sociale, de la domination exercée par une élite dirigeante ? Cette explication apparaît faible, car la violence peut créer le pouvoir mais non pas la capacité d'autotransformation et de rationalisation. Ce qui conduit à définir la modernité par l'intervention de principes anticommunautaires.

Seuls de tels principes peuvent remettre en question l'ordre établi. Mais de quels principes s'agit-il ? Les réponses les plus diverses ont été données à cette question, et la liste en est longue. Il faut au contraire la réduire le plus possible de manière à identifier des principes non sociaux d'orientation de l'action qui soient vraiment fondamentaux. Au terme d'un recensement des composantes de la modernité qu'on considère en général comme les plus importantes, deux composantes m'apparaissent indispensables à l'existence de la modernité. Elles sont la condition d'existence de la liberté et de la créativité au sein de systèmes sociaux qui tendent naturellement à se renforcer eux-mêmes plutôt qu'à former des acteurs libres.

Le premier principe est la *croyance en la raison et en l'action rationnelle*. La science et la technologie, le calcul et la précision, l'application des résultats de la science à des domaines de plus en plus divers de notre vie et de la société, sont pour nous des composantes nécessaires, et quasi évidentes, de la civilisation moderne. L'important est de souligner que la raison n'est pas fondée sur la défense des intérêts collectifs ou individuels, mais sur elle-même et sur un concept de vérité qui ne s'appréhende pas en termes économiques ou politiques. La raison est un fondement non social de la vie sociale, alors que le religieux ou la coutume étaient définis en termes sociaux, quand bien même ils se référaient à des réalités transcendantes, puisque le sacré est une réalité sociale.

Le second principe fondateur de la modernité est la *reconnaissance des droits de l'individu*, c'est-à-dire l'affirmation d'un universalisme qui donne à tous les individus les mêmes droits, quels que soient leurs attributs économiques, sociaux ou politiques. Une telle formule ne vise pas à refermer le débat sur la place des communautés dans les sociétés individualistes contemporaines. Il n'empêche que ce que nous appelons depuis 1789 les droits de l'homme, lesquels sont inscrits dans de nombreuses Constitutions, et bien entendu dans la Déclaration universelle des droits de l'homme de 1948, est reconnu par nous comme une force de dépassement de toutes les communautés et de tous les principes d'ordre.

Voici donc formulée la conclusion de cette brève analyse de la modernité. Une société moderne est fondée sur deux principes qui ne sont pas de nature sociale : l'action *rationnelle* et la reconnaissance de *droits universels* à tous les individus. Ne nous laissons pas surprendre par cette conclusion, car la pleine modernité ne peut être que l'opposé du modèle communautaire. Telle que je viens de la définir, la modernité n'est plus une forme de vie sociale, mais le couple de forces opposées et complémentaires qui donnent à une société un complet contrôle d'elle-même : tout ici est création, action, travail d'un côté et, de l'autre, liberté sans limite et rejet de toute « moralisation » de la vie publique qui limiterait la liberté de l'acteur. Les discours que nous tenons sur nous-mêmes chaque jour, comme ceux que nous tenons sur les autres et sur l'organisation sociale elle-même, ne sont-ils pas dominés par cette volonté d'action efficace et par cette volonté d'affirmer, face à tous les types de domination, les droits inaliénables de chacun – et donc le principe d'égalité entre les êtres humains, qui ne saurait avoir d'autre sens réel que celui-ci ?

Ces deux principes conjoints définissent bien la modernité puisqu'ils rejettent tout ordre social qui ne serait pas créé par ses propres forces et qui serait subordonné, par exemple, à une révélation divine, opposition si complète qu'elle a provoqué des conflits directs entre religion et modernité, comme on l'a vu si clairement dans le monde catholique sous le pontificat de Pie IX. L'idée de laïcité est inséparable de celle des droits de l'individu, car si les religions proclament des croyances et une révélation de portée universelle, elles ne définissent nullement les droits de l'individu comme tels, mais, à l'opposé, la soumission égale de tous les individus à une volonté divine ou à une sagesse révélée. Lorsqu'un pouvoir spirituel commande le pouvoir temporel ou se mélange à lui, une communauté est créée, définie par l'appartenance de ses membres au corps de croyances et de pratiques d'une religion et que le pouvoir temporel doit faire respecter.

Mais quelle est la relation de la modernité avec le mode de modernisation occidental ? Le modèle social occidental, parce qu'il s'organise autour de l'idée d'une société autocréée, relève des principes de la modernité. Il est mouvement, autotransformation, destruction et reconstruction de soi. Plus clairement encore, il croit à l'usage de la raison et respecte la vérité vérifiable, transmissible et applicable, et pense améliorer ainsi, non pas son degré d'intégration mais les chances de vie, d'action et de satisfaction des besoins de tous les membres de la société.

Le lien entre l'idée occidentale de société et celle de modernité se renforce par conséquent à mesure que l'autoproduction de la société nous donne une plus grande confiance en notre capacité d'être modernes. Il serait absurde de prétendre que la société occidentale entretient les mêmes rapports avec la modernité que tous les autres types de modernisation, que tous suivent des chemins qui les font avancer de la même manière vers la modernité, en passant à travers des formes d'organisation et de mobilisation qui, souvent, les éloignent d'elle. Et c'est cette parenté même qui nous force à insister plus longuement sur la séparation, et même sur l'opposition, des idées de société et de modernité. Alors que ce qui les unit est presque trop visible, puisque nous savons que l'idée de modernité est née au sein de la société de type occidental – et non pas au sein de communautés fermées.

Les sociétés qu'on a appelées industrielles ou post-industrielles n'isolent pas la rationalité de la rationalisation, méthode de production qui recourt au calcul, mais dont le but principal est d'accroître le contrôle du profit capitaliste sur le travail ouvrier.

Parallèlement, l'affirmation universaliste des droits de chaque individu fut également limitée dans la société industrielle, où l'on parlait aussi de droits sociaux, c'est-à-dire de droits des travailleurs, ce qui a pu conduire souvent à l'interprétation de ces droits comme devant déboucher sur l'institution d'une société des travailleurs, société sans classes, notion qui réintroduisait un modèle de société – aux antipodes, donc, de l'individualisme des droits de l'homme. Seule la modernité *en elle-même* protège de toute confusion entre la liberté de chacun et l'intégration sociale.

La distance avec la modernité complète est plus grande encore quand on considère les sociétés de la première modernité (au moins dans le monde occidental), car la raison était alors liée à la formation de l'État moderne, « bureaucratique », et qui était aussi le plus souvent une monarchie ou une oligarchie absolues. La liberté du citoyen fut alors définie par des devoirs plus encore que par des droits.

Mais aucune société, pas même la plus avancée technologiquement, ne saurait être identifiée à la modernité. Ce qui oppose les deux notions, c'est que la société, tout opposée qu'elle soit à la logique communautaire, tend aussi à son propre renforcement. Elle donne donc la préférence à l'« intérêt général », et donc aux devoirs de chacun, sur les droits individuels. La rationalité instrumentale, qui cherche l'efficacité dans l'obtention de résultats, ne saurait, elle non plus, être confondue avec la modernité. Et cette distinction est si chargée de sens qu'elle occupe une position centrale dans la pensée sociologique, grâce à l'École de Francfort et à toute une lignée de travaux parmi les plus importants de la pensée sociologique, de Horkheimer et Adorno jusqu'à Habermas, en passant par Marcuse.

Inversement, une modernisation, quelle qu'elle soit, n'est pas la condition nécessaire et suffisante pour parvenir à la modernité. La marche vers la modernité s'opère en portant sur soi bien des éléments venus d'autres sociétés. On ne fait jamais du neuf complètement avec du neuf, on le fait tout autant avec du vieux. La modernité est une création qui excède tous ses champs d'application, car tous ont une autre face, celle de la réinterprétation du prémoderne. L'idée de société est toujours centrée sur elle-même, aussi bien par ceux qui traitent des fonctions et de l'utilité des conduites que par ceux qui voient partout les instruments et les effets d'une domination. L'idée de modernité, au contraire, porte en elle une tension indépassable entre, d'un côté, la raison et les droits des individus, et, de l'autre, l'intérêt collectif. La citoyenneté, les droits civiques sont aussi une expression politique de la rationalité, mais qui s'oppose à l'intégration et au renforcement de la société comme les droits s'opposent aux devoirs.

De plus, les deux principes de la modernité ne se réduisent pas à l'unité et peuvent être mis en concurrence l'un avec l'autre. L'action rationnelle n'est pas toujours conforme aux droits individuels et ceux-ci s'exercent non moins souvent contre la pensée rationnelle.

La victoire de la modernité

Les relations entre l'idée de société et celle de modernité apparaissent plus clairement encore lorsqu'on évalue l'évolution des sociétés liées à la modernité : se renforcent-elles au point que la modernité se trouve identifiée au règne des intérêts ? Au contraire, l'organisation sociale se dissout-elle dans une modernité qui impose des changements permanents ? Ou, troisième solution, les deux ordres de réalité se séparent-ils de plus en plus en un mouvement qui protège la sécularisation et la laïcité ?

Examinons – et écartons – successivement ces trois réponses. La première est celle qui satisfait le mieux le pessimisme des réalistes, qui sont convaincus que l'intérêt l'emporte toujours sur les droits et sur les principes, et que l'interdépendance des éléments de la vie sociale devient si grande qu'elle ne laisse plus de place à l'ouverture que représente la modernité : nous devons nous contenter d'éviter les atteintes trop brutales à la pensée rationnelle et aux droits humains, mais nous devons aussi nous adapter à des situations mal définies, changeantes, et dont nous ne sommes pas maîtres. Cet empirisme nous permet d'éviter les fautes les plus graves, même s'il ne conduit pas à se comporter conformément au principe de toute modernité.

La deuxième solution n'attire que ceux qui donnent à la modernité un sens élémentaire, celui de changement permanent, qui est très éloigné de celui qu'il m'a paru nécessaire de lui conférer. Surtout, l'idée que les problèmes généraux et durables se dissolvent dans un présent lui-même fragmenté par des changements incessants est très éloignée de notre expérience vécue, puisque nous nous posons de plus en plus de problèmes à long terme et fondamentaux sur la démocratie, la rencontre entre les cultures, nos droits d'intervention sur la vie humaine, etc.

La troisième solution, qui connaît un regain de popularité en ce début de siècle, revient simplement à la séparation de la vie publique et de la vie privée. Elle est défendue par ceux qui voudraient limiter la religion à la sphère privée et considèrent l'école comme un sanctuaire où l'enseignant ne doit reconnaître que l'individu rationnel et ignorer la situation culturelle, sociale et psychologique de chacun des élèves.

C'est le choix d'une autre solution qui définit la raison d'être de ce livre. Alors que le plus souvent nous est annoncé, aussi bien par les optimistes que par les pessimistes, le triomphe de l'intérêt et du calcul, du changement accéléré et de la diversification de la consommation, de telle sorte que les sociétés les plus développées seraient aussi les plus modernes, je défends l'idée, non pas que la logique interne des sociétés dévore la modernité et la transforme en rationalisation et en individualisme instrumental, idée valable dans le passé plus que dans le présent, mais, à l'inverse, que le modèle de la société se décompose sous nos yeux, et de plus en plus rapidement, tandis que les principes de la modernité cherchent à s'imposer de plus en plus directement. Sur les ruines de la société s'avancent en effet, d'un côté, des forces non contrôlées, celles du marché, de la guerre et de la violence, et, de l'autre, la modernité, dont le rationalisme et le souci des droits humains universels sont des éléments centraux et qui se fait entendre de plus en plus directement, sans pour autant passer par la fiction d'une société parfaite.

Notre monde est de plus en plus dominé par la force, mais il est aussi de plus en plus soucieux de choix moraux qui occupent désormais une place centrale dans la vie politique. Pendant plusieurs décennies, après l'épuisement de la sociologie conservatrice, qui voyait dans la société un système capable de réguler ses fonctions et d'adapter ceux qui y vivent aux besoins des systèmes, nous avons été assiégés par la pensée qui réduisait tous les aspects de la vie sociale à la défense et à la reproduction d'une domination. Cette approche critique a produit beaucoup d'œuvres de grande qualité, mais elle s'est inéluctablement enfoncée dans la spirale de l'autodestruction : la pensée critique elle-même n'est-elle pas utile au triomphe d'une domination dont elle montre la puissance redoutable, et qui contraste avec la faiblesse de ses adversaires ? À dire vrai, depuis le début du nouveau siècle, le succès de cette pensée s'est réduit, mais elle reste très forte, appuyée sur la dénonciation de la violence et de l'arbitraire. La pensée néo-libérale, qui prend son contre-pied et veut être l'étude des « choix rationnels », propose un hédonisme empirique qui a l'avantage de ne pas contrarier nos désirs mais qui n'apporte aucune garantie de liberté de choix à ceux qu'influence le marketing. Cet hédonisme est lui aussi très éloigné de ce que je nomme la modernité.

Il faut rompre complètement avec toutes les pensées liées à la défense du système social, à la fois capable d'élaborer et d'imposer des valeurs, des normes, des formes d'autorité, une définition des statuts et des rôles. Car la modernité est le contraire même de l'autocréation de la société.

Ce que nous vivons est la *destruction de la société*, c'est-à-dire de la vision *sociale* de la vie sociale, de l'ensemble des catégories dans lesquelles nous vivons comme dans une armure depuis plus d'un siècle. Nous voyons s'écrouler autour de nous des sociétés de production et de luttes sociales dont le dynamisme nous a donné plusieurs siècles d'avance sur le reste du monde. Il est normal que beaucoup n'aperçoivent que les ruines d'une construction si grandiose. J'insiste constamment moi-même sur le retour de la violence et de la guerre, et j'ai souligné le triomphe du marché sur le travail et la création. Mais face à ces nuées noires qui occupent une part importante de notre ciel, j'aperçois aussi la présence de plus en plus brillante d'une modernité dont les principes (la croyance en la raison et la reconnaissance de droits individuels universels) s'affirment sur les ruines des systèmes sociaux.

Loin d'être plongés dans un monde où ne subsisteraient que l'intérêt et le plaisir, nous sommes placés de plus en plus clairement devant nos propres responsabilités d'êtres libres. Je l'ai déjà dit : sur les ruines des systèmes sociaux apparaissent, de plus en plus manifestes, deux forces qui ne sont ni l'une ni l'autre sociales : les forces naturalisées du marché, de la violence et de la guerre, d'un côté, et, de l'autre, l'appel également non social, parce que absolu et universel, à des droits et à la raison. Notre histoire n'est plus définie par son sens et son éventuel point d'arrivée ; pas davantage par l'esprit d'un temps ou d'un peuple, mais par l'affrontement de forces naturelles, celle des marchés, des guerres et des catastrophes, avec la modernité, avec le sujet.

Pourquoi parler de « modernité » ? Pourquoi ne pas parler de « valeurs », ou, plus traditionnellement, de « philosophie des Lumières » ? Je fuis l'idée de valeurs, qui renvoie tantôt à une conception religieuse, tantôt à la sociologie la plus classique, pour laquelle les valeurs sont au sommet du système des normes et de l'organisation sociale et ne peuvent donc que renvoyer à la société elle-même, comme toutes les formes de sacré.

L'idée de modernité, elle, désigne, au-delà de l'action de la société sur elle-même, les sources des droits, la présence de l'universel dans le social. Que le contenu donné ici à l'idée de la modernité évoque la philosophie des Lumières est heureux, car celle-ci, à travers ses manifestations politiques aussi bien qu'intellectuelles, est chargée de la même confiance dans la création de soi par soi, grâce au dépassement des clôtures sociales qui empêchent de reconnaître l'universalisme des droits et de la raison.

Si la notion de société a été si longtemps créatrice, je l'ai dit, c'est parce qu'elle en appelait à la modernité contre les communautés qu'elle renversait, donc à des principes universalistes comme la raison et les droits universels de chaque individu. Mais aujourd'hui, la modernité dépasse la société à son tour. Parce que la sociologie critique a découvert avec raison dans le fonctionnement des sociétés plus de domination que de rationalité, plus de devoirs que de droits, il nous est devenu de plus en plus difficile de croire que c'est en s'intégrant à la société, à ses normes et à ses lois que l'être humain devient un individu libre et responsable. Nous éprouvons au contraire de plus en plus fortement ce qui oppose l'individu à la société, et tout autant la société à la modernité, parce que l'individu moderne est de plus en plus défini par rapport à lui-même et que la modernité est l'appel constant, au-delà des normes et des devoirs sociaux, à un universalisme des droits qui peut, certes, se dégrader en un hédonisme manipulé par le commerce comme par les médias, mais peut tout aussi bien être le lieu de l'appel au sujet dans son universalisme libérateur.

La modernité a longtemps été portée par l'idée de société ; elle ne peut plus se développer aujourd'hui qu'en s'en débarrassant, en la combattant même, et en s'emparent du sujet – qui est de plus en plus directement opposé à l'idée de société.

L'idée de modernité ne fait appel à aucun principe transcendant. Elle affirme au contraire que la liberté créatrice de chacun, de chaque individu ou catégorie d'individus, est le bien suprême, qu'elle ne suppose aucun autre fondement qu'elle-même. Ce qui explique pourquoi la modernité ne s'identifie jamais à telle société ou à tel pouvoir, et pas davantage à tel courant d'idées ou à tel type d'enseignement. De même que la modernité s'est trouvée renforcée par le passage de la communauté à la société, elle l'est – et davantage encore – par le dépassement de la société. Elle se détache de toute expression sociale, comme une religion qui se séparerait de toute Église et de toute pratique rituelle.

La ruine de la société a, certes, autant d'aspects négatifs que de positifs. La désocialisation conduit à la destruction des liens sociaux, à la solitude, à la crise d'identité, je l'ai dit, mais en même temps elle libère des appartenances et des règles imposées. Or, la modernité non seulement ne s'en trouve pas affaiblie, elle devient l'unique force de résistance à toutes les formes de violence et c'est à elle qu'il revient de reconstruire des institutions qui ne seront plus au service de la société, rebaptisée « intérêt général » ou « bien commun », mais à celui de la liberté créatrice de chaque individu.

Cette conception de la modernité et des droits de l'homme se heurte classiquement à deux adversaires. Le premier, le plus visible aujourd'hui, s'incarne dans les milieux islamiques ou asiatiques qui refusent toute universalité au modèle occidental et affirment que le leur, déterminé par une conception communautaire de la vie sociale et par le maintien de la famille traditionnelle, s'est révélé plus efficace que le nôtre, affecté par toutes les formes de décomposition personnelles et collectives. Les écrits de Lee Kuan Yen, maître puissant et autoritaire de Singapour, sont considérés comme parfaitement représentatifs de cette tendance que Michel Ignatieff oppose à celle de la philosophie des Lumières occidentale. En réalité, cette pensée ne propose pas une définition de la modernité : elle défend un autre modèle de modernisation qu'elle juge plus efficace : ce qui n'est pas en soi inacceptable.

Le second adversaire est plus fort intellectuellement, et doit être écouté avec plus d'attention. Il est issu de la grande tradition qui remonte à Jean-Jacques Rousseau, et même au-delà de lui jusqu'à Hobbes, et qui définit la démocratie par le règne de la volonté générale, autrement dit par le respect le plus complet possible de la *souveraineté* populaire. Cette conception a été attaquée sur sa droite par le libéralisme économique, et sur sa gauche par l'idée de lutte des classes, mais elle reste prédominante, surtout aux États-Unis. À ce propos, Ignatieff évoque avec raison l'exceptionnalisme américain tel qu'il s'est manifesté à l'occasion de la création du Tribunal pénal international permanent, et donc l'opposition américaine à l'idée des droits de l'homme telle qu'elle avait été redéfinie en 1948 par la Déclaration universelle des droits de l'homme. Ici, en effet, s'opposent deux conceptions de la démocratie, qui relèvent de deux analyses différentes des mêmes situations historiques.

La conception américaine, approuvée par tous ceux qui mettent au premier plan l'idée de nation, est d'un optimisme si puissant, tellement éloigné des réalités d'un grand pays, comme l'avait déjà dit Rousseau, qu'il aboutit à laisser la société, avec ses centres de pouvoir et ses zones d'exclusion, ses traditions, ses idéologies, et pourquoi pas sa religion d'État, se gérer au nom de sa propre souveraineté et sans qu'aucun grand principe extérieur puisse lui être opposé. Cette conception fut celle des révolutions, et l'idéal des premières générations de mouvements politiques, et surtout des utopies, puisque les plus puissantes furent inventées pendant la période de triomphe du « paradigme » politique.

Mais en passant d'une période à une autre, en pénétrant des sociétés de moins en moins contrôlées politiquement et de plus en plus dominées par les intérêts capitalistes, les bureaucraties, les élites dirigeantes et les réseaux financiers et économiques internationaux, cette conception souverainiste a perdu de sa force et s'est dissoute dans les pratiques souvent opaques de la démocratie représentative. Parallèlement a gagné du terrain l'idée de l'individualisme démocratique, qui est aussi celle des droits de l'homme, et qui repose sur une profonde défiance à l'égard du pouvoir politique et de toutes les formes de domination, défiance constamment justifiée tout au long du XXe siècle, qui fut, on le sait, dominé par les totalitarismes, les régimes autoritaires – et les crises du marché. Nous sommes parvenus si loin dans cette évolution qu'il nous faut rejeter toute approche souverainiste, assurément étrangère au totalitarisme, mais dont les dangers sont plus grands que les avantages. C'est bien l'idée des droits de l'homme, associée à celle de sujet, qui offre la meilleure défense face à toutes les formes de domination sociale.

LA FIN DE LA PENSÉE SOCIALE

La place centrale donnée à la modernité, c'est-à-dire à la liberté créatrice de l'acteur et non plus aux besoins et aux fonctions des systèmes sociaux, est l'effet de la constatation faite au chapitre précédent que nous vivons la « fin du social ». Il reste, pour que la rupture soit complète, à écarter plus nettement que je ne l'ai fait jusqu'ici les formes de la pensée sociale qui ont correspondu à la représentation « sociale » de la vie collective, et qui ont représenté une partie très importante de l'analyse sociologique.

Il est nécessaire de reconnaître les effets des transformations de la réalité sociale sur la pensée sociologique. Elles doivent avancer l'une et l'autre, dans le domaine des idées comme dans celui des conduites sociales, vers une nouvelle vision de la vie collective et aussi des conduites individuelles, à laquelle nous a introduits l'idée de modernité. Le thème de la fin du social, de l'élimination nécessaire de l'idée de société, bouleverse, nous le sentons bien, notre manière de penser et de parler.

Nous ne pouvons plus, nous ne devons plus *penser socialement les faits sociaux*. Ce qui est moins difficile qu'il n'y semble au premier abord, puisque, dans d'autres sociétés que la nôtre, c'est en termes *politiques* ou *religieux* que nous avons pensé le social.

L'image forte, et au total optimiste, d'une société qui donne d'en haut un sens à la vie sociale de chacun a toujours été assortie et combattue par celle d'une société fermée sur elle-même et réduite au langage de la domination interne. Or, cette fermeture n'est plus aujourd'hui celle des armées soumises à un chef tout-puissant, mais celle de la domination qui s'infiltre dans toutes les parties de la société, et surtout à l'intérieur des acteurs eux-mêmes, comme Michel Foucault l'a montré avec tant de force, tandis que le pouvoir central s'affaiblit, attaqué qu'il est par le capitalisme qui donne à l'économie la possibilité de dominer la société. À ce propos, les féministes radicales américaines ont montré de manière convaincante que les mots et les notions qui permettent de décrire la situation et les conduites des femmes ont pour fonction principale d'imposer une référence autoritaire au modèle des relations hétérosexuelles stables et asymétriques. Le propre des dominations est de se donner comme naturelles – et donc non imposées.

La sociologie a largement puisé à ces deux conceptions des systèmes sociaux. Pendant les années de la reconstruction d'après-guerre, elle a été dominée par l'œuvre de Talcott Parsons, qui construisit, jusque dans le détail, le plan d'une société organisant ses quatre fonctions principales : choix des fins politiques, mise en œuvre de ressources économiques, socialisation des acteurs et punition de la déviance. Une génération plus tard, a commencé à se diffuser dans presque tous les pays occidentaux une sociologie *critique* qui découvrait les effets d'une domination dans les mots, les gestes, les pratiques de chaque secteur de la vie sociale. Aux États-Unis, le mouvement étudiant, les actions de soutien aux revendications des Noirs pour leurs droits civiques, et aussi la lutte contre la guerre au Vietnam brisèrent la bonne conscience intellectuelle de l'Amérique d'après guerre.

Le « fonctionnalisme critique », peut-être parce qu'il offrait un passe-partout à l'analyse sociale en invitant à découvrir dans tous les domaines des mécanismes de construction et de transmission d'une domination générale, a remporté un grand succès dans les cercles intellectuels et a donné une nouvelle vigueur à la critique des idéologies et des pratiques dominantes qui avait perdu beaucoup de sa force avec le déclin du marxisme, de plus en plus réduit au langage des régimes totalitaires. Mais son utilité est plus apparente que réelle. Car de quelle domination s'agit-il et au profit de qui s'exerce-t-elle ? Si elle n'est pas celle d'un dieu ou d'un roi dont le pouvoir en effet s'est affaibli au point de disparaître dans les sociétés où la science, les bureaucraties publiques et privées, mais aussi toutes les formes de participation politique n'ont cessé de gagner du terrain, elle ne peut être que celle de la société sur elle-même, de l'ordre social, surtout lorsque celui-ci cherche à se donner des fondements scientifiques et rationnels. La domination subie a été associée à la recherche d'un ordre social fondé sur lui-même, ce qui a correspondu au rationalisme social du XIXe siècle, mais aussi aux utopies totalitaires du XXe siècle, qui ont en général critiqué l'ancien ordre social soit au nom de réalités naturelles, soit au nom d'une lutte menée contre des pouvoirs comme celui des employeurs. Toujours l'ordre social s'impose ou cherche à s'imposer, c'est vrai, et l'on voit sans cesse renaître des morales de l'intérêt général, du bien commun, de l'intégration sociale. Mais ce qu'il faut refuser, c'est l'idée que l'ordre social s'impose par lui-même et détruit, en même temps que les appartenances sociales traditionnelles, les revendications individualistes ou libertaires.

L'application de la sociologie critique à la connaissance de l'action des femmes en révèle bien la faiblesse. Car autant il est aisé de montrer la puissance et l'ancienneté de la domination masculine, autant il faut reconnaître les succès remportés par les mouvements féminins dans l'ordre politique et économique – et surtout dans le processus de contrôle de la reproduction. L'idée d'une domination de la sexualité par l'ordre social, c'est-à-dire par l'image de la famille fondée sur le couple hétérosexuel, est trop vague et apparaît bien faible comparée à celle qui dénonce le pouvoir masculin et aspire à une libération proprement féminine. Objectif qui ne saurait être confondu avec la lutte contre une société conçue comme défendant ses propres intérêts, ce qui est moins mobilisateur.

Mais revenons à l'essentiel. À partir du moment où l'on écarte l'idée de société comme principe d'évaluation des conduites sociales, il faut renoncer aux instruments de la sociologie classique. Il devient en effet impossible, au moins en principe, de parler d'institutions, de concevoir l'éducation comme processus de socialisation ou de définir l'acteur par le réseau de ses rôles et de ses attentes de rôles. Que peut alors signifier l'action sociale ? Quelles sont les orientations susceptibles de remplacer, dans la sociologie, le fonctionnalisme et la pensée critique qui déclinent à mesure que s'aggrave la crise de l'idée de société ?

La première, très visible en particulier aux États-Unis, et que j'ai déjà rapidement évoquée, consiste à appliquer à la sociologie une pensée de type économique, attachée à comprendre les choix des acteurs et donc les formes, souvent très complexes, que prend la recherche rationnelle de l'intérêt.

Un deuxième ensemble de recherches, dont la diffusion est rapide, est consacré à l'analyse des conséquences négatives de la disparition du « lien social » et aux efforts déployés pour le recréer.

Le troisième domaine d'études est consacré aux acteurs plus qu'aux systèmes, et plus largement à l'étude de l'*agency*, comme l'ont fait Anthony Giddens et son groupe de Londres. La grande œuvre de Jürgen Habermas, consacrée à retrouver, à travers l'étude de la communication (et non plus de la conscience), un universalisme de type kantien, exerce de manière durable une grande influence dans ce domaine de la sociologie qui est le plus vaste, le plus actif et le plus original. Le présent livre se rattache à cet ensemble de recherches.

Le trait commun à toutes les écoles de la sociologie vivante est de partir de l'acteur social et de recomposer à partir de lui, de ses attentes et de ses interactions, le champ social où il agit. Ce renversement de perspective s'est opéré en peu d'années, et de manière spectaculaire. De telles idées sont partout présentes aujourd'hui dans notre vie quotidienne. Néanmoins, elles restent l'objet d'une profonde méfiance dans les milieux intellectuels. Pendant trente ans au moins, le but principal des intellectuels n'avait-il pas été d'éliminer toute référence au sujet ? N'allait-on pas jusqu'à dire que les régimes totalitaires avaient protégé les philosophies de la subjectivité ? La pensée critique extrême ne refusait-elle pas de reconnaître l'existence des acteurs sociaux ? Elle ne parlait que de victimes, de sorte que la voix des dominés n'avait même plus à être écoutée, puisque le sens de leur action ne pourrait jamais pénétrer la conscience de l'acteur. La France a joué un grand rôle dans la production de ces idées, qui se sont diffusées aux États-Unis, en Grande-Bretagne, en Allemagne et dans bien d'autres pays, en particulier latino-américains. Sa ligne centrale d'influence fut un structuralisme qui écartait l'idée et les intentions de l'auteur, et considérait le texte comme un objet qui devait être étudié en soi, sans qu'il soit fait référence à ses conditions de production. La sociologie s'est laissé entraîner dans cette tendance fondée sur une approche scientifique des œuvres. Il s'est ainsi créé un décalage grandissant entre des politiques sociales réelles et les discours des intellectuels qui défendaient leur savoir, y compris contre les demandes d'un nombre grandissant de jeunes et d'adultes.

Les sociologues de terrain n'arrivent plus aujourd'hui à incorporer cette représentation de la société dans leurs observations. Comment parler d'une emprise totale, d'une domination de la société ? La réalité qu'ils observent est au contraire celle de la décomposition des systèmes de classification et de hiérarchie, la multiplicité des actes d'incivilité ou de défiance, la diffusion des conduites d'évitement, de fuite ou d'innovation. Il faut faire preuve d'un bien étrange aveuglement pour définir encore notre société avant tout comme un système de reproduction des inégalités et des privilèges. Non pas que cette idée soit sans fondement ; elle est au contraire appuyée sur des observations répétées, en particulier dans les études sur le recrutement des élites. Mais comment donner une importance centrale à ces mécanismes de contrôle, alors que, dans tous les domaines, de la fréquentation scolaire à celle des musées, de l'usage de la photographie à la mobilité géographique, ce qui frappe d'abord dans cette société où les formes de participation ont été élargies, c'est la diversification des itinéraires et des innovations, l'ouverture au monde international et aux nouvelles technologies de communication ? Décidément, les discours sur les déterminismes sociaux et le contrôle de plus en plus élaboré qu'exerceraient les autorités sur des citoyens devenus de simples consommateurs s'entendent mal dans des sociétés fragmentées, en changement constant et traversées par les éclairs de la guerre.

L'INDIVIDUALISME LIBÉRATEUR

Efficace et brutal, le mode occidental de modernisation a conquis le monde au nom de la société. Mais il a commencé à perdre sa force quand les dominés se sont révoltés contre leurs maîtres. Le mouvement ouvrier d'abord, les mouvements de libération nationale ensuite, le mouvement féministe et le mouvement écologiste – fortement liés l'un à l'autre – ont entamé la domination totale exercée par l'élite dirigeante, composée de propriétaires européens, adultes et masculins.

Travailleurs, colonisés, femmes, minorités de divers types se sont créé alors une *subjectivité*. Et il est devenu impossible de se contenter de déplorer l'exploitation de tant de catégories dominées, comme si elles ne pouvaient être que des victimes. Et pas moins d'en appeler, comme Zola, à l'intelligence et à la générosité de jeunes gens instruits pour donner sens à la révolte de ceux qui ne peuvent que faire éclater les contradictions du système dominant. Les victimes cessent à un moment d'être seulement victimes ; elles prennent conscience de leur situation, protestent, parlent. Moment capital déjà vécu quand des ouvriers qualifiés, travaillant plus souvent dans des ateliers que dans des usines, analysèrent leur situation en termes de domination de classe – et surtout définirent ce qu'ils étaient, des travailleurs, contre qui ils se battaient, le profit, et au nom de quoi ils réclamaient leurs droits : le progrès, la modernité. Ces travailleurs n'étaient pas entièrement aliénés ou écrasés : appuyés sur leur qualification et sur un métier qui les mettait souvent en position favorable sur le marché du travail, ils parlaient au nom de droits universels – l'égalité, la liberté, la justice. C'est une histoire analogue qui a transformé les colonisés de peuples opprimés en mouvements de libération nationale. Et j'évoquerai plus loin la prise de conscience des femmes, qui s'est essentiellement formée à travers la revendication de disposer librement de leur corps.

Cette montée des subjectivités a bousculé un mode de raisonnement qui ne voulait croire qu'à l'objectivité, à la raison impersonnelle, au calcul et à l'intérêt. Elle a davantage ancré le modèle occidental dans la modernité, puisque l'affirmation des droits humains, à la fois individuels et universels, est une des composantes fondamentales de la modernité. Cet appel à ce qu'on peut appeler le droit à la subjectivité s'est fait entendre avec d'autant plus de force que le modèle européen de modernisation fondé sur la construction de la société entrait en crise et que le collectivisme se chargeait de couleurs sombres.

Ce renouveau des subjectivités, comme tous les mouvements de libération qui l'avaient précédé, a pris le plus souvent des formes positives, mais parfois aussi des formes négatives, lorsqu'il débouche, par exemple, sur un nouveau communautarisme, de la même façon que le mouvement de libération des ouvriers avait engendré le communisme. Dans ces cas, les subjectivités sont englouties par des appareils de pouvoir qui, tout en parlant en leur nom, les transforment en leur contraire, puisqu'ils définissent chaque individu par son appartenance à une communauté qui ne reconnaît en son sein ni minorité ni opposition.

Cet appel à la singularisation individuelle peut aussi aller jusqu'à se renverser, devenir antimoderne. La vie sociale n'apparaît plus alors que comme le heurt direct entre la liberté du marché, forme dégradée de la raison, et les proclamations identitaires, formes également dégradées de l'individualisme. Ces deux forces sont opposées, mais elles se combinent pour enlever tout espace d'action libre à des acteurs sociaux et culturels dont la subjectivité n'est plus reconnue que comme un reste du passé.

Sous sa forme libérale, la vie sociale se réduit à un marché non régulé : chacun pousse l'autre pour s'approprier un produit, qu'il définit comme une bonne affaire. Cette concurrence généralisée nourrit les groupes d'intérêts et les corporatismes qui ne font plus référence à l'intérêt général. Le ressort de la modernisation occidentale est alors détendu. Avec l'accord et sous les applaudissements de la majorité, puisque cette détente limite la toute-puissance de l'élite dirigeante ; mais au prix d'une impuissance croissante à accepter les charges, les risques et les espoirs nourris par l'investissement, la production et le travail.

Le soulèvement des dominés a réduit le niveau des tensions dans la société occidentale, mais cette réduction s'est accompagnée aussi d'une baisse des investissements et des projets à long terme, de ce que les sociologues appellent le « modèle de récompense différée », qui est alors remplacé par un désir de participation immédiate et sans cesse élargie.

Nous nous approchons, plus ou moins vite selon les pays, de cette zone où la capacité d'accumulation aura disparu, où la consommation aura la priorité sur la production, au point même de faire peser sur les générations à vernir le poids de l'accroissement de la dette publique. Nos sociétés pourraient alors devenir des marchés, des bazars, où chaque groupe s'efforcerait de vendre ce qu'il produit et d'acheter au meilleur prix les biens et services dont il a besoin. D'autres pays éviteront cette entropie en concentrant leurs ressources et leur pouvoir de décision entre les mains de nouvelles élites, celles qui agissent par la guerre plutôt que par la production, qui détiennent des armes plutôt que des marchés, qui imposent aussi un nouvel esclavage en réduisant le plus possible le niveau de vie des travailleurs. L'affaiblissement de nos sociétés, qui s'explique par l'épuisement de leur modèle de développement traditionnel, conduit donc, d'un côté, à une autonomie et à une domination croissantes du monde de la guerre et, de l'autre, au triomphe de la consommation à court terme sur les projets de développement à long terme.

Ce qui nous conduit à poser la question fondamentale à laquelle ce livre voudrait répondre : un nouveau modèle de modernisation est-il possible ? Un nouveau dynamisme peut-il apparaître dans nos sociétés détendues ? Il ne peut pas se créer en imposant de nouvelles tensions internes puisque notre histoire, depuis un siècle et demi, a été dominée par le renversement des dominations et l'affaiblissement des tensions. Il nous faut donc nous diriger dans une direction opposée.

Quel est le principe susceptible d'empêcher nos sociétés de sombrer dans une épuisante concurrence généralisée, sans pour autant avoir recours à l'esprit de puissance, de conquête et de croisade pour remobiliser la société et lui imposer des contraintes et des sacrifices ? C'est l'*individualisme*. Il est vrai que le mot a mauvaise réputation. Il a servi à faire l'éloge de l'intérêt personnel et de l'indifférence à la situation du plus grand nombre, et quand il chante le succès des nantis, rejetant dans l'ombre la situation des précaires et des exclus, il est proprement intolérable et devient, à juste titre, la cible des attaques que dirigent contre lui ceux qui défendent la solidarité, la justice et l'égalité.

Mais nous cherchons une autre réponse : existe-t-il une forme d'individualisme qui puisse se substituer à la volonté de conquête et à la création des fortes tensions internes qui ont donné son efficacité au modèle européen de modernisation ? Si toute la seconde partie de ce livre est consacrée à la recherche d'une réponse à cette question, est-il possible d'indiquer ici en quelques lignes ce que peut être une telle réponse, et par conséquent quel peut être le moyen pour nos sociétés d'échapper aux dangers opposés et complémentaires que sont la soumission aux règles massives du marché et l'enfermement dans un communautarisme qui mène inévitablement à la guerre ?

Nous avons évoqué le mouvement de libération par lequel les dominés, rejetant leur soumission, se donnent une subjectivité, s'affirment comme des êtres de droit qui rejettent l'injustice, l'inégalité et l'humiliation. Pourquoi ne pas chercher, au niveau théorique, une réponse qui donnerait tout leur sens aux mouvements de libération, ceux de la classe ouvrière, ceux des nations colonisées, ceux des femmes et ceux de diverses minorités, en affirmant que dans ce monde qui ne peut plus se construire autour de la conquête et de la gestion des tensions les plus fortes, c'est la recherche de soi, la résistance de soi aux forces impersonnelles qui peuvent nous permettre de conserver notre liberté.

Cette forme de résistance porte en elle une affirmation de soi, non seulement comme acteur social mais comme *sujet personnel*. La destruction de l'idée de société ne peut nous sauver d'une catastrophe que si elle conduit à la construction de l'idée de sujet, à la recherche d'une action qui ne recherche ni le profit ni le pouvoir ni la gloire, mais qui affirme la dignité de chaque être humain et le respect qu'il mérite.

Revenons-en maintenant aux raisons du déclin de la notion de société. Le point central du débat est de savoir si l'individu se forme en devenant citoyen, ou au contraire en se détachant des normes, des statuts et des rôles que les instances d'autorité et les « agences de socialisation », comme l'école et la famille, n'arrivent plus à lui faire accepter. La première idée fut au centre même de la construction de nos sociétés de type démocratique. Alors que les sociétés autoritaires, populistes ou communautaristes, en appellent au dépassement des intérêts individuels au profit d'une participation aussi complète que possible à un être collectif, à un peuple, une race, une croyance religieuse, une langue ou un territoire, la grandeur de nos démocraties libérales est d'avoir conçu les institutions comme des milieux de production d'individus libres et responsables, soucieux d'agir selon des critères universalistes. C'est ainsi que nous sommes entrés dans l'idée de sujet.

Deux phénomènes opposés se sont ensuite produits : la désagrégation du moi, défini comme un ensemble de rôles, et la montée d'un individualisme conscient, réfléchi, défini comme la revendication pour soi-même, par un individu ou par un groupe, d'une liberté créatrice qui est sa propre fin, qui n'est subordonnée à aucun objectif social ou politique. L'individu cesse alors d'être une unité empirique, un personnage, un moi, et, par un mouvement inverse, il devient la fin suprême qui se substitue non seulement à Dieu mais à la société elle-même. L'individu était produit par la société, dans ses conduites les plus concrètes, autant que dans sa pensée ; c'est maintenant le contraire qui est vrai. L'affirmation créatrice au cœur de la modernité résiste à l'organisation sociale et l'évalue en termes positifs ou négatifs selon que son affirmation de soi est satisfaite ou non. Ce langage, qui n'est ni difficile à comprendre ni plus fragile que celui qui a fait de l'individu un être social, mérite cependant d'être écouté attentivement, tant il s'écarte des représentations habituelles des rapports entre l'individu et la société.

Faut-il attaquer cette conception en la dénonçant comme idéaliste ? Mais en quoi est-il plus idéaliste de dire que l'individu cherche à être reconnu comme libre et responsable que d'affirmer qu'il se définit lui-même par rapport aux valeurs et aux normes de la société ? Bien au contraire, je me garde bien de faire appel à la notion de valeur parce qu'elle mélange toujours des formes concrètes de vie sociale avec une définition du bien et du mal. Le propre de la modernité est de ne faire appel à aucun principe, à aucune valeur en dehors d'elle-même. Elle est vraiment autocréatrice, d'une manière qui peut convenir aux esprits agnostiques mais aussi à certains types de pensée religieuse, ceux qui soulignent la relation directe du fidèle avec Dieu, au-delà de tout attribut social.

L'individu en tant que moderne échappe donc aux déterminismes sociaux, dans la mesure où il est un sujet autocréateur. À l'inverse, l'individu social est déterminé par sa position dans la société. Nous éprouvons les deux expériences : je sais que je pense et que je mange comme les membres de mon milieu social, national et culturel, et je découvre facilement les déterminants sociaux de mes conduites, puisque celles-ci ressemblent à celles de ceux qui me ressemblent socialement. Mais j'éprouve avec la même force que j'affirme ma liberté en repoussant certaines pressions qui ne peuvent pas résister complètement à mon rejet. L'expérience de ma liberté a la même force que l'expérience de nos déterminations sociales. Je n'ai pas à chercher à la périphérie de nos déterminismes sociaux des zones d'indétermination. Pourquoi ne devrions-nous pas percevoir notre liberté avec la même force que les déterminants qui nous limitent ? Et comment pourrions-nous professer des idées démocratiques si nous n'acceptions plus l'idée que nous avons une certaine liberté de choisir entre le bien et le mal ? Les analystes qui ne voient que des victimes et les forces qui les dominent sont à la fois myopes et arbitraires. Notre histoire des derniers siècles n'a-t-elle pas été largement dominée par des mouvements sociaux qui ont modifié et transformé notre vie de manière toujours plus profonde ?

Les déterminismes sociaux

C'est quand l'individualisme semble réduit à des choix de consommation que réapparaît l'idée que les conduites sont soumises à des déterminismes sociaux, et même si fortement que le problème principal devient alors de maintenir une petite marge d'indétermination pour tenir compte des facteurs indépendants de la situation collective. On nous a longtemps enseigné que les riches votent plus à droite et les pauvres plus à gauche, mais la question la plus intéressante est au fond de savoir pourquoi tous les salariés ne votent pas à gauche (tant s'en faut !) dans un pays où les salariés forment la grande majorité de la force de travail mais où leur diversité ne cesse de s'accroître et où beaucoup de travaux pénibles sont assurés par des étrangers. Il n'y a détermination que si les conduites, qui se manifestent en termes de préférences et de goûts, sont fortement corrélées avec la place occupée par l'acteur dans la hiérarchie sociale. Or, de telles observations ont un pouvoir d'explication bien moindre que celles qui considèrent les acteurs dans leurs rapports sociaux réels.

Il faut donc adopter une conception équilibrée de la modernité. Elle n'est ni destruction de l'ordre établi au nom des intérêts économiques les plus puissants, ni davantage le triomphe de la pensée rationnelle, comme l'ont cru les rationalistes du XIXe siècle. On ne saurait séparer les conquêtes de la modernité des dangers qu'elle porte en elle, et contre lesquels elle doit elle-même se prémunir. La modernité brise des communautés, l'ordre établi et sa stabilité défensive. Mais la pensée rationnelle et l'idée qu'il existe des droits humains ne sont pas seulement des principes abstraits. La pensée et l'idée de droits sont même beaucoup plus que des forces de dépassement et de critique, elles donnent naissance à ce qu'on peut appeler la vie sociale, c'est-à-dire au monde de l'acquis en tant qu'il s'oppose au monde du transmis. Du coup, il faut constamment surveiller les modalités du renforcement de la société, au nom parfois de la modernité elle-même, car elle peut mener à l'autodestruction de cette modernité. La menace est permanente. Le rationalisme, comme la rationalisation du travail industriel, peut aussi servir à détruire la conscience des acteurs.

Plus complexe, au moins en apparence, est le renversement qui peut conduire le respect des droits à se transformer en instrument d'oppression. Comment pourrions-nous ignorer que la défense des droits culturels peut aussi tourner à l'obsession de l'identité, de l'homogénéité et de la pureté du groupe, au rejet des minorités et des différences ? Au nom des droits culturels se bâtissent des communautarismes qui imposent leurs lois qu'elles déguisent en droits. Au nom d'une identité et d'une tradition, des dirigeants autoritaires cherchent à imposer des principes, et même des pratiques, qui nient la liberté de conscience et les libres choix culturels.

L'univers rationalisé et les régimes communautaires peuvent aussi agir de concert pour priver d'espace l'exercice des droits culturels, et plus largement la modernité elle-même. À chaque étape de la modernité, les mêmes dangers sont apparus. Ainsi, pendant la Révolution française, c'est au nom de la liberté et de la nation que des régions et des catégories sociales ont été détruites. Un siècle plus tard, le mouvement ouvrier a imposé le respect des droits sociaux ; mais c'est au nom du mouvement ouvrier qu'a été imposée la dictature du prolétariat et qu'ont été détruits les droits sociaux qui commençaient à être reconnus. L'univers des acteurs sociaux n'a pu se former qu'en luttant sur deux fronts à la fois : contre la reproduction des valeurs et des formes d'autorité traditionnelles, et, en même temps, contre un autoritarisme aussi bien technocratique que communautaire.

Comment la modernité peut-elle se protéger contre le danger d'autodestruction qui a dominé une grande partie du XXe siècle, à travers toutes les formes d'organisations rationalisées au service de nouveaux communautarismes – qui ont pu aller jusqu'au génocide dans le cas du nazisme ? Seulement en reconnaissant que la modernité ne peut se réaliser qu'à travers la pensée rationnelle et le respect des droits humains, universels, donc en se donnant comme finalité principale la création d'acteurs dont la liberté et la responsabilité sont précisément fondées sur les deux composantes principales de la modernité. Lorsque le biologiste Axel Kahn reprend à son compte l'invitation de son père à être « raisonnable et humain », il exprime cette idée de la manière la plus directe. « Raisonnable » ne va pas sans « rationnel » et « humain » signifie avant tout le respect des droits des autres. La modernité ne se manifeste pas dans la création du « meilleur des mondes », mais au contraire dans la subordination de toutes les formes de l'organisation sociale à un but central : produire des individus capables d'inventer et de défendre leur propre capacité de combiner la pensée rationnelle et les droits humains fondamentaux dans des institutions sociales soucieuses à la fois d'efficacité et de liberté.

Cette conclusion vaut pour toutes les parties du monde. Là où la menace communautaire est renforcée par l'expérience de la dépendance, c'est l'appel à la raison qui joue le rôle le plus libérateur. Au contraire, dans les pays les plus riches ou « développés », c'est l'appel aux droits humains qui protège le mieux contre le régime de l'intérêt, de l'argent comme caricature de rationalisation.

Nous voici finalement revenus à notre point de départ. Pour parler de déterminismes sociaux, il faut que la logique de la société s'impose aux intentions et aux intérêts des acteurs ; au contraire, le déclin de la notion de société entraîne celui de l'idée que les conduites sont soumises à des déterminismes sociaux. De nombreux sociologues et historiens ont constaté l'affaiblissement des statuts transmis, des appartenances familiales, sociales, nationales, etc., et par conséquent le remplacement d'explications extérieures aux conduites des acteurs par d'autres, qui sont de plus en plus proches des rapports des acteurs à eux-mêmes. Qu'il suffise d'évoquer, pour illustrer ce point, les études sur l'éducation. L'école, a-t-on longtemps dit, transmet les inégalités sociales (ce qui, soi dit en passant, marquait un progrès par rapport à la naïve affirmation idéologique selon laquelle l'école est un puissant facteur d'égalisation), ce qui conduit à la considérer comme une boîte noire et à affirmer que les effets en aval de l'école sont déterminés par la situation sociale en amont. Démarche décisive, dont les succès furent si grands qu'elle envahit les manuels de sociologie. Jusqu'au moment où les analyses sur l'« effet d'établissement », menées surtout par François Dubet, montrèrent que les résultats scolaires dépendaient encore plus de la nature des communications entre enseignants et enseignés dans l'école, ce qui renvoie directement au point de vue des acteurs et de leurs interactions. Aujourd'hui, le thème, naguère éclairant, des déterminants sociaux est surtout un obstacle à la compréhension de l'acteur social. La modernité, c'est-à-dire l'orientation centrale des acteurs modernes vers l'affirmation de leur propre liberté, est orientée avant tout par une logique de l'acteur qui cherche à s'affirmer comme tel.

Si les sociologues, dans leur majorité, continuaient à adhérer à l'ancienne représentation de la vie sociale et au thème complémentaire des déterminismes sociaux, c'est la sociologie elle-même qui y perdrait de sa force et y laisserait peut-être la vie, car c'est l'étude des acteurs, de leurs relations, de leurs conflits et de leurs négociations qu'il est urgent d'entreprendre. Si la sociologie retardait encore son indispensable aggiornamento, elle se condamnerait à n'être plus qu'un chapitre désormais clos de l'histoire des idées.

Mais cette transformation est déjà bien engagée. La preuve en est le succès des « Études culturelles ». Parti de Grande-Bretagne avec Stuart Hall, ce thème a ensuite été approfondi par Margaret Archer, et a vite conquis un vaste espace dans le monde universitaire américain, et même plus large. Quel est le sens de ce programme, sinon d'étudier des acteurs le plus souvent en situation de minorité ou de domination subie ? Les études sur les minorités ethniques, les conduites des femmes, ou les minorités sexuelles sont des thèmes qui ont suscité un grand nombre d'œuvres importantes. L'évolution du travail de Jeffrey Alexander éclaire cette transformation de la sociologie. Après avoir atteint une grande autorité grâce à l'ensemble de ses livres sur l'histoire de la théorie sociologique, et en particulier sur l'œuvre de Talcott Parsons, il est devenu un auteur phare d'une sociologie culturelle qui fait revivre Durkheim en même temps qu'il renouvelle ce vaste domaine, surtout par son appel à une étude de la performativité des acteurs.

DU REGARD SUR LE MONDE AU REGARD SUR SOI

Il faut maintenant s'interroger sur la place qu'il convient de donner aux types de société et de culture qui surgissent sous nos yeux. Deux questions principales se dégagent. 1) Peut-on donner une expression historique aux transformations décrites ? S'agit-il d'une nouvelle étape de la modernité, d'une forme de post-modernisme, de la naissance d'une société post-industrielle ou d'une société de communication ? 2) Les autres modes de modernisation traversent-ils des mutations comparables à celles du monde occidental ou, au contraire, assiste-t-on à la chute d'une partie du monde dans la perte du contrôle et de la conscience de soi ?

Et d'abord, donc : en quels termes faut-il concevoir les changements qui viennent d'être analysés ? Il est peu probable que ce soit en termes économiques, d'étapes de la croissance, de transformations du capitalisme – ou même de rapports entre l'économie de marché et les interventions publiques –, puisque, dès le début, nous avons reconnu que la globalisation, fait économique par excellence, se détachait des sociétés nationales ou locales qu'elle surplombait, ce qui provoquait dans ces sociétés des réactions de défense et de rejet importantes mais qui restaient, pour l'essentiel, séparées des mouvements proprement sociaux.

L'approche en termes de modes de travail et de formes de production attire beaucoup plus de sociologues. Ce n'est pas un hasard si la renaissance de la sociologie en Europe, au lendemain de la Seconde Guerre mondiale, s'est appuyée sur la sociologie du travail, à l'initiative internationalement reconnue de Georges Friedmann. Elle a d'abord étudié le passage d'une société de métiers à une société de production dominée par la fabrication d'équipements matériels de masse par des travailleurs soumis à une étroite division du travail, et souvent même à des cadences imposées ; puis elle s'est intéressée à la société de communication, organisée en réseaux et transportant (de plus en plus souvent en temps réel) des informations. Plus les sociétés humaines ont accru leur capacité de transformer leur environnement – au risque de plus en plus grand de le détruire –, et plus ceux qui vivent dans ces sociétés se sont considérés comme les maîtres et créateurs de la nature et d'eux-mêmes et ont cherché le sens de leur action dans l'usage de la raison et dans des méthodes d'organisation nouvelles.

Pendant une période qui correspond surtout au grand succès de la société industrielle, notre regard s'est tourné vers l'extérieur, vers la conquête de l'espace et du temps, vers la création de nouveaux matériaux et de nouveaux appareils. La raison semblait triompher partout, en nous comme dans le monde, et les savants, pensait-on, allaient occuper bientôt la place que les représentants de toutes les spiritualités avaient occupée. Peut-être même le développement accéléré des techniques a-t-il contribué à séparer le monde de la production de l'expérience vécue des êtres humains. Mais on doit aujourd'hui reconnaître la naïveté de ceux qui croyaient au progrès, qu'ils aient appartenu au système capitaliste ou au monde communiste.

Il ne s'agit nullement ici de dire, après tant d'autres, que les aspects négatifs du progrès sont devenus plus manifestes que ses aspects positifs. Ma conclusion est bien différente. Nous avons été tellement transformés dans tous les aspects de notre existence, autant de manière positive que négative, que nous nous sommes retournés vers nous-mêmes, vers notre capacité d'agir, d'inventer, de réagir, de sorte que nous avons cessé de nous définir comme les maîtres de la nature pour nous considérer comme responsables de nous-mêmes, comme des *sujets*. Il est difficile de parler ici de conscience de soi, car cette expression semble nous renvoyer à une nature humaine, collective ou personnelle, que nous observerions comme les étoiles au télescope. En fait, le sujet n'est pas conscience du moi ou du soi, mais recherche de la création de soi-même au-delà de toutes les situations, de toutes les fonctions, de toutes les identités. Nous voulons exister comme individus au milieu des techniques, des règles, des formes de production, de pouvoir et d'autorité, mais aussi au milieu des affirmations identitaires et des pulsions guerrières. Nous vivons dans un monde qui est de moins en moins « naturel », dont nous savons qu'il est créé par nous, de sorte que notre action s'exerce sur les effets de notre action plutôt que sur un environnement, comme le savent bien les écologistes qui étudient davantage notre action sur l'environnement que les caractéristiques du « milieu naturel », comme on disait encore il y a un demi-siècle.

Notre morale n'est plus d'adaptation aux lois de l'univers ou d'adhésion à la parole d'un dieu, même chez ceux qui portent en eux ces croyances. Elle n'est plus fondée sur l'orgueil de la création et sur la générosité qu'il peut porter en lui ; elle est la recherche inquiète du sujet, de l'être pour soi, comme seul principe d'évaluation autofondé, alors que toutes les morales sociales, et en particulier nationales ou républicaines, ont depuis longtemps montré leur impuissance ou leur nocivité. Nous sortons, nous sommes déjà sortis, de l'époque où la nature des machine et des techniques utilisées définissait une société. Et malgré l'importance que les communications occupent dans les sociétés contemporaines, c'est en termes de rapports avec soi, plutôt que de communication avec les autres, que le nouveau type de vie sociale se définit lui-même.

Cette nouvelle orientation de l'analyse ne conduit pas seulement à comprendre et à respecter des cultures différentes, à condition qu'elles reconnaissent des principes généraux comme la pratique de la pensée rationnelle et le respect des droits individuels sans lesquels la communication interculturelle est impossible. Elle doit nous conduire plus loin, vers un renversement des modes d'approche de ces problèmes. Il ne s'agit plus seulement, en effet, de préciser ce qui permet à deux cultures de communiquer. Il s'agit de rechercher si la conscience des différences entre cultures peut se transformer en une évaluation, par l'acteur lui-même, de ses propres conduites. Changement de point de vue radical : il ne s'agit plus de savoir si deux ou plusieurs cultures sont compatibles, mais d'observer comment les acteurs se forment ou se décomposent pendant le passage d'une culture et d'une société à l'autre, et surtout le rôle que jouent, dans cette affaire, les croyances, les attitudes et les interdits. Facilitent-ils, ou au contraire rendent-ils plus difficile le passage d'une culture à une autre, en évitant de définir les cultures comme autant de forteresses que tous les étrangers ont de la peine à pénétrer ?

Une telle intention décentre et recentre de manière nouvelle les conduites de l'acteur. Au premier abord, il s'agit de saisir et d'analyser les difficultés rencontrées par les « immigrés » au passage d'une culture à une autre. Il ne s'agit pas de définir les relations entre des cultures différentes, mais la nature des conduites qui permettent aux acteurs de ne pas se laisser vaincre par les difficultés qu'ils rencontrent.

Différentes recherches, en particulier celles de Nikola Tietze, qui a étudié en Allemagne et en France l'expérience de Turcs et d'Algériens immigrés, ont montré que la présence de fortes convictions facilitait le passage d'une culture et d'une société à une autre. Ce qui se mesure ici, c'est la capacité des acteurs de se conduire comme des sujets, c'est-à-dire de susciter et de parcourir leur propre chemin, et non pas la nature des relations existant entre deux ou plusieurs cultures. Ce n'est plus la compatibilité entre différentes cultures qui est en cause, mais la capacité des individus de transformer une série de situations et d'incidents vécus en une histoire et un projet personnels. On peut faire l'hypothèse que ceux qui sont parvenus à gérer leur histoire personnelle ont choisi de manière plus consciente, moins déterminée par les obstacles rencontrés, leurs conduites et ont abouti à un niveau plus élevé de jugements sur eux-mêmes. Cette approche nous permet de connaître le champ personnel et collectif qui donne sens à ce qu'on appelle leur histoire. M. Boubeker a raison d'introduire ici la notion d'*ethnicité*, en la dégageant de toute dimension communautaire, mais tout autant, bien entendu, des catégories purement économiques et sociales. L'ethnicité est la capacité d'un individu ou d'un groupe d'agir en fonction de sa situation et de ses origines ethniques. Elle a donc partie liée avec l'orientation de l'action.

La société peut-elle se passer de ces considérations générales ? Doit-elle se consacrer à un travail plus utile qui consisterait à décrire, par exemple, tels aspects particuliers de la réalité sociale observable ? N'est-il pas préférable de s'éloigner des grandes machines qui, derrière une apparence de rigueur intellectuelle, sont trop souvent incapables d'éclairer les faits observables ?

J'admets que cette préférence se manifeste, mais il est impossible de se satisfaire d'un renoncement aussi complet à une explication générale. Nous avons grand besoin de monographies et de travaux de terrain qui fassent apparaître des faits, des types de situations et de conduites, mais nous avons plus besoin encore d'une conception générale de la vie sociale. Les observations qui ne s'intègrent pas dans un cadre général d'interprétation perdent beaucoup de leur intérêt. À l'inverse, une vision générale qui n'aide pas à déchiffrer les documents disponibles tombe vite dans l'arbitraire et, n'étant plus soumise à vérification, perd son utilité.

Laissons donc ces considérations trop générales et plaçons-nous devant des problèmes réels. Le plus important est que l'explication sociologique ne nous est plus apportée par des références à l'évolution technique, économique ou même politique. Ce qui ne veut pas dire que la sociologie doive construire des ensembles sans définition historique ; mais la distance est immense entre une démarche évolutionniste et l'effort que nous devons faire pour comprendre notre société.

L'idée qui s'impose à nous, depuis la chute du mur de Berlin et jusqu'à la destruction des tours du World Trade Center à New York, est celle de l'éclatement des sociétés : guerres, révolutions, transformations techniques accélérées, conquêtes, migrations, mais aussi enrichissement et appauvrissement rapides, globalisation des échanges, mais aussi de la pauvreté et de la misère. La société que nous décrivait la sociologie classique ressemblait à un château de pierre : la nôtre ressemble aux paysages en mouvement.

La réaction la plus courante à cette désagrégation de l'ordre social a été d'affirmer le rôle tout-puissant de la recherche rationnelle de l'intérêt. Nos sociétés fonctionneraient selon des buts économiques et non plus sociaux, et l'analyse économique devrait donc se substituer à la réflexion sociologique. Mais cette hypothèse limite l'étude aux décideurs et, même dans ce domaine, se montre insuffisante. Une autre vision du monde, qui tend à se substituer à une sociologie classique en plein déclin, est celle qui redécouvre partout des communautés obsédées par leur identité. Mais où sont ces communautés qui campent face à face ? Peut-on oublier, en analysant le choc entre l'Iran post-khomeyniste et l'Occident, qu'Internet apporte des informations que le gouvernement interdit de distribuer ? Que des techniques, des coutumes, des chansons et des vêtements pénètrent ici et là en dépit de l'interdiction des régimes ? L'Orient n'est pas seulement une invention de l'Occident :

ils se pénètrent mutuellement, même si le premier est soumis au second.

Seule une analyse organisée autour des idées de *sujet* et de *subjectivation* est susceptible de s'approcher au plus près des conduites observables. Plus directement encore, il faut rappeler que nos sociétés ont acquis une capacité croissante d'agir sur elles-mêmes, en particulier par des politiques sociales qui ont voulu procéder à une certaine redistribution de la richesse et assurer à tous une protection sociale décente. Plus encore, en faisant naître en elles de nouveaux acteurs ou actrices et en transformant la représentation que nous avons de nous-mêmes, des autres et d'un monde dont tous les éléments sont de plus en plus interdépendants. Et surtout, en faisant de la défense du sujet l'objectif principal des institutions démocratiques qui veulent résister à la pression de l'argent et des forces de guerre.

Une dernière réflexion s'impose, trop lourde peut-être pour les épaules d'un sociologue. S'il faut, en fin de compte, en revenir au sujet, il faut aussi prononcer le nom le plus puissant de l'anti-sujet : le mal. Ce mot semble nous enfermer dans une vision religieuse, ou une autre conception de l'univers, d'où l'idée de sujet est exclue. La réponse à cette objection est qu'il n'y a pas plus de mal que de bien, de Dieu ou de diable. Il y a ceux qui découvrent le sujet en eux et dans les autres ; ils sont ceux qui font le bien. Et ceux qui cherchent à tuer le sujet dans les autres et en eux-mêmes ; ils sont ceux qui font le mal. Celui-ci n'est pas une essence mais le résultat d'une action humaine. Les horreurs, les massacres, les sacrifices humains, les génocides, les tortures, les mises à mort ne composent pas seulement un ensemble écrasant de violences et de destruction, qui sont, au sens strict du mot, indicibles, comme l'ont si bien dit les survivants des camps de concentration – et en particulier Jorge Semprun. Il y a chez ceux qui font le mal une volonté extrême, une rage d'humiliation et de dégradation qui va plus loin que la volonté de tuer. Pendant très longtemps, nous n'avons pas pu nous approcher d'un Dieu sans passer par une Église. Aujourd'hui, les philosophies morales ne passent plus par les Églises, en ruine ou délaissées. Et c'est par la conscience du mal que nous entendons, que nous soyons croyants ou non, l'appel au sujet.

Au début du XXe siècle, nous croyions que l'humain, inséparable du social, allait écarter les dangers et les illusions, les dieux et les démons. Au moment où nous entrons dans le XXIe siècle, nous comprenons que le monde de l'humain a finalement été envahi à la fois par l'inhumain et le surhumain. Le social ne représente plus l'expression exclusive de l'humain. C'est de ce recul du social et de l'humain qu'il est question dans ce livre, et donc de la progression de l'inhumain dans l'espace illimité du totalitarisme et du terrorisme, et plus encore dans la vie humaine que j'appelle le sujet, et dont les formes sont multiples.

L'éveil du sujet

C'est lorsque la globalisation, d'un côté, et le néo-communautarisme, de l'autre, cherchent à s'emparer de nos attitudes et de nos rôles que nous sommes poussés à chercher à l'intérieur de nous-mêmes notre unité comme sujets, c'est-à-dire comme êtres capables d'acquérir et de manifester une conscience de soi-même autofondée, ce qui distingue le sujet du moi – et même du soi, qui se forme par l'intériorisation des images que les autres ont de moi. L'individu ou le groupe ne sont pas des sujets quand ils trônent au-dessus des conduites pratiques. Le sujet est plus fort et plus conscient de lui-même quand il se défend contre des attaques qui menacent son autonomie et sa capacité de se saisir comme un sujet intégré, ou du moins luttant pour l'être, pour se reconnaître et être reconnu comme tel.

Quand je dis, par exemple, que les femmes luttent pour être reconnues comme sujets – et même se pensent elles-mêmes comme des sujets davantage que les hommes –, je ne veux pas dire seulement qu'elles revendiquent l'égalité des droits, et en particulier un salaire égal à celui des hommes, lorsqu'elles font le même travail. Depuis longtemps, à ces revendications d'égalité s'est ajoutée l'affirmation des droits spécifiques de la femme, concrétisée par la formule militante : « Un enfant si je veux, quand je veux. » C'est à la fois la conscience de la domination subie et celle d'une existence particulière, et donc de droits particuliers, qui font de la femme un sujet, qui dirige son action principale vers elle-même, vers l'affirmation de sa spécificité en même temps que de son humanité. Pendant longtemps l'homme s'est affirmé homme par sa capacité de travailler et de combattre. Ces qualités masculines, « viriles », nous apparaissent aujourd'hui comme autant d'expressions du modèle de domination de la femme par l'homme – modèle rejeté par les hommes eux-mêmes.

Mais il faut aller plus loin, au-delà des images contemporaines du sujet, jusqu'au mouvement général qui fait réapparaître le sujet. On pourrait parler ici de libération des esclaves. Dans le modèle européen, modernisateur, et *a fortiori* dans les sociétés communautaires, l'objectivité commande ; elle identifie le roi au royaume comme le propriétaire à sa terre. La subjectivité est au contraire l'expression du dominé, qu'il s'agisse de l'esclave, de la femme ou du travailleur. À mesure que les mouvements sociaux ont affaibli les dominations, les dominés ont retrouvé une subjectivité libérée de son infériorité. Aujourd'hui, cette subjectivité n'est plus seulement vécue, mais réclamée, revendiquée comme un droit.

Des mouvements de libération, depuis les mouvements paysans et les révolutions populaires jusqu'aux grèves ouvrières et aux nouveaux mouvements sociaux qui revendiquaient déjà les droits culturels, n'ont pas seulement affaibli ou supprimé les dominations sociales. Ceux et celles qui étaient traités comme des objets, parfois même comme la propriété du maître, sont sortis de l'ombre et du silence, sont devenus des sujets. Le sujet n'est pas uniquement celui qui dit je, mais celui qui a la conscience de son droit de dire je. C'est pourquoi l'histoire sociale est dominée par la revendication de droits : droits civiques, droits sociaux, droits culturels, dont la reconnaissance est demandée aujourd'hui de manière si pressante qu'ils constituent le champ le plus brûlant du monde où nous vivons.

Mais n'oublions pas qu'il existe beaucoup de fausses routes où peut se perdre le sujet en formation. Toutes les formes de nationalisme qui ont des racines communautaristes et refusent d'accepter l'hétérogénéité sociale ou culturelle de leur nation agissent comme des processus actifs de désubjectivation. Plus près de nous, l'ancien modèle culturel occidental, après les succès remportés par les mouvements sociaux, s'est le plus souvent réduit à n'être qu'un ensemble de marchés sur lesquels les sujets sont à l'occasion vendus comme des esclaves d'un nouveau type – femmes prostituées, sans-papiers exploités, étrangers victimes d'émeutes ethniques ou raciales. Ces quelques remarques ne sont présentées ici que pour indiquer l'immensité du champ à explorer et la nécessité de se prémunir des discours naïvement progressistes selon lesquels la liberté est la seule issue de l'esclavage.

Le plus grand danger actuel est néanmoins celui que j'ai déjà mentionné, à savoir que l'idée de sujet soit corrompue par l'obsession de l'*identité*. Il est faux, au nom de l'idée de sujet, de défendre un droit à la différence. Cette notion, qui porte en elle des apports positifs, est chargée aussi de conséquences dangereuses, puisqu'il s'agit, dans l'esprit de beaucoup, d'un droit à la fermeture, à l'homogénéité, donc à ce *cleansing*, à ce nettoyage ethnique et religieux dont bien des parties du monde ont subi les effets destructeurs. Le droit d'être sujet est le droit pour chacun de combiner sa participation à l'activité économique avec l'exercice de ses droits culturels, dans le cadre de la reconnaissance des autres comme sujets. Ceux qui refusent cette conception élargie des droits de l'homme, et par conséquent l'idée même de sujet, s'enferment dans une attitude répressive, fondée pour les uns sur la nécessaire unité d'un monde ouvert, et pour les autres sur l'urgente nécessité de protéger et de ranimer les cultures menacées.

L'autoritarisme, l'ignorance, l'isolement sont des obstacles à la production de soi comme sujet, qui atteignent plus durement certains que d'autres. En même temps, ces obstacles sont renforcés par l'éducation et les valeurs dominantes qui tendent à assigner à chacun sa place et à l'intégrer dans un système social sur lequel il ne peut exercer d'influence. Or, pour reprendre l'idée d'Amartya Sen, ce qui compte, au-delà du bien-être, c'est la liberté d'être un acteur (*agency*). Et si nous sommes déjà largement entrés dans ce nouvel univers dominé par la recherche de soi, trop souvent encore on le réduit à la recherche d'un bien-être individuel qui appauvrit gravement ce qui fit la grandeur de l'idée du *Welfare State*.

Le sujet n'est pas un synonyme du moi. Le moi est l'ensemble changeant et toujours fragmenté auquel nous nous identifions tout en sachant qu'il n'a aucune unité durable. Comme le dit Pirandello dans *Six personnages en quête d'auteur*, « le drame, selon moi, est tout entier là-dedans, Monsieur, dans la conscience que j'ai, qu'a chacun de nous, d'être "un" alors qu'il est "cent", " mille", qu'il est autant de fois un qu'il y a de possibilités en lui ».

Thème qui s'est répandu dans l'expérience contemporaine et qui doit être poussé à l'extrême, car c'est seulement sur les ruines d'un moi décomposé que peut s'imposer l'idée de sujet, qui est le contraire d'une identification à soi-même, d'un amour de soi qui nous ferait revendiquer chacune de nos pensées et chacun de nos actes comme s'ils appartenaient à nous-mêmes en tant que sujets, alors que nous ne pouvons nous saisir comme sujets qu'en faisant en nous un vide qui expulse tout ce qui relève du moi. Les religions ont presque toutes attribué la plus grande importance à ce détachement du moi, qu'il prenne la forme de la méditation ou celle de la prière, mais pas toujours pour libérer le sujet. Celui-ci se forme dans la volonté d'échapper aux forces, aux règles, aux pouvoirs qui nous empêchent d'être nous-mêmes, qui cherchent à nous réduire à l'état de composantes de leur emprise sur l'activité, et dans les interactions de chacun avec tous. Ces luttes contre ce qui nous prive du sens de notre existence sont toujours des luttes inégales contre un pouvoir, contre un ordre. Il n'y a de sujet que rebelle, partagé entre la colère de ce qu'il subit et l'espoir de l'existence libre, de la construction de soi – qui est sa préoccupation constante.

Que les mots employés ici ne trompent pas. Ils ne cherchent pas à mettre en valeur des actes héroïques, des conduites exemplaires, mais ce que la plupart d'entre nous vivons plus ou moins confusément, mais avec un degré de conscience qui s'élève rapidement dès lors que les idées présentées ici se diffusent dans le langage commun, dans la presse populaire et à la télévision, qui transforment à leur tour les attentes du plus grand nombre. Ce renversement culturel est porté surtout par les femmes, car il est inséparable de la chute de la domination masculine et de l'émergence d'une nouvelle culture qui se libère de la dépendance masculine, et du même coup libère hommes et femmes de l'obsession de la production et de la conquête pour les faire entrer ensemble dans une culture de la conscience et de la communication.

Deuxième partie

MAINTENANT QUE NOUS PARLONS DE NOUS EN TERMES CULTURELS

CHAPITRE PREMIER

Le sujet

Le sujet et l'identité

La décomposition des cadres sociaux fait triompher l'individu, désocialisé mais capable de combattre aussi bien l'ordre social dominant que les forces de la mort. L'individualisme a vite éclaté en de multiples réalités. Un de ses fragments nous a révélé un moi devenu fragile, changeant, soumis à toutes les publicités, à toutes les propagandes et aux images de la culture de masse. L'individu n'est alors qu'un écran sur lequel se projettent des désirs, des besoins, des mondes imaginaires fabriqués par les nouvelles industries de la communication. Cette image de l'individu, qui n'est plus défini par des groupes d'appartenance, qui est de plus en plus affaibli et qui ne trouve plus la garantie de son identité en lui-même, puisqu'il n'est plus un principe d'unité et qu'il est obscurément dirigé par ce qui échappe à sa conscience, a souvent servi à définir la modernité.

Le sujet se forme dans la volonté d'échapper aux forces, aux règles, aux pouvoirs qui nous empêchent d'être nous-mêmes, qui cherchent à nous réduire à l'état de composante de leur système et de leur emprise sur l'activité, les intentions et les interactions de tous. Ces luttes contre ce qui nous ôte le sens de notre existence sont toujours des luttes inégales contre un pouvoir, contre un ordre. Il n'y a de sujet que rebelle, partagé entre colère et espoir.

La distance qui sépare le soi du sujet ne se réduit pourtant pas à ces définitions. Et je reconnais volontiers que l'idée de *self* a pris une extension si considérable qu'elle semble ne plus laisser beaucoup de place à l'idée de sujet telle que je l'ai utilisée. Nous sommes de plus en plus entraînés dans la recherche de la *self identity* qu'Anthony Giddens a analysée plus tôt et plus amplement que la plupart de ceux qui en ont parlé depuis les années quatre-vingt-dix. C'est l'idée de réflexivité, appliquée à cette analyse, qui a porté son analyse dans une direction où je me sens avancer moi-même, tout en me sentant étranger aux représentations de l'individu qui nous sont de tous côtés présentées. Présence à soi, réflexion sur soi, authenticité et aussi intimité, amour et engagement, tous ces mots nous renvoient à une présence à soi qui commence par une présence au corps, à la respiration ou au mouvement. Cet individualisme orienté vers la présence à soi est éminemment moderne, comme le soutient de manière convaincante Anthony Giddens, car il implique un détachement aussi complet que possible des rôles sociaux. J'appartiens à ce vaste courant d'idées qui insiste sur le passage du monde de la société à celui de l'individu, de l'acteur tourné vers lui-même.

Mais quand je parle du sujet, j'évoque néanmoins une réalité qui est très éloignée de celle que présentent Anthony Giddens et tant d'autres. Deux différences m'apparaissent immédiatement : la première est que je définis le sujet dans sa *résistance* au monde impersonnel de la consommation, ou à celui de la violence et de la guerre. Nous sommes désintégrés, fragmentés, et séduits continuellement, passant d'une situation à une autre, de stimuli à d'autres. Nous nous perdons dans la foule de nos situations, de nos réactions, de nos émotions et de nos pensées. Le sujet est un rappel à soi, une volonté de retour à soi, à contre-courant de la vie ordinaire. L'idée de sujet évoque pour moi une lutte sociale comme celle de conscience de classe ou celle de nation dans des sociétés antérieures mais avec un contenu différent, privé de toute extériorisation, tourné entièrement vers soi-même – tout en restant profondément conflictuel. C'est pourquoi les premières images qui me sont venues à l'esprit pour illustrer l'idée de sujet ont été celles de résistants, de combattants pour la liberté.

La seconde différence est celle que je viens d'évoquer indirectement. Le sujet ne s'identifie jamais complètement à lui-même, et il reste placé dans l'ordre des droits et des devoirs, dans l'ordre de la *moralité* et non dans celui de l'expérience.

C'est pour ces deux raisons que je résiste à l'idée d'amour comme recherche de l'intimité, si forte que soit cette idée. Les devoirs à l'égard de soi-même et des droits qui marquent la présence du sujet en chaque individu sont au-dessus de toutes les relations. La relation amoureuse elle-même, qui s'élève au-dessus de la relation sexuelle, m'apparaît davantage comme la rencontre et l'attraction mutuelle de deux porteurs de sujet que comme la recherche fusionnelle de l'intériorité, qui appauvrit plus qu'elle n'enrichit. Je ne place pas ma réflexion dans l'univers de l'identité, et ce mot me fait peur plus qu'il ne m'attire. Le sujet est le contraire de l'identité et se perd dans l'intimité, même quand il traverse ces réalités et est traversé par elles. À l'inverse, je suis porté à dire que le sujet est la conviction qui anime un mouvement social et la référence aux institutions qui protègent les libertés.

Il s'est créé en bien des lieux des garanties institutionnelles solides qui protègent individus et collectivités contre les forces nées de la décomposition de l'espace social et qui cherchent à imposer partout l'arbitraire et la violence. À défaut d'un meilleur vocabulaire, on peut parler du remplacement d'un type d'institutions par un autre ; celles qui imposaient des règles et des normes sont remplacées par celles dont le but est de protéger et de renforcer les individus et les collectivités qui cherchent à se constituer comme sujets. La défense du citoyen contre l'État est avant tout une défense du sujet, et la famille ou l'école, pourtant modèles des institutions de l'ancien type, sont largement engagées dans un effort d'autotransformation : cette évolution se heurte à la peur d'introduire le désordre derrière le noble idéal de l'autonomie personnelle de l'enfant mais l'une et l'autre sont poussées par l'échec des méthodes traditionnelles et par les demandes de plus en plus pressantes de ceux qui ne supportent pas d'être considérés comme des ressources humaines susceptibles d'être utilisées efficacement au service de l'État ou de l'entreprise.

Il est toujours possible de donner à l'individu une base plus solide que l'expérience immédiate de lui-même. L'individu non seulement ne se réduit jamais à lui-même, mais il est accompagné d'idées par son double, qui se situe dans l'ordre du droit, tandis qu'il évolue pour sa part dans l'ordre de l'expérience, de la perception, du désir. Moins la capacité d'une société de se transformer est forte, moins ce que je nomme son historicité est forte, et plus est éloigné de l'individu concret son double qui lui accorde des droits comme les groupes auxquels il se sent appartenir lui imposent des devoirs. Ces droits n'appartiennent pas à un être social, défini par une activité et un rang ; ils sont à la fois individuels et universels, comme le sont les droits reconnus à tous les êtres humains en tant que créatures de Dieu, ou qu'êtres de raison, qui participent à la grande aventure du progrès. L'individu a longtemps cherché son droit à l'existence dans un univers porteur de sens en obéissant à un message divin ou en avançant vers le progrès universel. Même si cette conscience affirmative n'était jamais séparée d'une conscience critique, combattante, cherchant à détruire les obstacles qui séparent l'individu de la source de son droit.

LES SOURCES DU SUJET

Les historiens et les sociologues des sociétés modernes ont le plus souvent défini le sujet comme le produit de l'historicité, de notre capacité de connaître et de transformer le monde, évolution rendant de plus en plus inutile le recours au monde supérieur dont nous recevions nos droits. Le ciel devient transparent et l'image des dieux (ou de Dieu) s'y dissout ; nous ne croyons plus au progrès mais aux politiques de développement. Nous avons longtemps été dominés par cette vue de la modernité définie comme rationalisation, comme sécularisation, au point d'identifier la laïcité à la modernité politique. Mais nos combats contre les interdits se sont vite affaiblis ; le bien reculait en même temps que le mal. Les passions s'amollissaient et nos vies, naguère dominées par le monde du besoin, apparurent de plus en plus exposées à des catastrophes nombreuses et imprévisibles : guerres entre sociétés et cultures, crises économiques, croissance brutale de l'économie illégale, changements de climat rendant impossible la survie sur une partie de la planète, etc. L'individu s'affaiblit en même temps que les collectivités auxquelles il appartenait, et l'ancienne lutte entre le plaisir et l'autorité, si prégnante à l'époque de Freud, se dissout dans un conformisme tolérant.

Certains répondent à cette vision pessimiste en affirmant que c'est la citoyenneté ou l'appartenance à une classe ou à une nation dont la mission est de libérer l'humanité qui sont les forces motrices, que ce sont elles qui donnent aux individus la conscience d'être maîtres d'eux-mêmes. Ils oublient que c'est l'action collective, politique et sociale, qui peut seule protéger contre les pouvoirs et les dominations qui, s'ils ne sont pas arrêtés dans leur puissance, détruisent l'individuation lorsque celle-ci oublie les conditions qui rendent possible son existence.

Nous avons longtemps cherché le sens de notre vie dans un ordre de l'univers ou dans un destin divin, dans une cité idéale ou une société d'égaux, dans un progrès sans fin ou une transparence absolue. Mais ces tentatives (toujours présentes) se sont épuisées parce que ces mondes idéaux nous ont semblé de plus en plus lointains et même imaginaires, à mesure que notre capacité d'agir, donc de produire du changement, augmentait, et que le recours à une fin suprême instaurait le blocage du présent. De sorte que tous les cieux se sont vidés de leurs divinités ; des gardiens du temple, des dictateurs, des agents des polices secrètes et même, dans quelques recoins cachés, des publicitaires les ont remplacées. À mesure que ces pouvoirs nouveaux triomphaient, nous sommes rentrés en nous-mêmes, en nous découvrant dans notre réalité la plus concrète : citoyens d'abord, travailleurs ensuite, pour nous libérer du pouvoir de la « bourgeoisie », et maintenant êtres culturels pour résister à la commercialisation de tous les aspects de l'existence, êtres de « genre » et de sexualité plongeant au plus profond de nous-mêmes pour échapper aux idéologies de la terre, du peuple ou de la communauté.

Plus notre vie a dépendu de nous-mêmes, plus nous avons pris conscience de tous les aspects de notre expérience. Et chaque fois que nous devions reculer en tant qu'acteurs sociaux, nous nous renforcions comme sujets personnels. Nous ne devenons pleinement sujets que quand nous acceptons comme notre idéal de nous reconnaître – et de nous faire reconnaître comme individus – comme êtres individués, défendant et construisant leur singularité, et donnant, à travers nos actes de résistance, un sens à notre existence.

Est-ce à dire que nous vivons dans un monde de sujets ? Le croire est aussi absurde que de ne voir dans les sociétés passées que des saints, des héros ou des militants. Mais notre époque ne laisse pas plus de place que d'autres à l'indifférence ou à la complète ambivalence. Nous savons qu'il est des circonstances où il faut choisir, se reconnaître ou se renier soi-même comme sujet. Nous sommes attirés, dirigés, manipulés par les forces qui dominent la société, encore plus que par les élites dirigeantes de la société elle-même. Et nous cherchons à faire le moins souvent possible usage de notre liberté de sujet car son prix est élevé. Mais aujourd'hui comme dans n'importe quelle culture passée, il n'y a pas de figure du sujet sans sacrifice et sans joie.

DÉFENSE DE LA SOCIOLOGIE

Les lignes que je viens d'écrire sont-elles étrangères à la sociologie, c'est-à-dire à la connaissance positive, vérifiable, des situations sociales et des acteurs sociaux ? Aucunement ; je dirais même qu'il n'y a, aujourd'hui, pas d'autre sociologie possible. De la même manière qu'il est impossible de décrire une société en oubliant le fait religieux – ce qui ne rend pas moins nécessaire la critique de ceux qui s'approprient le divin et le transforment en un sacré dont ils assurent la gestion –, il est impossible aujourd'hui de ne pas reconnaître la présence du sujet alors que s'accumulent les luttes et les critiques contre les impérialismes, les nationalismes et les populismes – mais aussi contre le règne de l'argent et l'accroissement des inégalités. Il est impossible de ne pas parler de droits humains, donc de ne pas reconnaître que de plus en plus nombreux sont les êtres humains qui évaluent leurs actes et leur situation en termes de capacité de se créer eux-mêmes et de vivre comme des êtres libres et responsables.

Ce sont ceux qui ne voient autour d'eux que des victimes et des machines de domination et de mort qui sont borgnes. Ils ne voient pas, à côté de l'injustice et de la mort, s'affirmer la volonté de lutter contre elle ; ils ignorent les succès remportés dans ces luttes. Les dieux n'ont pas fait place seulement à des guerriers et à des juristes. Nous avons toujours besoin d'un double de nous-mêmes : c'est lui qui nous vaut des droits, et nous apporte par conséquent le sens moral, le sens du bien et du mal. Et ce double, à force de se rapprocher de nous, d'être de moins en moins objectivé dans un monde supérieur et lointain, entre en chacun de nous. Et nous agissons alors au nom de principes supérieurs, en même temps que nous nous punissons pour notre impuissance à y parvenir.

Cette conscience morale ressemble encore beaucoup, en un premier temps, à une création religieuse. Le droit naturel est à la fois nourri de traditions anciennes et porteur d'individualisme. C'est ainsi que nous avons placé notre foi dans le progrès économique et le triomphe de la raison, dans la patrie, la révolution – et même dans un projet de paix perpétuelle. Mais nous sommes maintenant sortis de cette longue période pendant laquelle nous avons cru que nous pouvions nous satisfaire d'objectifs temporels – la puissance, la richesse, la gloire, l'immortalité promises aux grands hommes.

Aujourd'hui, notre morale est de moins en moins sociale. Elle est de plus en plus méfiante à l'égard des lois de la société, des discours du pouvoir, des préjugés par lesquels chaque groupe protège sa supériorité ou sa différence. Ce que chacun de nous cherche, au milieu des événements où il est plongé, c'est à construire *sa* vie individuelle, avec *sa* différence par rapport à tous les autres et sa capacité de donner un sens général à chaque événement particulier. Cette recherche ne saurait être celle d'une identité, puisque nous sommes de plus en plus composés de fragments d'identités différentes. Elle ne peut être que la quête du droit d'être l'auteur, le sujet de sa propre existence et de sa propre capacité à résister à tout ce qui nous en prive – et rend notre vie incohérente.

Cette image de l'individu se présente à nous de manière croissante comme celle de l'être humain qui s'affirme comme un être de droits, droit avant tout d'être un individu, c'est-à-dire non pas l'Homme au-dessus de tous les attributs mais l'être humain doté de ses droits civiques et de ses droits sociaux, de ses droits de citoyen et de travailleur, et aussi (et surtout) aujourd'hui de ses droits culturels, ceux de choisir sa langue, ses croyances, son genre de vie – mais également sa sexualité, qui ne se réduit pas à un genre construit par les institutions dominantes.

Le sujet individuel

Face aux représentations de l'histoire qui voient la raison instrumentale, l'utilité et le plaisir se substituer à une conscience ou à une âme placées dans les êtres humains par un créateur, face à l'idée que la modernité est la sécularisation et le « désenchantement » du monde, selon le mot célèbre de Max Weber, je suis porté par l'idée que le sujet, qui a été si longtemps projeté par les hommes au-dessus d'eux-mêmes, dans un paradis, une cité libre, une société juste, est entré en chaque individu, y est devenu affirmation de soi comme porteur du droit d'être un individu capable de s'affirmer contre toutes les forces impersonnelles qui le détruisent. La mort de Dieu n'a pas conduit au triomphe de la raison et du calcul, ou inversement à la libération des désirs ; elle a aussi conduit chaque individu à s'affirmer comme le créateur de lui-même, comme étant la finalité de sa propre action, en un mouvement kaléidoscopique où tous les fragments du moi se heurtent, se mélangent et se détruisent entre eux.

Tel est le chemin qui a été parcouru jusqu'ici et qui

conduit à une analyse plus approfondie du sens que reçoit ici l'idée de sujet. Mais n'est-il pas arbitraire de recourir à cette idée, alors que tout semble nous entraîner vers la disparition des religions ou des morales qui tendent à refouler les pulsions, sans oublier que d'autres peuvent trouver bien encombrante cette notion de sujet, eux qui apprécient la dispersion de soi, cette disposition qui nous protège des pouvoirs et des croyances autoritaires ?

Pour le sociologue, le sujet n'est pas seulement une notion construite à travers une démarche intellectuelle générale ; il doit être observable, c'est-à-dire se présenter à la conscience des acteurs sociaux, en même temps qu'il est replacé par l'analyste dans une situation sociale qui correspond au plus grand nombre possible de ses caractéristiques. Or, c'est précisément au moment où s'impose la figure *culturelle* de la société, quand s'observe le grand basculement de l'action et de la représentation du monde extérieur vers le monde intérieur, du système social vers l'acteur personnel ou collectif, qu'apparaît l'idée du sujet comme l'idéal de l'acteur, de l'individu qui veut être acteur. Ici, qu'on me permette de citer un nom, ce nom qui a été constamment présent à mon esprit pendant que j'élaborais la notion de sujet : celui de Germaine Tillion.

Ethnologue, de la première génération des élèves de Marcel Mauss, elle entra dès le début de la guerre dans la Résistance, fondant un réseau auquel elle donna le nom du Musée de l'Homme. Déportée à Ravensbrück, elle survécut par un concours étonnant de circonstances et devint après la guerre la présidente des anciennes déportées dans ce camp, tout en continuant ses travaux d'ethnologie en Algérie. Pendant la guerre d'Algérie, elle, qui s'était prononcée en faveur de l'indépendance de ce territoire français, prit parti publiquement contre la torture, mais aussi contre les attentats. Les entretiens qu'elle eut alors avec Yacef Saadi, chef du FLN à Alger et donc responsable principal des attentats sanglants qui s'y succédèrent, me révélèrent que cette femme représente une figure presque parfaite de ce que je nomme le sujet. Car elle a pris parti, elle a assumé tous les risques, mais sans jamais renoncer à sauver des vies – et elle a trouvé en son interlocuteur des débats intérieurs analogues aux siens. Engagée dans de nombreux combats, elle n'a jamais renoncé à sauver des individus.

Cette femme, remplie de passion, de sagesse et du respect de chaque être humain, est presque centenaire au moment où j'écris son nom. Celui-ci est peu connu du grand public, même s'il est respecté et aimé par un grand nombre de gens qui l'ont connue ou qui connaissent son action. Ce qui me remplit d'admiration pour elle, c'est qu'elle a servi de grandes causes, mais sans jamais s'identifier complètement à aucune d'entre elles, car elle mettait au-dessus de tout les droits de l'homme et la lutte contre la violence.

Mais si les figures les plus lumineuses jouent un rôle d'orientation indispensable, leur action n'aurait pas d'effet si elle n'était pas portée par des organisations et des décisions dont le contenu en subjectivation est, certes, beaucoup plus faible, mais qui assurent la création et le renforcement des défenses institutionnelles du sujet. C'est grâce à cette action collective, et en particulier à la démocratie représentative, que des garanties sont assurées à chacun – individuellement et collectivement. De l'autre côté, au contraire, se trouvent les figures du mal, avec leurs sbires, leurs comploteurs stipendiés et tous ces individus qui cherchent à tirer un petit profit personnel de l'aventure du Mal. Cette tension permanente justifie l'action politique en tant qu'instrument de la défense des libertés et de l'intérêt du plus grand nombre.

LES DROITS

Pendant la période où les conduites étaient définies et évaluées en termes sociaux, les normes et les valeurs valorisaient la soumission des acteurs aux besoins de la société. À l'inverse, la notion de sujet s'impose au terme d'une longue histoire d'appauvrissement de ces idéaux, ce qui constitue un aspect essentiel de ce qu'on appelle la sécularisation.

Le sujet n'est pas l'acteur privé de tout principe extérieur « objectif », d'orientation de ses conduites ; il est au contraire celui qui s'est transformé lui-même en principe d'orientation de ses conduites. « Sois toi-même », telle est la valeur suprême. Les seules normes qui s'imposent à lui sont dès lors négatives : elles enseignent de ne pas obéir toujours aux autorités, de ne pas croire à la nécessité de toutes les formes d'organisation sociale – et en particulier pour tout ce qui engage la vie personnelle. Ce qui explique, par exemple, la force de résistance de tant de catholiques aux décisions du pape actuel en matière de morale privée.

Même si nous avons rarement la force de défendre les droits de l'individu contre ceux de la communauté, nous éprouvons la plus vive méfiance à l'égard des institutions qui sont chargées de punir les déviants et les criminels, ou même de prendre soin des minorités et des handicapés. Nous craignons toujours que ce qu'on appelle l'intérêt de la société ignore le droit de chacun d'être traité comme un sujet, dans le respect de ce que nous nommons les *droits humains* fondamentaux. Cet attachement aux droits humains s'accompagne d'une perte de confiance et de respect pour les institutions et les acteurs collectifs, politiques en particulier, qui ont été si longtemps porteurs de la souveraineté populaire, et dont la légitimité fut pendant une période supérieure à celle de toutes les autres institutions.

Si nous y sommes encore attachés, c'est parce que leur

présence nous protège de l'arbitraire des dictatures et de la violence, dont l'effet le plus immédiat est de détruire toute référence au sujet. On peut, en se laissant porter par des rêves qui nous révèlent la réalité de notre expérience vécue mieux que les discours construits par les autorités, imaginer des vies sociales qui seraient de plus en plus privées d'institutions. Les décisions politiques seraient prises à l'issue d'un combat singulier entre des personnages plus symboliques que réels. L'école n'aurait plus ni bâtiment ni programme, et ses enseignants ne formeraient plus un corps social particulier. Des techniques très diverses, mais surtout l'encouragement à l'imaginaire et au raisonnement, seraient mises au service de chaque individu. C'est dans le domaine de la justice que les transformations seraient le plus nécessaires : ne cherchons-nous pas, et depuis longtemps, mais avec si peu de succès, à opposer la liberté, l'égalité et la fraternité à toutes les forces de destruction du sujet qui se cachent (à peine) derrière l'épouvantable obligation de défendre la société ?

Cette évocation du sujet à travers des représentations imaginaires pourrait conduire à un contresens si on ne rappelait pas aussitôt que la notion de sujet est étroitement liée à celle de *droits*. Le sujet, tel que nous le concevons et le défendons aujourd'hui, n'est pas une figure sécularisée de l'âme, la présence d'une réalité suprahumaine, divine ou communautaire, en chaque individu. L'histoire du sujet est au contraire celle de la revendication de droits de plus en plus concrets, qui protègent des particularités culturelles de moins en moins générées par l'action collective volontaire et par des institutions créatrices d'appartenance et de devoir. C'est ce passage, qui mène des droits les plus abstraits vers les plus concrets, qui conduit à la réalité du sujet.

Plus les droits universels sont liés à l'appartenance au genre humain, moins ils ont de conséquences réelles – en dehors de l'abolition de la peine de mort. Les droits politiques sont plus réels, bien qu'ils s'exercent à l'intérieur d'une collectivité donnée, ville ou nation en particulier. Les droits sociaux sont d'autant plus efficaces qu'ils s'appliquent à des situations spécifiques, comme le font les conventions collectives. Les longues luttes du mouvement ouvrier ont eu pour objectif principal d'ajouter aux droits politiques, forts de leur universalisme mais trop éloignés de l'expérience quotidienne vécue, des droits sociaux définis le plus souvent comme ceux de catégories professionnelles particulières. Établir un lien entre l'universalisme des droits politiques et la spécificité des droits sociaux est une opération si difficile que le mouvement ouvrier a éclaté devant la violence des débats. Une partie de la IIe Internationale, celle qui se revendiquera social-démocrate, a maintenu les droits sociaux à l'intérieur du cadre démocratique ; l'autre, d'abord majoritaire, a opposé les droits sociaux, droits des travailleurs, aux libertés bourgeoises, ce qui a conduit au léninisme-maoïsme, dont le pouvoir a dominé pendant un demi-siècle la moitié du monde. J'analyserai de manière plus précise la façon dont la même histoire se répète au moment où les nouveaux droits culturels conduisent certains de ses défenseurs au communautarisme, tandis que d'autres cherchent à rapprocher droits culturels particuliers et droits politiques généraux, sans oublier ceux qui, au nom d'une conception étroite de la République, s'opposent à l'idée de droits culturels.

Aujourd'hui, la montée des communautarismes autoritaires et bien décidés à maintenir les femmes dans une situation de dépendance et d'infériorité peut précisément expliquer la résistance de certains pays, comme la France, à la reconnaissance des droits culturels, au nom de l'universalisme républicain. Pourtant, au-delà des débats menés dans une conjoncture particulière, il est impossible de ne pas reconnaître l'importance des droits culturels, c'est-à-dire la force des revendications fondées sur une culture ou sur un genre au sein de la population elle-même. Et les partis politiques devront finir par reconnaître que les droits culturels sont indissociables des droits politiques et des droits sociaux. Le sujet ne s'affirme pas en dehors des caractéristiques sociales et culturelles de ceux qui se considèrent et veulent être reconnus comme des sujets.

Sommes-nous tous des sujets ?

Nous considérons-nous tous comme des sujets ? Si nous entendons par là la conscience claire et partagée d'être des sujets, la réponse est négative. Mais on peut découvrir la marque du sujet dans tous les individus, de la même façon que d'autres ont reconnu en chaque individu la présence d'une « âme » ou le droit d'être citoyen. Et notre travail consiste précisément à découvrir en chacun une référence à soi-même comme sujet, tout en la dégageant des représentations opposées, telles qu'elles sont imposées par l'ordre social ou par les idéologies qui dominent la vie intellectuelle. Car le rôle du sociologue est aussi de créer des situations dans lesquelles chaque individu est encouragé à développer ses demandes profondes, au-delà des formules vides de sens. Ce rôle a été tenu avant lui, et de manière différente, par des « intellectuels engagés », n'appartenant à aucune organisation politique ou autre, mais ayant la volonté de faire émerger des demandes fondamentales. Sans de tels intellectuels engagés – qui ne sont pas des intellectuels organiques –, aucune démocratie ne pourrait exister, tant sont fortes les pressions qui s'exercent pour subordonner les demandes des sujets individuels et collectifs aux intérêts de ce qu'on nomme la société. Mais ce sont aussi ces intellectuels qui font écran à la présence du *sujet.*

Trop d'entre eux ont accepté l'idée que la réalité sociale

est en elle-même domination, de telle sorte qu'il n'y aurait de liberté que dans la libération des désirs, de la volonté de puissance ou – idée plus ancienne – de l'espoir que porte en lui l'esprit révolutionnaire. Cette idéologie n'a jamais correspondu à ce qui était observable, mais elle a longtemps paru intouchable, tant elle semblait protéger contre les formes les plus brutales d'exercice du pouvoir et de la répression. Et, de fait, l'utilité critique de cette pensée sociale, pour laquelle il n'y a pas d'acteurs mais seulement des victimes, a été et est encore considérable. Mais il est de plus en plus impossible de s'enfermer dans une approche purement critique, quand les nouvelles formes de mouvements sociaux qui se sont développées habitent notre vie quotidienne.

Prenons un exemple. Le discours dominant sur les femmes les fait apparaître comme des victimes. Or, interrogez les femmes, et surtout celles qui participent aux actions féministes : vous observerez que la conscience d'être des victimes est beaucoup moins prégnante que la conviction que les femmes ont remporté bien des victoires et inventent aujourd'hui un nouvel univers culturel. Le discours des femmes sur elles-mêmes est plus chargé d'espoir et d'initiatives que celui des hommes sur eux-mêmes, car ceux-ci rejettent les discours trop rhétoriques sur la virilité et la masculinité.

De la même façon, les anciens colonisés, les nouveaux immigrés, les croyants de l'islam sont trop souvent définis par ce qu'ils subissent – comme s'ils ne pouvaient pas être acteurs de leur propre histoire. Au nom de la libération des dominés, on se comporte comme s'ils n'étaient pas capables de construire leur propre libération et de se transformer en acteurs de la transformation de leur situation. Rien n'est plus inquiétant que la facilité avec laquelle ceux qui se veulent des agents de lutte contre les dominations nient la possibilité de l'action créatrice et libératrice. Étrange vision du monde, qui parle constamment de la domination subie mais néglige les pensées et les actes libérateurs.

Pour que cette conscience du sujet se forme, il faut qu'apparaissent et se combinent trois composantes. D'abord un rapport à soi, à l'être individuel, comme porteur de droits fondamentaux. Ce qui marque une rupture avec la référence à des principes universalistes, ou même à une loi divine. Le sujet est sa propre fin. En deuxième lieu, le sujet ne se forme, aujourd'hui comme hier, que s'il entre consciemment en conflit avec les forces dominantes qui lui dénient le droit et la possibilité d'agir comme un sujet. Enfin, chacun, en tant que sujet, propose une certaine conception générale de l'individu.

Le sujet n'est pas un pur exercice de conscience : il a besoin du conflit pour que se forme l'action collective. Néanmoins, il est toujours individuel. Même quand il plonge dans l'action collective, il se sent défenseur d'un droit universel. C'était le cas évidemment à l'époque de la Déclaration des droits de l'homme et du citoyen, mais ça ne l'est plus à celle des nationalismes et des croyances communautaires. C'est peut-être à nouveau le cas aujourd'hui, où l'on accorde tant d'importance aux problèmes humanitaires et à l'élimination des traitements inhumains. L'abolition, en bien des pays, de la peine de mort marque un recul des raisonnements commandés par la « protection de la société » et la victoire de l'idée que la vie humaine est au-dessus de la loi.

Beaucoup de pays ou de régions sont déchirés par les guerres civiles et d'autres formes de violence. D'autres se replient sur des affinités communautaires, ethniques ou religieuses. L'idée de sujet semble s'y diluer. Pourtant, l'épuisement des idéologies politiques et des régimes qui avaient identifié la défense du sujet avec le triomphe d'un parti, d'un dirigeant ou d'une forme d'organisation sociale, si elle a créé un vide susceptible de conduire aux chaos, peut aussi conduire à un retour sur soi, à la conscience du sujet.

Il est impossible de décrire *a priori*, et en termes généraux, les conditions qui favorisent l'émergence, dans un individu ou dans un groupe, de la conscience d'être un sujet. Les modèles proposés par l'éducation, c'est-à-dire les attentes manifestées par ceux qui encouragent ou non un jeune à se prendre lui-même comme but de son action, à se rechercher lui-même, ont une grande importance. Souvent, c'est un adulte ami ou un parent qui exerce une influence décisive sur un plus jeune ; les relations d'amitié entre jeunes sont un chemin fréquent pour les faire accéder à eux-mêmes, mais l'attention portée à l'autre peut aussi détourner de soi-même. Il faut plutôt se méfier de l'intimité, comme du silence, toujours susceptible d'étouffer la conscience de soi. Il vaut toujours mieux combiner l'engagement dans la vie active avec le mouvement de retour sur soi.

Nous avons été si longtemps jugés par ce que nous faisions et non pas par les conditions où nous vivions que nous avons de la peine à combiner une vision plus réflexive avec cette conception active des êtres humains. Certes, nous ne souhaitons nullement être définis à nouveau par notre situation de naissance, car cela nous semblerait marquer un grave retour en arrière ; mais nous acceptons de plus en plus mal d'être définis uniquement par nos actions, c'est-à-dire d'être jugés à travers des catégories qui sont celles des employeurs, privés ou publics, dont le respect de la personnalité des salariés qu'ils emploient n'est pas toujours la préoccupation principale. Et même ceux d'entre nous qui continuent à accorder une très grande importance au travail dans leur existence ressentent le besoin de prendre de la distance avec leurs activités, de se retourner de temps à autre vers eux-mêmes et de se poser des questions qui nous semblaient naguère incongrues : suis-je heureux ? Ce que je fais est-il bien ce que je voudrais faire ? Suis-je capable de comprendre X ? Suis-je certain de savoir qu'il se produit en ce moment des événements intolérables, qu'une grave injustice est commise ? Ces questions que je me pose, ces jugements que je porte sur moi et sur le monde sont l'équivalent des regards que moi-même comme sujet je porte sur moi-même comme acteur social. Ce qui explique pourquoi l'apparition du sujet peut se produire dans n'importe quelle situation.

Il faut tout autant protéger l'idée de sujet contre les interprétations à la fois moralisatrices et psychologisantes. Le sujet n'est pas la personne qui se « réalise », comme on dit, ou qui remplit bien les fonctions qui lui sont confiées – bon travailleur, bon citoyen, bon père ou mère. L'émergence du sujet n'est pas liée non plus à la fin des grands récits, évoquée par Jean-François Lyotard, car les grands récits personnels valent bien les grands récits collectifs dont il a regretté la disparition. La vie du sujet personnel est aussi dramatique que l'histoire du monde. Le sujet n'est pas plus à son aise dans la société de l'argent et de la violence que dans la perversion communiste des espoirs et des luttes du mouvement ouvrier.

La réalité du sujet traverse toutes les scènes de l'histoire. Le sujet n'est pas plus présent dans notre civilisation que dans d'autres, mais, comme dans la modernité il n'est plus encastré dans la construction d'un monde sacré, c'est dans notre société qu'il est le plus directement confronté à lui-même. Libéré et fragile, tel qu'en lui-même enfin il peut apparaître après la dissolution des projections lointaines de lui-même.

Nous sommes tous tentés de donner au sujet une figure clairement en décalage avec l'expérience vécue. Aventurier, généreux, victorieux de toutes les intrigues, émouvant et ridicule à la fois : Don Quichotte est-il une figure du sujet ? S'il ne l'était pas, une nation entière ne se reconnaîtrait pas en lui. Car cette chevalerie française qu'il cherche à imiter représente aussi la nostalgie d'une Espagne qui entrait dans la médiocrité bourgeoise, qui s'éloignerait bientôt de ses voisins européens en prenant sur eux un long retard, qui oublierait ce qui avait fait sa grandeur en même temps que sa ruine. Mais il ne faut pas céder à l'attrait des rêves insensés. Le sujet ne se protège pas du présent en sautant vers l'avenir ou en fuyant dans le passé. Nous le perdons de vue quand nous croyons le dénicher dans l'une de nos vies imaginaires. Le sujet est en nous, *hic et nunc*, recherche vivante et inquiète du sens de chacun de nos gestes, de chacune de nos pensées. C'est pourquoi il n'est jamais plus présent en nous qu'à l'occasion de nos relations amoureuses, dont l'un des sens principaux est la découverte de deux sujets l'un par l'autre, au centre du désir réciproque.

Le sujet est porté par les efforts que nous déployons pour nous libérer de la place qui nous est assignée. La plus extrême tentative pour s'atteindre comme sujet est de descendre en soi, de rompre tous les liens qui nous lient à ce qui se dit être la réalité et de passer une Saison en Enfer pour parvenir au Matin (avant-dernier texte) : « Quand irons-nous, par-delà les grèves et les monts, saluer la naissance du travail nouveau, la sagesse nouvelle, la fuite des tyrans et des démons, la fin de la superstition, adorer – les premiers ! – Noël sur la terre ! » « Le chant des cieux, la marche des peuples ! Esclaves, ne maudissons pas la vie. » D'autres images peuvent se superposer à celles de Rimbaud : celle de la méditation comme celle du dialogue avec la mort.

Ce qui gêne le plus celui qui cherche à donner un contenu historique concret à l'idée de sujet est que ce mot en lui-même appelle d'abord des images triomphantes. Le sujet n'est-il pas celui qui impose sa volonté au monde, qui le transforme à son image – ou qui établit l'ordre et les lois là où dominaient le chaos et la violence ? Nous sommes encore habités par cette image du sujet conquérant, plein de *virtú*, que nous avons héritée de la Renaissance italienne. Celui que nous imaginons comme le sujet de l'histoire est le contraire du sujet du prince, celui qui est dépendant d'un maître.

Mais ces images, encore présentes dans notre mémoire collective, ne nous inspirent plus confiance. Parce que, depuis deux siècles, ce n'est plus le prince triomphant qui retient notre attention mais l'esclave qui se révolte, au nom de son travail, de son peuple, de son genre. Au point que nous reconnaissons mieux la présence du sujet là où est le manque que là où est l'abondance : la dépendance et la solitude ne protègent-elles pas ceux qui les subissent des illusions de la grandeur et du pouvoir ! Nous cherchons instinctivement ce qui nous semble le plus humain du côté de l'exploité, du méprisé, de l'oublié. Mais à travers ce renversement de situation demeure une représentation qui, elle aussi, doit être écartée. Le sujet n'est saisi qu'en situation, par rapport au pouvoir possédé ou subi, en relation avec l'autre, ami ou ennemi, et toujours capable d'imposer une vision du monde, que celle-ci soit triomphante ou désespérée. Mais c'est aussi en se dégageant de *toutes* les représentations du sujet comme acteur de l'histoire, comme porteur d'une société, qu'on peut voir apparaître la véritable figure du sujet, c'est-à-dire l'acteur individuel ou collectif qui n'est plus orienté par les valeurs, les normes et les intérêts de la société – et pas davantage par la privation, la frustration et la révolution.

Mais comment ceux qui regardent hors d'eux, du côté du pouvoir ou du côté de ses ennemis, peuvent-ils parvenir à se retourner vers eux-mêmes et à s'attacher à la conscience de leur existence, à la découverte et à la production d'eux-mêmes comme fin dernière de leur action ? Nous sortons d'une époque où c'était l'histoire qui était le sujet, parfois même un morceau d'histoire découpé arbitrairement dans le temps historique. Nous avons ainsi parlé de la société industrielle, de la révolution ou du régime soviétiques comme de personnages réels. Et j'ai moi-même, dans une période de transition, parlé du *sujet historique* alors que je ne veux parler aujourd'hui que du *sujet personnel* (ce qui ne le réduit nullement aux cas individuels). Or, nous ne pouvions pas parler de sujet personnel et comprendre le retournement de notre culture vers la recherche de soi tant que nous n'étions pas libérés de cette approche anthropomorphique ou même théomorphique de l'histoire, et la sociologie classique a placé un obstacle de plus sur notre chemin en nous traitant de la société comme d'un personnage, de la même façon que les juristes aiment à dire : le législateur. Cette personnalisation des époques historiques a exercé une influence prédominante jusqu'à la Première Guerre mondiale. Depuis lors, l'ampleur des destructions et des morts causées par les guerres et les dictatures, la présence sur tout le continent de camps de concentration et d'extermination, les massacres de masse, tout cela rend difficile – et pour tout dire impossible – de percevoir un visage humain au milieu des décombres.

Pendant la deuxième partie du XXe siècle, surtout dans l'Occident riche, nous avons eu parfois l'impression d'être à nouveau plongés dans des ensembles historiques analogues à ceux d'avant 1914. Mais la globalisation rend illusoire la tentative d'isoler un type de société (ou même de société civile) et de le décrire comme le fruit de débats et de choix rationnels opérés en vertu des procédures fixées par une Constitution. Alors que la guerre à mort fait rage entre Israéliens et Palestiniens, que les États-Unis ont subi une attaque terroriste le 11 septembre 2001 puis envahi l'Irak, que l'Afrique se décompose sous les coups de la misère et de guerres internes, peut-on penser le siècle nouveau en termes d'étape vers un type de société ? En fait, depuis le début de la Première Guerre mondiale, nous avons cessé d'être définis par l'histoire.

La négation du sujet

Pendant cette phase de décomposition de notre historicité, de notre place dans l'histoire et de notre capacité à nous définir à l'aide de catégories issues de la société, de la vie politique ou de l'économie, le *fonctionnalisme critique*, imprégné de marxisme, a eu son heure de gloire, lui qui entendait voir partout, derrière les valeurs de la société, l'exercice d'une domination. Et de fait, pendant les longues décennies de la guerre froide, et à nouveau après le 11 septembre 2001, il n'a semblé exister aucun espace libre entre la soumission aux intérêts américains et une solidarité totale avec leurs ennemis. Des catégories comme libéralisme, socialisme, démocratie, mouvement social, réforme ont été éliminées ou ont reçu un sens opposé à celui que leur avaient donné leurs inventeurs.

Et de fait, l'idée la plus rejetée, méprisée, défigurée, fut celle de sujet. Au nom de l'observation (indiscutable) que la connaissance scientifique a progressé de Copernic à Darwin et de Marx à Freud, en découvrant des lois qui sont celles des systèmes et qui contredisent la conscience et la subjectivité, s'est imposée l'idéologie déterministe selon laquelle les conduites ne sont que le reflet d'une situation vécue et d'une domination subie. On nous a ainsi imposé l'image d'un monde sans acteurs, puisque ceux-ci ne sauraient plus intervenir qu'en aggravant les contradictions du système de domination. L'histoire s'abolit alors dans une approche quasi religieuse du sacrifice, seule expression possible des dominés, des exploités, des manipulés.

Peu d'individus et de groupes ont cherché à défendre, pendant cette longue période, quand la guerre, le terrorisme et la critique radicale semblaient les seules formes possibles d'action historique, l'idée que le système politique restait ouvert et que la démocratie et le respect des droits étaient des enjeux réels. Puis peu à peu la chasse au sujet s'est calmée, tant l'impuissance intellectuelle et politique des chasseurs était criante. Mais c'est moins la pensée de quelques-uns que l'affirmation de nouveaux mouvements sociaux qui a redonné vie à l'idée de sujet.

Dans les années soixante, aux États-Unis et en France surtout, la culture envahit la politique. La production de soi s'identifia moins au travail et davantage à la sexualité et aux relations interpersonnelles. Depuis 1968, j'ai moi-même placé plus nettement le sujet personnel au cœur de ma réflexion et de mes analyses. Et au cours des premières années du nouveau siècle, j'ai concentré mes efforts sur la reconnaissance des femmes comme agents principaux du retour du sujet – et donc du basculement de notre culture, qui est passée de la conquête du monde à la recherche de soi.

Cette évocation historique serait dangereuse si elle laissait entendre que les idées présentées ici correspondent à un moment précis de l'histoire. D'autant que la rupture avec le fonctionnalisme et avec une vision purement critique de la société, et plus largement avec toutes les philosophies de l'histoire, pourrait nous conduire dans d'autres directions que celle que j'ai choisie d'arpenter, en particulier vers l'individualisme consommateur ou encore vers un moi nourri de biologie et de psychothérapie, bref, un moi bien éloigné de ce que je nomme le sujet. De tous côtés l'individualisme triomphe sur les engagements collectifs, mais ce qui distingue le thème du sujet des autres approches de l'individualisme contemporain est de même nature que ce qui sépare l'étude des mouvements sociaux des interprétations économiques de l'action collective.

Beaucoup d'obscurité et de malentendus semblent entourer la notion de sujet telle que je la conçois. Ce qui me surprend toujours quand j'y suis confronté. Ne sommes-nous pas habitués à observer que des individus ou des intérêts portent en eux, durablement ou pendant un temps court, un acte, une parole, une signification supérieurs, et n'apprenons-nous pas de temps en temps que des individus sans relief, qui pourraient être des inconnus, se trouvent tout à coup illuminés par la lumière que projette sur eux la cause supérieure dont ils deviennent les témoins ou les défenseurs ? Celui qui a couru de grands risques au service d'une cause morale, politique ou sociale est une figure du sujet, mais un simple témoin peut l'être aussi. Et peu importe que ces individus, une fois passé le moment de lumière, disparaissent dans l'ombre. En revanche, celui qui est porteur d'un sens supérieur de l'action ne saurait l'ignorer complètement. Il sait son exemplarité, même s'il cherche à la fuir.

À quoi reconnaît-on la présence du sujet dans un individu ou une collectivité ? À l'engagement de l'individu ou du groupe au service de l'image de lui qui lui semble être sa raison d'être, son devoir et son espérance. Sa raison d'être, car toujours l'idée de création ou d'autocréation est présente. Son devoir, car la figure du sujet impose sa prééminence sur tous les autres aspects de la vie personnelle ou collective ; son espérance, parce que celle-ci est la contrepartie de la création. Celui qui devient sujet remonte vers lui-même, vers ce qui donne sens à sa vie, ce qui crée sa liberté, sa responsabilité et son espérance. Ces termes pourraient, certes, être remplacés par d'autres, mais il ne saurait y avoir de grandes différences entre telle figure et telle autre du sujet.

Est-il artificiel de rechercher partout ces figures définies ici en termes si élevés qu'elles pourraient en paraître idéalisées ? Et pourquoi les conduites considérées comme les plus positives, ou celles qui suscitent le respect, seraient-elles plus rares ou moins solides que les autres ? Pour que l'analyse reste équilibrée, le mieux est d'adopter la distinction clairement établie par François Dubet entre les trois composantes de l'expérience : la recherche de l'intérêt, l'adhésion à un groupe et à ses normes, les conduites du sujet. En précisant toutefois que chacune de ces catégories a un équivalent négatif. À la recherche de l'intérêt correspond la destruction de l'intérêt des autres ; à l'adhésion à un groupe s'oppose le rejet de l'autre, individu ou groupe. Aux conduites du sujet s'oppose le refus du sujet, qui se manifeste en particulier dans le racisme – et qui peut s'étendre jusqu'à l'acteur lui-même.

Ceux qui ne voient dans la vie sociale que les instruments d'une domination et qui n'aperçoivent que des victimes là où je crois apercevoir des acteurs nient par principe le type d'analyse que je conduis dans ce chapitre. Mais une telle position est en réalité extrême, et elle est difficilement tenable. Inversement, faut-il rappeler que les vertus ne triomphent pas de tous les obstacles et n'ont pas la même efficacité dans toutes les situations ? Après avoir défini les caractéristiques générales du sujet, il faut évidemment prendre en compte la spécificité de chaque situation historique, car l'idée de progrès, celle de paix universelle ou celle de l'individu qui conquiert sa liberté et sa responsabilité correspondent chacune à un type social et à une situation historique spécifiques.

Mais ne nous éloignons pas de l'essentiel : dans chaque type de société, il existe un fondement *non social* de l'ordre social, et par conséquent des conduites qui visent un objectif défini lui aussi en termes non sociaux et que j'ai souvent appelé métasocial. Cette proposition n'est que la suite logique de cette « fin du social » qui a été constatée dans la première partie de ce livre.

Ces conduites prennent des formes différentes selon qu'elles engagent l'acteur lui-même, ses relations interpersonnelles, ou son engagement en direction d'un but collectif ou contre un adversaire. Elles sont ou non déterminées par des conduites d'autres types, et elles peuvent également être mêlées à des sentiments et à des attitudes très divers. Quoi qu'il en soit, les caractères généraux des conduites qui révèlent le sujet se retrouvent partout, à tous les niveaux et dans toutes les situations.

S'agit-il de conduites héroïques, de formes de sainteté ou de sacrifice de soi ? L'erreur où conduisent de telles images est moins de porter seulement vers des cas exceptionnels, et qui correspondent le plus souvent à un sacrifice de soi ; ce qui est arbitraire, c'est d'oublier que les conduites les plus élevées sont toujours mêlées à d'autres, de niveau inférieur mais dont la présence est plus manifeste. Aucun individu, aucun groupe n'est tout entier un sujet. Il est toujours plus juste de dire : « Il y a *du* sujet dans telle conduite ou tel individu. »

Mais c'est seulement en mettant en lumière les différentes figures du sujet et les formes de la subjectivation qu'on peut acquérir une connaissance juste des rapports sociaux, alors que trop souvent on ne met en évidence que des contraintes subies, des échecs destructeurs, l'impuissance imposée au nom de la force ou de l'intérêt général. Il ne saurait exister de sociologie des acteurs, si le monde est peuplé de victimes engluées dans la fausse conscience.

J'entends déjà l'objection. J'élaborerais un concept « libéral », bien en phase avec notre époque, alors que l'accent mis sur les structures économiques et les formes de domination correspondrait mieux à une société encore échauffée par les grands conflits de classes propres à la société industrielle. Cette observation ne saurait être négligée, même si elle masque mal un déterminisme social des idées qui, en réalité, les réduit toutes à n'être que des idéologies. En fait, à l'époque du *Welfare State* et de la social-démocratie, à côté des idéologies d'appareil (socialistes ou communistes), certains mouvements sociaux, courants d'idées, efforts associatifs portaient déjà en eux une figure du sujet. Aujourd'hui, alors que le modèle néo-libéral triomphe partout, on voit en effet prospérer *une idéologie que j'ai toujours combattue*, et qui voudrait que le marché soit maître de tout. Mais il se forme aussi une nouvelle figure du sujet, qui se définit, plus que la précédente, en termes de conscience et de projet. À toutes les époques, on rencontre ainsi à la fois des figures du sujet et des forces ou des organisations qui le détruisent.

Note conjointe

Dans nos sociétés contemporaines, c'est le monde des médias qui déforme et qui manipule le plus constamment le sujet présent dans chaque individu. Je l'ai déjà dit : il le fait en séparant l'image du vécu, le visage du corps. Ce monde des images détachées des corps, des objets, des paysages mêmes est tout autre que celui des idéologies et des mythes, tel qu'il a été pensé par les intellectuels des XIXe et XXe siècles. Ce que leurs mots désignaient était des constructions, dont la fonction était de masquer un pouvoir et une exploitation, d'imposer un discours dont la continuité masquait les ruptures et les conflits. Le plus souvent, il s'agissait pour eux de rendre invisible une domination économique. Et bien des superstructures ou des éléments de la vie quotidienne étaient alors, en effet, au service de la classe dirigeante et des institutions qui la protégeaient.

Le monde des images d'aujourd'hui ne fait appel à aucun pouvoir caché ; il ne cherche pas à ouvrir ce qui ne doit pas être connu ou compris ; il ne peut même se développer que parce que le monde ancien des mythes s'est vidé de son contenu « objectif », au point d'en être réduit à des interprétations produites par des intellectuels qui se contentent de renvoyer à une domination ou à une exploitation suffisamment mal définie pour pouvoir être aussi facilement découverte que l'arc-en-ciel derrière la pluie.

Si ce débat est important, c'est précisément parce qu'il engage la question de l'idéologie et peut donc contribuer à éclairer ce qui oppose deux manières de voir. D'un côté, on explique les conduites par les ruses du pouvoir, ce qui transporte l'explication vers un ordre économique et politique très éloigné des acteurs, qui seraient, pour leur part, enfermés dans la fausse conscience. De l'autre, on oppose au monde des images manipulées par les médias l'individu vivant, concret, qui se sent privé du sens de son expérience et de ses projets. D'un côté on monte vers le système économique et sa structure ; de l'autre on descend vers le sujet intensément présent, là où il se sent privé du sens de lui-même.

Cette critique des médias a souvent été formulée, mais il est plus rare qu'on ait donné des exemples de construction par les médias d'images qui sont en contradiction ouverte avec ce qu'on peut observer. Ce ne sont pourtant pas les occasions qui manquent. Les médias n'ont-ils pas créé de toutes pièces une image de la jeunesse des banlieues ? De ces quartiers difficiles arrivaient la haine de la société et un islamisme de plus en plus fanatique – et en tout cas une hostilité fondamentale à l'égard d'Israël. Or, les études réalisées tout récemment sous la direction de Michel Wieviorka dans différentes villes ou quartiers défavorisés ont montré combien cette vision des choses est éloignée de la réalité.

Le sujet, tel qu'il émerge dans bien des parties du monde, ne se réduit ni à incarner l'espoir en un progrès rédempteur, ni à figurer la volonté qu'il soit porté assistance à tous ceux qu'atteignent les logiques de la domination. Il parvient enfin à la liberté et à la transparence à travers le rapport le plus direct de soi à soi que permet, et même impose, la modernité, et qui se forme en particulier dans la sexualité.

Ce mouvement de retournement sur soi qui construit le sujet commence en effet au plus près de l'individu, dans sa relation à son propre corps – et plus exactement à son corps sexué. Parce que le sexe, à la différence des autres parties du corps (cerveau mis à part), porte en lui la vie, la capacité de reproduction qui fait qu'il n'est jamais un pur moyen. À ce propos, rappelons que la formation du sujet devient impossible si on laisse au sexe un espace vide sans signification, comme le fait la pornographie, qui peut certes répondre à une curiosité mais devient très vite destructrice par effacement de la personne. Le sujet est détruit tout autant par la passion, quand celle-ci emporte l'individu comme un ouragan détruit les habitations.

Reste à suivre le chemin, souvent long et sinueux, qui mène du sexe à la sexualité en passant par la relation affective. Si celle-ci ne sombre pas dans la passion, la relation sexuelle et le désir partagé permettent au retournement de s'opérer. Mais c'est toujours par la transformation du sexe en sexualité, de la vie en création, et en découverte de l'autre que se constitue le sujet. Il n'est pas indispensable de passer par la sexualité pour qu'apparaisse le sujet. Mais c'est par ce chemin que, le plus souvent et de plus en plus nettement, s'opère le retour sur soi. Cette démarche est aussi éloignée de l'idéalisme qui voulait que l'être humain soit entraîné par des forces et des idéaux supérieurs à la volonté humaine que du matérialisme du ça, de la libido qui voit dans le choc du ça et de la loi, ou dans l'envahissement de la vie psychique par le désir, la force première de création de la personnalité.

L'évolution des idées et des pratiques a été si rapide qu'il est aisé aujourd'hui pour chacun de remplir ces formules générales d'expériences vécues, de demandes déjà formulées – et même de techniques de recherche de soi souvent empruntées à des traditions spirituelles. Mais le sens de cette réflexion ne deviendra tout à fait clair qu'au chapitre suivant, quand sera présentée l'idée que c'est dans les luttes pour les droits culturels que s'opère le mieux ce retournement de soi vers soi d'où émerge la figure du sujet.

LE SUJET, LES MOUVEMENTS SOCIAUX ET L'INCONSCIENT

La notion de mouvement social a été si souvent violée, et s'est elle-même tant de fois prostituée, défilant sur le front des troupes ou festoyant dans les caches des services secrets, qu'il semble impossible de lui fixer un usage précis. Quoi qu'il en soit, le rôle central qu'ont tenu les mouvements sociaux dans le modèle proprement « social » de développement conduit à reconnaître aujourd'hui leur vieillissement et surtout leur trahison avant leur mort, pleurée par les puissants et les riches plus que par les exploités et les exclus. Mais qui pourrait se satisfaire de cette sainte colère contre tant de militants devenus policiers, en particulier dans les pays communistes ?

Car si la part d'ombre des mouvements sociaux est celle de la société, sa part de lumière est celle de la modernité. Ils se tiennent en effet du côté de la raison contre l'arbitraire du pouvoir, mais surtout du côté des droits universels de l'individu. Dans tout conflit et tout mouvement social, on peut entendre un appel à l'égalité, à la liberté, à la justice et au respect de chacun. Ces mots ne sont pas la couverture chatoyante qui cache les intrigues, les groupes d'intérêts et les trahisons. Ils émergent du conflit comme la lave sort du volcan, au milieu des pierres noires qui témoignent d'éruptions anciennes. Ceux qui n'ont pas oublié le sens des mots n'emploient celui de mouvement social que quand il désigne une rupture en même temps que l'affirmation de la dignité de soi-même et la volonté de réappropriation des produits de l'industrialisation. Nous avons repéré ces ruptures et ces déversements dans les grandes insurrections ouvrières, et en particulier dans les grèves de 1913, de 1936 et de 1947 et 1948, pour ne citer que la France. Nous avons senti sa présence en Mai 1968 à Paris, et dans les années soixante-dix au cœur du mouvement en faveur des droits civiques des

Noirs et contre la guerre du Vietnam aux États-Unis. Nous avons aussi senti sa présence en des lieux plus lointains, dans la lutte de Salvador Allende au Chili et dans l'action des zapatistes au Chiapas, au Mexique – et par-dessus tout dans la Pologne de Solidarnosc. Cette exigence, présente dans les mouvements sociaux et qui déborde toute stratégie et toute tactique, se rencontre aussi dans les grèves, les protestations, les révoltes et les utopies qui font trembler un instant une terre qui semblait si bien quadrillée par les forces de l'ordre.

Pas de sujet qui ne souffre du malheur des autres, qui ne reconnaisse le mouvement social là où il est, même quand il est masqué par des stratégies de pouvoir ou de concurrence. La modernité emploie à cet égard des mots forts et justes, ceux qu'on inscrit dans le marbre ou le granit des cimetières et des lieux de mémoire, car souvent le cri de révolte lancé un 2 mai n'est entendu que le 3 mai, jour de l'exécution des maquisards. Souvent le cri des hommes et des femmes chargés d'espoirs et couverts de blessures n'est entendu par personne dans les prisons pas plus que dans les camps de concentration ou d'extermination.

Le mouvement social, en tant qu'il porte le sujet sur ses épaules afin qu'il puisse voir plus loin que la foule, n'est jamais visible à l'état pur ; il est comme un soldat dans la tranchée ou un gamin chantant sur une barricade. De même, le sujet porté par un mouvement social se rencontre plus facilement pendant le crépuscule, entre chien et loup, qu'en plein midi ; dans les hôpitaux et les cimetières que dans les salons d'honneur du gouvernement ou de l'opposition. Car les mouvements sociaux ne cherchent pas à s'intégrer dans la société, mais à maintenir la distance qui sépare le sujet et ses droits de la machinerie sociale et de ses mécanismes d'autocontrôle.

Le sujet, porté ou non par un mouvement social, se manifeste dans la conscience de l'acteur. On ne saurait pas plus parler d'adhésion inconsciente à un mouvement social que de croyances religieuses inconscientes. Mais cette manifestation dans la conscience ne signifie pas que le sujet ou le mouvement social soient tout entiers dans la conscience de l'acteur. D'abord parce que la présence du sujet est toujours recouverte, et même cachée, par d'autres niveaux de lecture des conduites et des attitudes. Il est plus facile de défendre un salaire ou de revendiquer un aménagement de l'horaire de travail que d'être conscient de la présence d'une lutte de portée générale. Même si celle-ci existe dans l'esprit des personnes concernées, elle devra être dégagée, pour être bien perçue, d'autres types d'expression et de revendication.

En général, ce sont les événements historiques qui révèlent l'existence d'un conflit, des acteurs et l'enjeu de l'opposition. C'est ainsi que les tensions avec le monde islamique ont conduit certaines femmes à adopter des positions féministes anti-islamiques extrêmes, qui étaient certes latentes en elles mais qu'elles n'avaient pas eu l'occasion de formuler aussi clairement.

Mais il faut aller plus profond : les sociétés riches contemporaines baignent dans une idéologie de la consommation sans cesse plus intense et diversifiée. Et de même qu'une pensée répressive refoule la recherche du plaisir, notre société réprime ou cache la présence du sujet. C'est dans l'inconscient qu'il faut traquer le désir d'être sujet. Et il n'est pas arbitraire de penser que les êtres humains, parce qu'ils peuvent réfléchir sur eux-mêmes et exprimer leurs pensées par des mots, ont besoin de donner une explication de cette conscience qu'ils ont d'eux-mêmes. Cette explication a souvent pris une forme religieuse, elle a parfois emprunté le langage d'une philosophie de l'histoire, mais elle est aussi un rappel plus direct de soi à soi qui conduit à un dédoublement : quand je dis moi, je pose l'existence d'un je qui reconnaît le je, ce qui ne peut être fait qu'en combinant le conscient et l'inconscient. C'est celui qui cherche à rencontrer le sujet qui peut devenir l'un des je et permettre ainsi à l'individu ou au groupe concernés de se penser consciemment comme un je, comme un sujet. Celui-ci n'est pas placé au-dessus de l'individu comme un signe de la présence de Dieu ou de l'esprit. Au contraire, le sujet est *en dessous* de l'être social et non pas au-dessus de lui. Il est la reconnaissance de la singularité de chaque individu qui veut être traité comme un être de droit. Il n'y a pas de découverte du sujet sans un « examen de conscience » qui descende au-dessous de la conscience. Une sociologie du sujet ne se contente donc pas de parcourir l'histoire de sommet en sommet : au contraire, elle cherche à faire apparaître en chacun sa capacité de donner sens à ses propres conduites.

Faut-il se contenter de dire que le sujet, lorsqu'il n'est pas conscient, se trouve dans le préconscient, et surtout qu'il est virtuellement présent et conscient dans un individu ou un groupe, voire même dans une catégorie sociale ? Certainement pas. Le sujet se replie dans l'inconscient. Faut-il dire qu'il y est refoulé ? Non, car ce n'est pas un surmoi qui lui barre la route mais le contraire, la quotidienneté, les normes de la vie publique, l'urgence des décisions pratiques, l'intensité des émotions, et la recherche de l'intérêt ou de la solution à un problème difficile.

Le sujet semble recouvert par la banalité du moi et de ses situations comme un livre est recouvert par le sable d'une dune et ne peut plus être retrouvé car il n'a aucune communication avec le sable qui le recouvre, d'une couche très fine peut-être, mais qui ne révèle rien de l'objet enfoui. Ce qui expliquerait que le plus souvent, dans nos vies, le sujet soit absent, comme s'il était inconnu. Mais la situation réelle est bien différente. L'absence de sujet dans le monde conscient laisse bien sûr une trace. Ce peut être, dans un cas simple, la mauvaise conscience ou la vague inquiétude de ne pas s'être comporté comme on aurait dû, d'avoir fermé les yeux devant une souffrance ou de s'être bouché les oreilles pour ne pas entendre la plainte ou l'appel. Ici, le sujet se tient à la frontière mal tracée de l'inconscient et du préconscient. Mais lorsque le sujet est enfoncé dans l'inconscient, il ne peut pas remonter à la conscience par lui-même. Il faut que son porteur soit interpellé, accusé, qu'une conscience s'oppose à sa non-conscience. Le plus souvent, c'est la situation elle-même qui brise la routine de la conscience et l'endormissement du préconscient. Par exemple, la répression du rêve ou d'une manifestation et le sang versé révèlent tout d'un coup qu'étaient en jeu des intérêts et des passions qui dépassaient de loin la conscience du vécu. En fait, nous avons souvent l'impression de marcher sur la glace d'un étang gelé, d'être menacés de sombrer dans l'eau froide parce que en un lieu imprévisible la glace moins épaisse se romprait.

Cette fragilité de l'expérience est ressentie par beaucoup comme une forme de sentiment religieux, de la part de celui qui éprouve qu'il n'est pas ce qu'il vit et ressent même la présence et l'absence en lui de la foi. Cette même fragilité est ressentie par le combattant civil ou militaire qui sait que sa vie est menacée et cherche à prendre appui sur ce qui lui semble le plus solide, sur lui-même.

L'analyste peut-il faire apparaître le sujet enfoui dans l'acteur ? Je peux répondre par l'affirmative, car j'en ai fait l'expérience. La méthode de l'intervention sociologique, élaborée et pratiquée depuis trente ans, et qui a été exposée pour la première fois dans mon livre *La Voix et le regard* (1978), est en effet définie précisément par cette volonté de découvrir le sujet au fond de l'individu ou des groupes à travers l'intervention active du chercheur. Celui-ci, après s'être familiarisé avec le groupe qu'il étudie et qu'il a réuni en tant que groupe d'acteurs engagés dans une action collective, élabore ce qu'il considère comme l'hypothèse la plus favorable sur les acteurs, c'est-à-dire ce qui lui paraît être le plus proche du sujet. À un certain moment, qui constitue le cœur de la recherche, il présente son hypothèse au groupe en insistant sur la conviction qu'il a que cette action collective est beaucoup plus importante que les acteurs eux-mêmes le pensent. Le groupe s'empare alors de l'hypothèse, avec beaucoup de bonne volonté, puisque celle-ci leur donne une grande importance. Pendant une durée aussi longue que possible, le chercheur (ou les chercheurs) accompagne ce travail de réflexion du groupe. Si l'hypothèse est juste, la réflexion et l'action du groupe en sorte renforcées ; si elle est fausse, elle introduit des illusions, de la fausse conscience, des contradictions dans les propos des acteurs et le chercheur devra reconnaître son erreur. Ce travail doit être conduit sur la durée la plus longue possible, ce qui ne se justifie que si l'hypothèse la plus haute est fondée et si elle provoque chez les acteurs une « prise de conscience » constamment encouragée par des chercheurs qui multiplieront les interprétations leur semblant le mieux relier les acteurs réels placés dans des situations concrètes avec le sujet et ses enjeux.

La diversité des techniques d'enquête sociologique, et peut-être l'intérêt croissant porté aux recherches qui étudient des comportements concrets présents ou à venir, ont probablement empêché beaucoup de voir que l'intervention sociologique était très différente des autres types d'enquête. Celle-ci cherche avant tout à isoler et à définir des opinions, des attitudes, des conduites précises, autrement dit qui correspondent aux actes observables des personnes interrogées. Plus l'enquête est proche du moi, plus elle a de chances de fournir des informations utiles. L'intervention, comme son nom l'indique, accorde au chercheur le rôle central. Il cherche et découvre derrière la complexité des conduites et des situations la signification la plus haute qu'on puisse détecter grâce à l'intervention elle-même.

Sans prétendre introduire une comparaison qui serait écrasante pour lui, le rôle du chercheur qui « intervient » est plus proche de celui du psychanalyste que de celui de l'enquêteur, même si les deux démarches, celle du psychanalyste et celle du chercheur dans l'intervention, sont différentes – voire même s'opposent l'une à l'autre. Une telle opposition doit d'ailleurs être considérée comme positive puisqu'elle correspond à celle de deux problématiques. Il n'y a pas lieu de parler de sujet dans l'exploration de la personnalité. Autant le super-ego et le id sont fortement dessinés dans la pensée freudienne, autant l'ego lui-même reste faible, ce qui se retrouve dans toutes les définitions du moi, et l'explication psychanalytique consiste à comprendre des conduites et des symptômes, et donc à en remonter à l'histoire de la personnalité, à ses déviations et à ce qu'elle refoule.

Il n'y a pas davantage lieu de convoquer le sujet quand il s'agit d'expliquer des conduites sociales : ici aussi les comportements sont compris comme des symptômes d'appartenance ou du désir d'appartenance à tel groupe ou à telle catégorie sociale, et donc à des conceptions de l'intégration et du changement de la société. Il est au demeurant inutile de rappeler une démarche qui occupe une place si dominante dans les traités et les manuels de sociologie.

Je ne parle de « sujet » que parce que je place en face de l'ordre social, et en dehors de la dynamique de la personnalité, la représentation par les êtres humains eux-mêmes de leur propre capacité de création, de réflexion, et d'évaluation. J'admets que les conduites soient considérées comme sociales quand on peut les regarder comme autant de réponses à une position sociale, mais les conduites définies par leurs orientations vers une figure du sujet, c'est-à-dire de la liberté, de l'égalité et de la création, sont d'une autre nature. C'est ici qu'on rencontre les religions, les mouvements sociaux, politiques et culturels, et en particulier dans le domaine des arts, tout ce qui évoque cette relation des hommes à eux-mêmes à travers laquelle ils se forment des jugements de valeur. La démarche que j'adopte ici n'est donc éloignée que d'une partie de la sociologie, dont l'importance décroît à mesure que l'image architecturale de la société s'estompe.

J'espère que cette démarche contribuera à renouveler l'intérêt des sociologues pour les faits religieux, les mouvements sociaux et l'univers de l'art. Car de moins en moins nombreux sont ceux qui pensent que la modernité consiste seulement à faire triompher la rationalisation et la sécularisation, et par conséquent à faire disparaître comme de vieilles lunes ces mouvements, ces espoirs et ces créations qui n'auraient eu d'existence réelle que dans la nuit des sociétés anciennes.

Voisinage

Beaucoup plus positive et importante est la relation entre la sociologie du sujet que je propose et l'école de ceux qui, partant du même point de départ, se sont posés une question bien différente de la mienne : comment peut-on reconstruire le lien social, le *Bindung* (pour utiliser le mot allemand qui correspond le mieux à cette interrogation et qui est, pour cette raison, le plus souvent utilisé) ?

Nul n'a sérieusement l'intention de rejeter l'individualisme qui est au cœur de la culture contemporaine, sauf ceux qui souhaitent un régime autoritaire. Mais de nombreux sociologues cherchent à comprendre. Le sous-titre du livre de François de Singly, *Les uns avec les autres*, en témoigne : « Quand l'individualisme crée du lien. » Refusant à la fois un individualisme extrême et un communautarisme encore plus dangereux que le mal qu'il veut combattre, cette école de la reconstruction du lien social a découvert et défendu l'idée que l'individualisme et le lien social, bien loin de s'opposer, étaient complémentaires, indispensables l'un à l'autre.

Je résume en quelques mots : l'individu ne se construit comme tel, n'acquiert d'estime de soi (*self esteem*) que dans la mesure où il reçoit des images favorables de lui-même en provenance des membres de la communauté proche à laquelle il appartient. Raisonnement inspiré de la théorie du *Self*, de George Herbert Mead, qui voit dans le soi l'intériorisation des images que les autres ont de moi, images qui sont positives si tous créent et défendent entre eux des liens sociaux positifs, une conscience d'appartenance commune et croient à la responsabilité de tous dans l'individuation de chacun. Cette idée, très éloignée du communautarisme qui est une réponse à un sentiment d'exclusion sociale, se nourrit en revanche de la défense de l'individuation de chacun comme finalité des échanges sociaux et des méthodes de gestion.

Le rôle de l'église catholique, plus actif en Italie que dans les autres pays européens, peut expliquer la sensibilité des penseurs italiens, de Franco Crespi en particulier, à cette recherche de la construction de liens sociaux fondée sur le respect de l'individualité de chacun. Idée qui conduit au thème plus central encore de la reconnaissance, dont A. Honneth en Allemagne a fait l'axe de sa pensée. C'est la reconnaissance de l'autre comme tel qui permet la communication et même l'intégration. Idée qui s'oppose à l'image classique mais vide du dépassement des intérêts individuels nécessaire pour assurer un lien collectif. On comprend aisément pourquoi les penseurs allemands sont si activement engagés dans ce mouvement d'idées qui écartent les monstres qui ont bouleversé l'Allemagne et le monde.

Cette pensée, qui se répand en Grande-Bretagne autant qu'en Allemagne et en Italie, et trouve partout des représentants de la plus haute qualité, défend l'idée que l'individu a besoin, pour être un sujet, d'être reconnu par les autres, ce qui suppose l'attachement de tous à l'organisation sociale et politique, parce que le but principal de celle-ci est la reconnaissance de chacun comme sujet par les autres. Grande image de la démocratie qui ne se réduit pas à la protection des libertés et à la recherche de l'égalité, ou même à une volonté de justice, mais donne la priorité à la liberté, à la responsabilité et donc à la singularité de chacun. Il s'agit, pour ces sociologues comme pour moi, de mettre au premier plan un individualisme qui s'oppose à la démocratie définie par la participation de tous à la société créée par la volonté de tous, telle que l'a conçue Jean-Jacques Rousseau, et qui a produit dans l'histoire le pire plus souvent que le meilleur.

L'opposition entre les deux pensées tient à ce que je ne crois pas à la réciprocité entre l'individu et la collectivité. J'insiste au contraire sur la force du sujet qui est orienté vers lui-même avant tout, même dans le cas de la relation amoureuse, parce que le rapport à l'autre ne peut jamais être complètement libéré d'un contenu social, c'est-à-dire d'une définition des acteurs en des termes qui éloignent de la recherche du sujet. On peut souhaiter une communauté d'individus libres, mais face à une organisation sociale envahie par le marché, la guerre et la violence, il faut préserver l'indépendance du sujet, même si elle entraîne une certaine solitude ; solitude des résistants poursuivis, de l'amoureux toujours incertain de la réponse qu'il attend, solitude de l'inventeur et du chercheur qui doivent sortir du chemin tracé, solitude de l'adolescent qui apprend à sortir de la place qui lui a été préparée et à réinventer l'environnement qu'il choisit.

La sagesse est de ne pas choisir entre ces deux approches, de reconnaître la nécessité de créer, contre une organisation bureaucratique et autoritaire, des relations de réciprocité et de reconnaissance mutuelle, et de sentir avec la même force la nécessité pour le sujet de se construire lui-même, de donner la priorité à la découverte de lui-même, ce qui ne peut jamais se combiner entièrement avec un processus d'intégration sociale mais appelle la communication avec les « prochains ». Le thème de l'estime de soi provoque chez moi une réaction ambivalente. Car la reconnaissance de l'autre est indispensable à la création d'un espace de liberté, mais en même temps le pouvoir et la violence ne peuvent jamais être tenus complètement en marge de notre expérience de vie. De sorte que le sujet doit toujours, pour survivre, attaquer ou écarter la domination qu'il subit. J'ai pris une grande distance avec les sociologies purement critiques et dénonciatrices ; aussi grande est ma réserve à l'égard de toutes les théories de l'intégration et de la participation.

Le sujet et la religion

Si le sujet est un rapport de soi à soi de plus en plus direct dans les sociétés les plus modernes, il provient de l'intériorisation d'un principe créateur et donneur de sens qui avait été jusqu'alors extérieur à l'expérience humaine, et projeté dans une transcendance séparée du monde humain ou déjà installée en lui, quand le sujet n'apparaît pas encore directement mais est seulement incarné dans l'image utopique de la cité parfaite, dans l'appel à une société idéale, délivrée de ses péchés et des intérêts en concurrence.

Ce sujet projeté hors de lui-même, renversé en un principe religieux, parle devant nous, hors de nous et dit le sens de notre existence vécue. Mais cette « objectivation » du sujet, parce qu'elle est produite dans les sociétés qui éprouvent encore peu leur propre créativité, leur « historicité », est séparée de l'expérience humaine par l'épaisseur des institutions qui lui donnent une forme – une forme qui n'est pas celle de notre vie quotidienne, mais pas davantage celle du sujet.

Ces deux réalités opposées et complémentaires sont

encore fondues l'une avec l'autre dans le monde de la communauté. C'est quand la modernité s'annonce que s'opère la séparation qui ne cessera ensuite de s'amplifier entre, d'un côté, le monde du sujet, projeté et extériorisé dans une image du *divin* mais qui tend vers l'intériorisation dans le sujet humain, et, de l'autre, l'univers du *sacré*, contrôlé par les Églises et les clercs par le moyen des institutions et des pratiques. Cette opposition du divin et du sacré, du sujet projeté hors de lui-même dans une figure de la transcendance et de la création d'un monde protégé par des interdits et par son monopole de la communication du monde humain avec le monde divin, est au cœur du fait religieux.

Le divin est éloigné du monde humain mais lui donne son sens, tandis que le sacré crée une barrière qui permet à des clercs de parler au nom du divin et de gérer les communications entre les fidèles et le divin. Plus on s'approche de la modernité, plus le sacré entre dans le monde temporel jusqu'à se confondre avec un pouvoir qui reçoit ainsi une légitimité supérieure. Le risque est constant de confondre le sujet avec la construction idéologique et institutionnelle d'une figure du sacré, placée au cœur d'une religion, et plus concrètement d'une Église. Leur opposition est celle des deux faces opposées du fait religieux. La distance du sujet à lui-même fait qu'il est presque toujours projeté, hors d'atteinte des individus, dans une transcendance qui prend des formes historiques diverses. En précisant aussitôt qu'il n'est question ici que de ce qu'on appelle les sociétés modernes, par opposition aux communautés non modernes (qu'on peut parfois trouver enchâssées dans des sociétés modernes), qui sont définies, comme l'a dit Louis Dumont, par leur globalité, c'est-à-dire l'interdépendance de tous leurs éléments, chacun d'eux étant la manifestation d'une subjectivité supérieure, d'un dieu ou d'un mythe créateur, d'un projet d'avenir, d'un retour aux origines ou d'une présence plus générale d'un sacré qui exige des sacrifices. C'est lorsque le sacré communautaire se défait que la transcendance d'un sujet s'affirme, mais que se forme en même temps un sacré social, la création d'un pouvoir et de ressources d'un temps et d'un espace socialement bien définis mais qui sont surtout repérés comme sacrés.

Le divin n'implique pas toujours, loin s'en faut, la présence d'un dieu personnel. Le fait le plus manifeste est même que plus le sujet est projeté par des hommes faibles, impuissants, dans un divin lointain, plus se renforcent et se fortifient l'espace et les institutions du sacré. Au contraire, le divin se rapproche du monde humain par la voix des prophètes. Quand apparaît Jésus et quand se constitue la religion chrétienne, tout l'ensemble culturel est bouleversé. Dieu devient homme, ce qui prépare et déjà réalise en partie l'intériorisation du sujet dans l'individu, tandis que l'espace sacré est malmené par la rencontre directe de Dieu et des hommes que réalise l'existence du Christ. Le Dieu tout-puissant peut alors devenir un Dieu d'amour.

Mais le monde du sacré et les institutions religieuses qui le géraient se renforcèrent vite, au point d'instituer un pouvoir politico-religieux menaçant mais qui n'en fit pas moins obstacle à la formation d'une théocratie. Non seulement il ne détruisit pas la foi, mais celle-ci resta, par la prière, l'extase mystique et les miracles, en communication directe avec Dieu.

Marcel Gauchet a eu raison de considérer que le christianisme a marqué la fin de l'univers religieux. La modernité n'institue donc pas le remplacement de la pensée religieuse par la rationalité instrumentale et la sécularisation. Elle a toujours une double face : la rationalisation et la création de l'individualisme moral. Ni l'une ni l'autre n'a la capacité d'en finir avec le monde du sacré, en dépit des efforts de quelques réformateurs religieux, mais le sujet n'est pas non plus détruit par l'utilitarisme ou par l'autoritarisme des Églises ; il se transforme, en particulier à travers l'idée du droit naturel, en un mouvement de plus en plus autocréateur du sujet, qui s'est incarné surtout dans le christianisme avant d'accroître sa capacité d'intégration et de diversification.

On pourrait proposer une lecture opposée de cette dualité du divin et du sacré, et apercevoir le sujet dans l'effort de réappropriation du divin qui constitue le sacré sur lequel les collectivités peuvent agir, ce qui crée un lien entre le social et le divin, à quoi se reconnaît la *religion* qui est le domaine de la communication entre le monde humain et l'au-delà. Mais ce discours est celui de l'institution religieuse car ce sont les Églises qui gèrent – c'est même leur raison d'être – les communications entre le monde social et le monde sacré, qui est à la fois en son centre et au-dessus de lui. Il convient donc d'en rester à la première formulation, à l'idée inverse selon laquelle le sujet se révèle dans sa projection hors de la société, en rupture fréquente avec la gestion du sacré qui est toujours associée à celle d'un pouvoir, opération qui domine (et surtout a dominé) une grande partie du monde actuel et, dans l'Occident chrétien par exemple, a créé ce que Jean Delumeau a appelé la chrétienté – à savoir une communauté et un ensemble définis par un mode de gestion du sacré, quand le christianisme, lui, se définit par une rupture de la religion, puisque les textes évangéliques, quelles que soient les conditions historiques de leur rédaction, marquent une rupture bouleversante entre le social et le divin, et tout autant entre les institutions religieuses et la figure de Jésus : Dieu, devenu homme-Dieu, se transforme en instance d'appel, plus morale que sacrée, contre l'ordre social et contre les institutions qui l'ont mis à mort.

La sacralisation du pouvoir, impérial ou royal en particulier, n'empêcha pas longtemps la sécularisation, c'est-à-dire la séparation du social et du sacré, qui libéra un espace de transcendance où brilla un divin vécu comme une lumière intérieure, intime, permettant une communication directe, prophétique, mystique ou de possession entre le divin et un individu défini aussi peu socialement que possible.

Plus progresse la sécularisation, plus se rétrécit et se spécialise le monde du sacré, et plus le divin se rapproche de nous, au point de se redéfinir historiquement sans pour autant renoncer à cette transcendance sans laquelle il se perdrait en une idéologie au service du pouvoir (refusant lui-même, le cas échéant, de se définir en termes religieux). Processus qui a dominé notre modernité à travers la divinisation de la monarchie absolue, puis le renversement de celle-ci par la nation en armes, le progrès de l'industrie et la dictature du prolétariat ou encore par les idéologies nationalistes. Le sujet est de moins en moins divin, mais il risque de plus en plus de se perdre dans la sécularisation – et même de devenir une arme idéologique au service d'un nationalisme extrême.

En sens inverse, la tentation a été grande, à certaines époques, de concevoir un monde purement matérialiste, c'est-à-dire dirigé par l'intérêt et le plaisir. Chacune des grandes poussées du capitalisme – c'est-à-dire des actions menées pour la suppression de tous les contrôles et de toutes les régulations de l'activité économique par des décideurs sociaux, politiques, religieux ou patrimoniaux dont les finalités sont étrangères à la rationalité économique – a provoqué le renforcement du matérialisme. Celui-ci d'ailleurs ne manque pas d'attraits dans la mesure où la défense de la rationalité pure, de ce que Nietzsche appelait la « pensée anglaise », s'accompagne volontiers d'une critique globale de l'arbitraire des princes ou d'une protestation contre les privilèges et le luxe inutile. C'est au XVIIIe siècle européen que cette pensée matérialiste a connu le plus grand essor, et à nouveau au cours de la deuxième moitié du XXe siècle, quand l'activité économique, libérée des contraintes imposées par les régimes totalitaires ou par le volontarisme réformateur des sociaux-démocrates, a cherché à élargir à l'ensemble de la vie sociale les raisonnements qui étaient utiles pour la connaissance de l'activité économique. Mais ce courant matérialiste, si imposant soit-il, n'a jamais pu apparaître vraiment comme le terme d'une évolution historique qui en finirait une fois pour toutes, fût-ce progressivement, avec les choix de valeurs. Aucune société ne s'est jamais entièrement définie comme une société de marchands où, pour reprendre l'opposition classique proposée par Albert Hirschman, les intérêts auraient aboli les passions. Celles-ci sont encore moins parvenues à en finir avec les intérêts. Et le XXe siècle semble s'être achevé sur l'épuisement de la pensée marchande.

Il n'est pas satisfaisant de parler de sécularisation et de désenchantement du monde, comme si on assistait, avec la modernité, au triomphe de la raison instrumentale, du calcul et de l'intérêt. On parlerait plus justement d'une intériorisation du sujet qui permet au monde transcendant d'entrer dans le temps historique et dans l'espace institutionnel.

Telle est l'ambiguïté principale de la modernité. Elle a favorisé l'individualisme moral et l'idée des droits de l'Homme, portée par la philosophie des Lumières. Mais elle a aussi été utilisée par ceux qui aspiraient à la sacralisation du pouvoir politique et de la société. Le conflit qui oppose ces deux interprétations à la société a souvent été masqué par le fait que la formation de l'État national et républicain s'est opéré sous l'égide des droits humains et d'une religion civique qui déboucha sur les persécutions antireligieuses de la Terreur. De la même manière, la construction des dictatures communistes s'opéra au nom des droits et de la dignité des travailleurs. Processus qui évoque irrésistiblement l'accumulation des richesses et des privilèges par l'Église catholique ou par d'autres au nom du modèle évangélique.

Aujourd'hui, nous assistons à l'affaiblissement des institutions religieuses et à l'affirmation d'expressions moins institutionnalisées du sentiment religieux. La foi et la croyance placées dans un parti, une Église, une nation, etc., quittent la scène, et l'appartenance à la société perd de sa force communautaire. C'est le communautarisme lui-même qui attire les foules. La société n'est plus sacralisée ; le sacré s'accroche donc à nouveau aux communautés. Restent ainsi face à face des émotions de type religieux, ouvertes sur l'extérieur, touchant à des symboles d'universalisme, et des communautés sacralisées, surtout quand elles se définissent par des racines naturelles : ethnie, langue, etc. Une telle séparation de l'appel au sujet divin et de la gestion de l'économie et des institutions aboutit à individualiser et à rendre plus intime, plus passionné, le rapport du sujet à lui-même, tandis que le monde du sacré se réduit aux instruments de la puissance et n'y puise ni la capacité d'engendrer des réactions affectives ni la force nécessaire pour animer un débat où les idées auraient une grande force de mobilisation.

Le sujet et l'école

Il est grand temps, pour éviter toute représentation moraliste du sujet, de l'observer dans des situations sociales concrètes, cherchant sa voie au milieu d'autres logiques d'action, rejeté souvent, et pour des raisons contradictoires, mais imposant finalement sa présence. C'est vers *l'école* qu'il faut se tourner d'abord, parce qu'il s'agit d'un secteur de la vie sociale où s'affrontent non seulement des idées mais des choix opérés par les enseignants eux-mêmes, et surtout par les parents d'élèves qui sont convaincus que le choix d'une école a des effets profonds et durables sur toute la vie de leurs enfants. Mais si ce thème peut être abordé avec une certaine sérénité ici ou là, cela n'a certainement pas été le cas en France, où se sont affrontées aux XIXe et XXe siècles deux ou plusieurs écoles. Le cas français est d'un intérêt particulier, dans la mesure où le choc des idéologies a débouché sur une véritable guerre entre l'école laïque et l'école catholique. Au terme d'un siècle d'affrontement, une loi incorpora la plus grande partie de l'enseignement privé dans un grand service public de l'Éducation nationale, tout en reconnaissant aux écoles privées leur liberté d'organisation. Pour bien comprendre l'enjeu, il faut s'arrêter d'abord sur la notion de laïcité.

La *laïcité* fut et est un élément essentiel de ce qu'on peut nommer l'esprit républicain, c'est-à-dire la découverte des critères d'évaluation des individus et des institutions en termes de bien commun, d'intérêt public, de patriotisme, de normes sociales dominantes – et aussi de rationalité du savoir. Tous ses défenseurs n'ont pas conçu la laïcité en ces termes, mais cette conception républicaine a eu et a gardé une influence considérable. Cette redéfinition du bien et du mal par l'utilité ou la nuisance sociale, par la conscience ou l'indifférence à l'égard des devoirs de chaque citoyen envers sa collectivité locale ou nationale, s'est opposée à une conception de la société fondée sur les autorités traditionnelles et sur les croyances religieuses.

Le débat avait des enjeux concrets : qui allait former les élites dirigeantes, l'Église catholique ou bien l'école républicaine ? On croise ici les préoccupations de Jules Ferry et des principaux fondateurs de l'école laïque. Faut-il rappeler qu'en France ce conflit idéologique a pris un tour extrême avec l'affaire Dreyfus, lancée par l'association du catholicisme et d'un nationalisme poussé jusqu'à l'antisémitisme et qui a conduit l'armée à fabriquer des faux, à faire déporter injustement un de ses officiers, ce qui provoqua une réaction passionnée et finalement victorieuse des dreyfusards ? La séparation des Églises et de l'État entraîne, en France, la sacralisation du champ politique.

Mais si le principe de laïcité doit être accepté pleinement et entièrement, il ne faut pas pour autant accepter l'esprit « républicain », c'est-à-dire la limitation du champ de l'école à la préparation à la vie sociale, professionnelle et nationale. Une société moderne s'ampute d'une grande partie de sa créativité, mais aussi de son réalisme, si elle n'associe pas l'esprit rationnel avec la connaissance de l'histoire personnelle, psychologique et sociale de chaque individu, et avec l'ouverture au sujet personnel qui se nourrit d'une histoire et d'une mémoire collectives, des origines de la pensée religieuse autant que de toutes les luttes pour le renversement des dominations sociales, nationales et sexuelles.

Autant le rationalisme doit être constamment accepté dans une société pour que celle-ci soit moderne, autant il doit, loin de siéger au-dessus des autres composantes de la vie collective et individuelle, être impliqué dans tous les aspects de l'expérience humaine, y compris dans ceux qui lui résistent le plus. C'est ainsi que l'école ne doit pas mettre l'enfant au service de la société et ne doit pas être non plus un pur lieu d'apprentissage. Elle doit être au contraire un lieu de formation d'acteurs sociaux et plus profondément encore de sujets personnels. L'école ne saurait rejeter dans le domaine de la vie privée la religion, la sexualité, les engagements politiques, les traditions culturelles. Mais il est vrai qu'elle doit en même temps faire respecter la supériorité de la citoyenneté sur les communautarismes.

Que la frontière ne soit jamais facile à tracer entre cette ouverture et les limites à maintenir rend nécessaire l'instauration de mécanismes de réflexion, de délibération et de décision à l'intérieur des établissements scolaires et universitaires. Les difficultés de la tâche ne la rendent pas moins indispensable. L'important est qu'en chaque cas on cherche le meilleur compromis possible entre la diversité des cultures et des personnalités, d'un côté, et les garanties institutionnelles des deux fondements de la modernité : le rationalisme et la défense des droits personnels, de l'autre. La France d'aujourd'hui a choisi d'affirmer d'abord son refus du communautarisme ; c'est son droit, et ce choix me semble juste. Mais elle doit maintenant s'ouvrir bien davantage à l'expression publique des croyances et des cultures les plus diverses, comme aux caractéristiques singulières de chaque individu.

Si l'ordre politique a le pouvoir de définir et de faire respecter les règles de la vie sociale, il accorde souvent à l'esprit religieux vaincu la direction de la vie privée. Si les références religieuses ont ainsi disparu de la vie publique, il subsiste en général une tolérance par laquelle, de manière non explicite, la morale républicaine se limite elle-même à ce qui concerne la vie publique. Tel est le compromis : à la loi la vie publique ; à la religion, aux traditions et à la liberté individuelle la vie privée. Mais un tel compromis n'est acceptable pour aucune religion et pour aucune force spirituelle ou morale. Si l'on définit la laïcité par son silence sur les pensées religieuses ou morales, le domaine de la Morale républicaine se restreint beaucoup, se limite à rendre vivable la cohabitation d'individus et de groupes ayant des pratiques et des croyances différentes. La liberté de conscience se dégrade alors en pure tolérance. Il faut au contraire introduire le thème plus fort des *droits culturels*. Ceux-ci ne sont pas respectés là où domine une idéologie ou une religion d'État, mais ils sont aussi fortement restreints là où la société se considère comme la source du bien et du mal et impose une pensée et une morale républicaines. De là l'étonnante ignorance dans laquelle les élèves de bien des pays sont tenus de l'histoire et des croyances des religions, même de celle qui domine chez eux, et *a fortiori* des positions religieuses, philosophiques et théologiques qui exercent une plus grande influence dans des régions lointaines.

Ces idées sont assez éloignées de celles que professe le

laïcisme français hérité du XIXe siècle ; mais elles ne sont pas plus proches de celles qui donnent à tous la conscience d'appartenir à une société et à une morale d'inspiration religieuse. La différence entre ce qu'on peut appeler la conception américaine et la conception française de l'éducation est profonde. La conception américaine est plus intégratrice, puisqu'elle enseigne des valeurs et des normes en même temps que des connaissances ; la conception française tend au contraire vers un modèle plus intellectualiste d'enseignement, qui ne prend pas en compte la personnalité des élèves et leur situation sociale et culturelle, au nom de la volonté de traiter tous les élèves de la même manière.

On peut défendre l'idée que cette conception aide à la formation du sujet dans l'individu, en le définissant en dehors de sa situation sociale concrète, ce qui peut en effet favoriser un mouvement de créativité personnelle. Mais cette issue heureuse se produit surtout pour les élèves dotés, pour des raisons personnelles ou sociales, d'une grande capacité d'accueillir les messages culturels nouveaux. Il s'agit donc d'une conception élitiste, alors que la conception américaine favorise l'intégration de tous dans une vaste classe moyenne. Aucune des deux conceptions ne prend vraiment en compte ceux et celles qui doivent changer de culture, faire face à des conflits familiaux et qui se plient difficilement aux règles de la vie scolaire. Aucune des deux n'est orientée vers la subjectivation des enfants et des jeunes gens.

Il faut récuser le principe, si central dans l'école républicaine, selon lequel l'école est faite pour apporter à l'enfant une combinaison de pensée rationnelle et de socialisation, en tenant à l'écart ce qui relève de la vie privée.

Ce ne sont pas les intentions de cette pensée scolaire qui doivent être contestées, mais ses résultats effectifs. Cette distance égalitaire entre maîtres et élèves, associée à une définition par les enseignants de leur travail en termes de disciplines (mathématiques, histoire, chimie, etc.), favorise en effet les élèves provenant des milieux les plus instruits et issus des familles les plus aisées. Ceux qui proviennent de milieux pauvres et défavorisés – en particulier pour ce qui concerne la maîtrise de la langue nationale – ont de la peine à surmonter les obstacles dressés devant eux par le système scolaire, tandis que les autres sont aidés par leur famille et leur milieu à se repérer dans le monde professionnel, à faire des choix, à concevoir leur avenir. Le choix entre intervenir ou ne pas intervenir dans une telle situation ne doit pas être guidé par l'affirmation de la séparation entre la vie publique et la vie privée. Car il faut absolument que l'école prenne en considération les conditions dans lesquelles un enfant se forme une image de lui-même et de son avenir.

Si le mot sujet apparaît ici, à certains trop lourd, qu'ils ne l'emploient pas, mais convenons qu'il s'agit d'autre chose que de la « vie privée » – de la personnalité, en fait. Les recherches sociologiques ont montré que l'école obtient de meilleurs résultats quand les enseignants se définissent par leur rôle de « communicants » avec les élèves et avec les dirigeants administratifs de l'école, et non pas seulement par leur rôle professionnel d'« enseignants » en biologie ou en histoire.

Lorsque les enseignants se protègent derrière leur discipline pour faire face à des élèves en rupture de communication ou en position d'hostilité, les résultats sont mauvais. Cette importance des facteurs de réussite scolaire internes à l'école a été démontrée par François Dubet, qui s'est ainsi éloigné de la longue tradition qui se représentait l'école comme une boîte noire dont les résultats seraient entièrement déterminés par l'origine des élèves, en amont de leur entrée à l'école.

Il est nécessaire que l'école s'interroge sur son propre rôle, en particulier dans l'échec scolaire. Il faut insister surtout sur les obstacles rencontrés par les enfants issus des familles immigrées qui ne détiennent aucun capital culturel. Ces enfants ont de faibles possibilités d'ascension sociale, surtout à l'heure où l'« ascenseur social » s'est arrêté.

L'EXPÉRIENCE D'ÊTRE UN SUJET

En quoi consiste l'expérience personnelle du sujet ? S'agit-il d'une expérience intime, comme la conscience d'avoir une âme ou celle d'être placé en un lieu ou en un temps où la liberté humaine mène un grand combat, est exposée à de grands risques et oblige au courage et aux sacrifices ?

Dans l'histoire, le sujet s'est manifesté à travers des expériences dont l'importance était clairement ressentie. Aujourd'hui, le respect de la personne humaine et de la liberté a souvent été engagé dans des luttes où le bien affrontait le mal. J'emploie à dessein cette expression, qui peut pourtant prêter à toutes les facilités. Ceux qui sont morts en combattant un ennemi qui n'était pas seulement l'envahisseur étranger mais le tortionnaire, le raciste, et surtout ceux qui ont été des combattants volontaires ont su qu'ils représentaient plus qu'eux-mêmes et qu'ils sacrifiaient ou risquaient leur vie pour plus qu'eux-mêmes et leur communauté. Il est trop facile de refuser ces mots, de ne présenter les combattants et les morts que comme des victimes, Verdun et Stalingrad comme des abattoirs. Il se cache dans ce pseudo-réalisme un manque de respect intolérable. Il y a beaucoup moins de pures victimes roulées dans le non-sens de l'histoire ou les effets cachés des guerres pour le pétrole que ne le disent les esprits forts. Et il y a beaucoup plus d'hommes et de femmes qu'on ne le dit qui sont morts en combattant le mal et avec la conscience de se sacrifier, de protester, d'espérer. Dans les situations les plus dramatiques, il n'est pas facile de prouver des affirmations de ce type. Cependant, on ne peut plus dire aujourd'hui que les juifs de Varsovie, les morts-vivants d'Auschwitz, les déportés de la Kolyma et tant d'autres qui ont été anéantis avaient perdu toute humanité avant d'être jetés dans la mort. Ce n'est pas céder à une héroïsation infantile que de sentir, par les témoignages oraux ou écrits qui nous sont parvenus, que ceux qui ont été méprisés, insultés, réduits à la pire misère physique et morale ont gardé quelque chose de leur dignité, de leur volonté d'être humain, de l'esprit de solidarité. Comment penser que ceux qui sont morts en si grand nombre à Stalingrad en luttant contre la Werhmacht n'ont eu aucune conscience du rôle tragique et glorieux que leur avait attribué l'histoire en prenant leur vie, mais en faisant d'eux les acteurs d'une libération d'autant plus précieuse qu'eux-mêmes, ces soldats de Stalingrad combattaient sous l'uniforme d'un régime totalitaire ? Qui oserait réduire ces paysans-soldats de Stalingrad, aux combattants de l'armée de Staline ? Et qui peut dire qu'aucun d'eux ne sut rien de la mission historique qu'ils assumaient ?

Il est naturel que viennent d'abord à l'esprit les grands combats, car c'est dans ces situations qu'on peut apercevoir sur la plus grande échelle ce qui sépare la lutte contre un ennemi du combat pour la dignité humaine. Mais lorsqu'on se rapproche d'expériences plus personnelles, et donc moins spectaculaires, d'autres difficultés surgissent : comment distinguer la conscience du sens de l'expérience vécue de tous les mécanismes psychologiques par lesquels nous nous fuyons – ou au contraire sommes étouffés par l'amour de nous-mêmes ? L'expérience d'être un sujet se manifeste avant tout par la conscience d'une obligation à l'égard non d'une institution ou d'une valeur, mais du droit de chacun de vivre et d'être reconnu dans sa dignité, dans ce qui ne peut pas être abandonné sans enlever tout sens à la vie. Sens du devoir, de l'obligation, ces expressions sont employées par tous, mais il faut ajouter que se sent sujet seulement celui ou celle qui se sent responsable de l'humanité d'un autre être humain. C'est en reconnaissant les droits humains de l'autre que je me reconnais moi-même comme être humain, que je me reconnais des obligations à l'égard de moi-même. S'agit-il de conduites exceptionnelles, héroïques ? Il s'agit le plus souvent, au contraire, d'expériences personnelles vécues dans un cadre banal, celui de la famille ou de la relation amoureuse, ou de l'entourage immédiat du prochain. Mais individuelles ou collectives, ces expériences s'opposent en toute connaissance de cause à l'obéissance aux lois, aux coutumes et aux ordres des chefs.

Nous ne sommes pas constamment privés de la distance à nous-mêmes qui nous permet de nous regarder comme des sujets ; et cessons de jouer aux esprits forts et de devenir insensibles à ce qui constitue pour chacun de nous, pour l'intellectuel autant que pour tous les autres, la part la plus vivante de notre vie, l'interrogation la plus pressante sur notre expérience et le sens de nos choix et de nos espoirs.

C'est à un niveau intermédiaire entre les événements « historiques », et le rapport à nous-mêmes, c'est-à-dire dans le rapport à l'autre (qui peut prendre la forme du rapport aux autres) que l'expérience du sujet semble la plus fréquente et la plus vive. Beaucoup d'entre nous ont fait l'expérience de reconnaître en l'autre une présence qui dépasse celle de l'individu concerné. Nous sommes alors attirés par la présence illuminante d'une valeur humaine supérieure qu'un individu porte en lui.

Toutes ces remarques visent à rendre manifeste que les relations entre individus ou entre groupes ne sont pas seulement ni entièrement des relations sociales ; pas davantage des relations purement interindividuelles. Entre l'un et l'autre univers s'interpose ce qui donne un sens aux luttes de ceux qui veulent être acteurs et qui veulent aussi que les autres puissent l'être. L'idée de sujet fait apparaître en moi et en l'autre ce que nous pouvons avoir en commun.

C'est dans un regard, dans un croisement de regards, dans la force de la présence et l'intensité de la révélation ou de la possession que la présence du sujet et de la relation entre sujets se révèle. Notre vie vécue peut être assez contrôlée, soumise ou corrompue pour nous priver de toute présence du sujet et nous enfermer dans l'argent, la hiérarchie, ou la répression. Mais cette pauvreté, ce vide, ne sont pas inévitables. Que nous rencontrions l'émotion qui appelle la solidarité ou que nous soyons touchés par l'amour ou par l'espoir d'une libération, nous ne nous limitons pas à un réseau de statuts et de rôles, de gratifications et de punitions, d'acceptation ou de refus de l'ordre social. Notre vie cesse d'être entièrement sociale. Il n'existe pas de mouvement social qui ne nous fasse pas sortir de l'ordre social, au nom de la liberté, de l'égalité, de la justice ou de toute expression de la présence du sujet en nous et entre nous.

Une conséquence directe de la distance qui existe entre le sujet et l'organisation sociale est que la présence ou l'absence du premier ne dépend pas des catégories sociales considérées. Ni les jeunes ni les vieux, ni les riches ni les pauvres ne sont plus près d'être des sujets que les autres. Formulation qui contredit d'abord l'idée si souvent exprimée au XVIIIe siècle que le peuple ne pense pas, si ce n'est à un niveau élémentaire, celui de la faim, de la peur ou de la jouissance. Cette conscience de classe extrême ne correspond plus à nos idées, même chez les plus conservateurs. Nous sommes plutôt habitués par la tradition chrétienne et l'histoire révolutionnaire à considérer que les pauvres, ceux qui souffrent et ceux qui sont en esclavage, sont davantage porteurs de l'esprit de libération (et donc de subjectivation) que les riches, prisonniers qu'ils sont de leur richesse et coupables souvent de la souffrance des autres.

Les premiers seront les derniers. Si important que soit le message, il ne peut pas être complètement observé, on ne saurait lier le sort du sujet à l'organisation sociale, fût-ce au prix d'un renversement de hiérarchie. Le bien et le mal peuvent apparaître partout, même s'il est vrai que la nature du bien et du mal ne peut pas être définie sans référence directe à la liberté, à l'égalité, à la justice. Le sujet ne déploie pas ses ailes au-dessus de la société ; il n'est pas non plus pris dans ses règles et ses hiérarchies. Il est présent dans la société et dans l'histoire, dans les relations collectives et interpersonnelles, mais il y évolue aussi comme une exigence, une protestation, un espoir.

Le sujet vit dans le monde mais il n'appartient pas au monde. C'est pourquoi l'idée de sujet est une arme tellement puissante contre le racisme. Si un groupe social ou national s'identifie au bien absolu, à un dieu, à l'avenir ou au progrès, il doit inventer le contraire de lui-même. La croyance en un dieu induit celle en un diable ou en tout autre principe du mal. C'est ainsi que l'Occident, qui s'identifiait à la raison, au progrès et aux Lumières, a inventé l'Orient, qui est, selon l'analyse classique d'E. Said, le lieu de la déraison, tourné vers le passé plus que vers l'avenir, et vers le particularisme plus que vers l'universalisme. La chrétienté a d'abord rejeté le juif dont les chrétiens s'étaient séparés alors que Jésus lui-même était un juif, en accusant les juifs de déicide. Ensuite l'Occident en expansion, et capable de conquérir le monde, a vu dans les colonies le contraire de ce qui avait permis à l'Occident de triompher. Le monde colonisé, et singulièrement le monde arabe, est devenu le lieu du Mal, celui qui menace l'empire du Bien comme le proclame le président Bush. L'élimination de ce couple dangereux – Dieu et diable, pur et impur – rend impossible tout racisme, qui suppose toujours que tout le sens se tient d'un côté et que l'autre côté incarne le non-sens. Le rejet de l'autre défini comme autre est d'autant plus fort que la définition de soi est plus religieuse. De là la forme extrême de l'antisémitisme dans un monde où la ségrégation est imposée (*shtetl*, ghetto). Plus l'opposition est sociale et politique, moins le racisme est fort. De là la transformation des courants anti-arabes. Relation lointaine (sauf pour les colons) et surtout sociale, elle se transforme en une relation de proximité. De politique elle devient religieuse, et l'attentat religieux est devenu la source des réactions de rejet les plus fortes.

C'est l'évolution inverse qui s'est produite pour les Juifs : une hostilité religieuse s'est transformée en conflit social, jusqu'à ce que le conflit israélo-palestinien place au premier plan le conflit politique. Au-delà de la reconnaissance de l'autre, expression qui peut rester vague, l'important est que l'appel au sujet soit partout présent, c'est-à-dire qu'il y ait reconnaissance par tous des conditions générales de la modernité. Les Juifs sont entrés massivement dans la modernité ; les Arabes sont restés le plus souvent en dehors d'elle, ce qui a créé une distance infranchissable que les Israéliens et la diaspora interprètent comme leur supériorité et que les autres jugent comme l'expression d'une domination et d'une exploitation. Il faut le rappeler constamment : la communication interculturelle suppose la reconnaissance par les parties en présence d'attributs universels dans les deux camps, car leur opposition est alors limitée par la reconnaissance d'éléments qui permettent à la fois le débat et la négociation.

L'ANTI-SUJET

Ceux qui étudient les conditions de la paix sociale ou de l'ascension sociale ont souvent identifié l'adversaire principal de tous ces processus dans la violence qui détruit ce qui avait été construit et qui désintègre la société. C'est pourquoi ce thème a eu tant d'importance pour la sociologie. Le XXIe siècle s'est ouvert sur une vague de peur devant la sexualité, de demande croissante de protection contre les déviants de tous ordres, comportements bien modérés après un siècle, le XXe, qui vit triompher partout la violence, des champs de bataille aux camps d'extermination. Mais il n'y a pas de raison de considérer *toutes* les horreurs commises par la violence comme autant d'attaques contre le sujet. En revanche, il existe bel et bien un noyau central de violence qui échappe à la détermination sociale. Michel Wieviorka l'a si bien compris que dans un livre récent (*La Violence*, 2004), où il présente l'ensemble des travaux consacrés à la violence, y compris les siens, il éprouve le besoin de renoncer au type d'explications qu'il a lui-même contribué à diffuser. C'est que la violence atteint parfois un niveau extrême, traduit une volonté de détruire et d'humilier, de rejeter des populations hors de l'ensemble humain, qui ne trouve pas d'explication suffisante dans la crise de la société. Wieviorka nomme sans hésiter ce noyau de la violence qui excède toutes les significations sociales de celle-ci : *cruauté*.

Elle est partout. Elle frappe à Auschwitz, se révèle dans les assassinats à la machette des Tutsis et d'une partie des Hutus par d'autres Hutus, ou dans l'assassinat de deux des sept millions des habitants du Cambodge. Et cette cruauté s'observe aussi dans les prisons, les hôpitaux psychiatriques, les hospices de vieillards, les centres d'accueil pour handicapés ou gamins des rues, etc.

Nous ne sommes plus ici dans l'ordre social : les victimes de la cruauté ne sont pas rejetées par la société, elles sont éliminées de l'humanité parce que celle-ci est identifiée à une nation, à une armée, à un parti ou à une religion. La cruauté n'est pas nécessaire pour détruire des adversaires – ou même des ennemis ; elle se déchaîne pour déshumaniser l'être humain, pour écraser son visage et le réduire à une masse sanglante de chair et d'os qui n'a plus rien d'un être humain. Michel Wieviorka a fait avancer la sociologie en découvrant dans la cruauté l'anti-sujet, comme d'autres avaient vu dans la violence l'anti-société.

Le choc émotionnel que provoque en nous la cruauté, fondé sur la conscience angoissante de ne pas pouvoir l'expliquer, est dû à la sensation de nous trouver au bord d'un précipice. Au fond de celui-ci on n'aperçoit pas de crise sociale, mais une nature humaine que nous ne nommons ainsi que pour signifier qu'elle ne se réduit pas aux effets psychologiques de l'organisation sociale. De là l'importance décisive d'une réflexion sur la cruauté puisqu'elle nous renvoie directement, par-dessus les médiations sociales, à l'idée de sujet.

Une ultime réflexion s'impose ici, trop lourde peut-être pour les épaules d'un sociologue. S'il faut en fin de compte en revenir au sujet, il faut aussi prononcer le nom par excellence de l'anti-sujet : le *mal*. Ce mot semble nous enfermer dans une vision religieuse ou une autre conception de l'univers, d'où le thème du sujet semble exclu. La réponse à cette objection est qu'il n'y a pas plus de mal que de bien, de Dieu ou de diable. Il y a ceux qui découvrent le sujet en eux et dans les autres : ils sont ceux qui font le bien ; et ceux qui cherchent à tuer le sujet dans les autres et en eux-mêmes : ce sont eux qui font le mal. Celui-ci n'est pas une essence mais le produit d'une action humaine. Il y a chez ceux qui font le mal une volonté d'humiliation et de dégradation qui va plus loin que la volonté de tuer. Pendant très longtemps nous n'avons pas pu nous approcher d'un Dieu sans passer par une Église. Aujourd'hui, les philosophies morales ne passent plus par les Églises, en ruine ou délaissées. Et c'est par la conscience du mal que nous entendons l'appel au sujet.

Mais il faut ensuite redescendre vers les formes moins extrêmes de la destruction du sujet. L'appel à des forces ou à des impératifs supérieurs au système social tend constamment à prendre une forme négative aux conséquences dangereuses, dès lors que ces orientations sont identifiées à des institutions douées d'un pouvoir de décision et de répression. Jamais, en effet, une Église, un parti, un syndicat, une université ne peuvent être identifiés à un sujet, et cela d'autant moins que celui-ci se définit par le dépassement et la critique des normes et des règles qui se donnent pour but le renforcement de l'institution ou de l'organisation. Pour autant nous ne pouvons pas nous contenter des discours usuels – et nécessaires – du type « antibureaucratique » contre les moyens qui se prennent pour des fins. Car l'Église qui organise la croyance en un Dieu, le parti qui prépare la révolution, le centre de recherche qui organise une découverte jouent en effet toujours un double rôle : ils donnent forme sociale aux conduites qui visent Dieu, un changement de société ou le progrès de la science, mais en même temps ils font écran entre les participants et leurs valeurs en substituant à la transcendance un utilitarisme qui les renforce et même les légitime.

Ces observations nous sont trop connues pour que nous puissions les rejeter ; trop connues aussi pour que nous puissions nous en satisfaire car il est peu de mouvements sociaux importants sans organisation ou même sans un parti d'appui et, de la même manière, les croyances religieuses et les élans mystiques eux-mêmes sont fortement liés à des institutions religieuses, à des Églises, des cultes ou des sectes. C'est pourquoi s'impose ici cette question sérieuse : pour quelle raison nous sentons-nous portés à fournir une explication non sociologique de la religion sans pour autant céder à la facilité intellectuelle qui consisterait à s'abriter derrière l'existence objective d'un message divin ou des interventions de forces suprahumaines dans la vie humaine ? De la même manière : pour quelles raisons sommes-nous insatisfaits des explications des mouvements sociaux en termes proprement sociaux, telles qu'elles sont données, par exemple, par ceux qui les expliquent par un déséquilibre entre ce que chacun apporte et ce qu'il reçoit ? Bien des sociologues étudient les mouvements sociaux en se contentant d'analyser la manière dont ils mobilisent les ressources – adhésions, ressources financières, alliances, moyens de communication.

Il est facile d'opposer à ces approches celle qui accorde une place centrale à l'idée de sujet. Mais pouvons-nous expliquer pourquoi nous adoptons cette manière de penser, pourquoi nous nous référons au sujet plutôt qu'à la société ou à un dieu ? La question est d'autant plus délicate que je ne puis évidemment pas y répondre en avançant l'argument pseudo-historique selon lequel de plus en plus de gens pensent ainsi et sont en quête d'une foi religieuse ou d'un mouvement social qui ne seraient expliqués ni par une réalité historique objective ni par « les fonctions » des institutions à travers lesquelles se manifestent telles conduites religieuses ou tels mouvements sociaux.

Aucune des deux réponses le plus souvent affirmées n'est satisfaisante. Si la religion est une manière de sacraliser la société, pourquoi ne pas se contenter de parler de société ? Et si la religion repose sur une révélation, pourquoi celle-ci se transforme-t-elle en une Église ? Au contraire, si je vois dans la religion la projection d'un sujet humain faible, presque impuissant, dans un au-delà lointain, je pose à la fois cette extériorisation du sujet et son lien à une expérience sociale collective, autrement dit à des formes d'organisation et de pratique situables historiquement. Telle est la raison principale pour laquelle je parle des sujets comme d'un principe qui échappe au niveau de l'organisation sociale et aussi comme une force mobilisatrice de croyances, de ressources, de solidarité et de sacrifices. Entre le monde des dieux et celui des sociétés il y a le monde du sujet, c'est-à-dire l'univers de la réflexion de l'homme sur l'homme créateur. Le sujet est prisonnier mais aussi libérateur.

Le sujet peut être détruit non seulement par le pouvoir,

les organisations ou l'argent ; il peut aussi l'être par lui-même. Car plus les garants métasociaux, transcendants du sujet disparaissent et plus le sujet doit assumer directement, sans médiation institutionnelle, la tâche de se distancier de son environnement social. Le sujet risque ainsi de se surcharger de tâches et de s'étouffer lui-même. Nous avons hérité de la sociologie classique l'idée d'anomie, c'est-à-dire de ces crises de l'organisation sociale qui provoquent une crise de la personnalité. Aujourd'hui, ce n'est plus du côté de la société mais du sujet lui-même et de sa conscience de soi que nous cherchons la cause des troubles de la personnalité. Alain Ehrenberg a exploré cet immense territoire où se déploie une nouvelle analyse des maladies mentales. Analyse qui rejoint les expressions par lesquelles nous reconnaissons notre inaptitude à séparer complètement ce qui relève du sujet et ce qui appartient au soi ou encore au moi. De la même manière, un croyant doit séparer ce qui relève de sa foi de ce qui relève des pratiques religieuses comme un militant ouvrier doit faire la différence entre les revendications qui concernent les droits syndicaux et celles qui procèdent de la conscience de classe. Il est fréquent que des efforts ambigus, plutôt qu'entièrement mauvais, contribuent à détruire ce qu'il faudrait protéger et rapporter.

Souvent, il est plus facile de comprendre ce qu'est le sujet en décrivant les effets de son absence qu'en saluant ses projets et ses discours, car la marche vers un idéal ne peut être accomplie sans la mobilisation d'un pouvoir, d'une autorité, d'une stratégie. Quand l'analyse sociologique s'organisait autour de l'idée de société ou de système social, l'idée d'anomie et plus généralement celle de crise de l'organisation sociale nous faisaient bien comprendre la nature de ce qui était détruit. L'absence du sujet, ou plutôt la perte du sujet, est la perte de soi-même, l'ensemble des conduites qui ne se réfèrent à aucun sens. Dans l'un des plus beaux films du *Décalogue* de Krzysztof Kieslowski, un jeune homme, presque toujours silencieux, donne la mort, assassine un chauffeur de taxi puis, condamné à mort, est exécuté en n'ayant confié à son avocat que la photo de sa sœur, tuée quelques années plus tôt dans un accident. Ce qui accroît encore notre ignorance de ce qui a fait de lui un tueur et un supplicié. Cette absence de « psychologie » touche à l'essentiel : c'est bien du sujet humain et de sa disparition, et non de l'organisation sociale et de ses crises, qu'il s'agit, et la présence tragique du non-sujet nous fait mieux comprendre qu'il n'y a pas d'autre expression du sujet que la marche vers lui, vers soi-même, le détachement des liens sociaux, comme nous y ont si souvent invités les religions.

Entre les dieux et les sociétés

Entre, d'un côté, l'idéalisme des visions religieuses et, après elles, des grandes utopies modernes (la République égalitaire, la société sans classes, le progrès sans fin), et, de l'autre, l'analyse non normative, descriptive des hiérarchies, des dominations, des crises et des formes de conscience collective, en un mot entre les dieux et les sociétés, s'étend le vaste domaine du sujet qui pénètre profondément dans celui des dieux et dans celui des hommes mais qui jouit d'une unité propre et ne saurait être réduit ni à un Olympe, ni au fonctionnement d'une société.

Le domaine du sujet est celui dans lequel l'homme réfléchit davantage sur lui-même et se place en position de créateur de lui-même au prix souvent d'un dédoublement par lequel l'homme conscient crée l'homme créateur. Cette distance entre l'un et l'autre se réduit de plus en plus à mesure que les hommes sont davantage capables de transformer leur environnement et surtout eux-mêmes. Mais que cette distance s'abolisse, la séparation du créateur et du créé n'en disparaît pas pour autant ; c'est alors au contraire que l'homme devient sujet sans aucun déguisement et se sent engagé dans l'invention et la défense de lui-même comme créateur.

Longtemps nous avons mieux perçu les déguisements du sujet que lui-même, ses incarnations que son « âme », mais à mesure que les cieux se vidaient et que l'âme, privée de toute origine extérieure, n'était plus que la conscience de soi, l'image du sujet, de l'homme pour soi, est devenue de plus en plus nette. À mesure que les religions déclinaient, l'espace du sujet se remplissait et la morale remplaçait ce qui avait été le domaine des dieux.

L'erreur du rationalisme matérialiste a été de croire qu'une fois disparue la superstition, la raison triompherait et la morale serait, comme le reste de nos activités, régie par les impératifs de la raison et par les lois de la science. Nous sommes assez avancés dans cette évolution, c'est-à-dire dans la modernité, pour savoir que la raison n'a pas été la seule bénéficiaire de la modernité et que l'idée des droits individuels, toujours présente dans la pensée occidentale, s'est s'affirmée de plus en plus fortement sous l'influence de la philosophie des Lumières. Nous voyons même le jugement moral regagner du terrain face à la pensée technique et scientifique. Le mouvement écologiste nous a appris à reconnaître nos devoirs à l'égard de la nature, ce qui ne nous a pas conduits à fondre la culture dans la nature, mais au contraire à faire pénétrer le jugement moral jusque dans le domaine de la nature.

Nous sommes plus habitués à entendre le discours contraire, à découvrir en nous les forces qui échappent à notre volonté, que nous les nommions pulsion et libido, Éros et Thanatos, ou encore la volonté de puissance que Nietzsche voulait libérer de la morale des faibles imposée par le christianisme. Ces pensées, qui ont nourri et dominé le XXe siècle, ne sont pas opposées en tous points aux idées que je défends. Quand la loi et l'autorité paternelle exercent leur pouvoir de refoulement, nous pouvons certes penser que c'est le ça qui est refoulé, mais je pense que c'est tout autant (et plus encore même) le sujet, qui vit en lutte permanente avec les normes et les pouvoirs de la société. Et dans la volonté de puissance elle-même, je peux apercevoir l'appel à la création de soi par soi et le rejet de toute soumission à des commandements extérieurs, en particulier divins.

Là où le monde des dieux domine les hommes, il n'y a pas de place pour le sujet. Les esprits religieux qui cherchent à se fondre dans l'univers, à s'identifier au grand Tout sont au plus loin de l'idée de sujet et le savent. De la même manière, tout ceux qui s'identifient à une action technique ou au service d'une des fonctions du système social vivent dans un monde étranger à celui du sujet. Le plus souvent, ils nient d'ailleurs l'existence du sujet.

Lorsqu'on compare la société industrielle, d'un côté, et les pouvoirs religieux, de l'autre, il apparaît clairement que le sujet occupe une place beaucoup plus grande dans nos sociétés que dans d'autres. Constatation qui est renforcée par celle qui a déjà été faite, à savoir que le système social se décompose et que face aux forces impersonnelles du marché et de la guerre le sujet est le seul acteur susceptible de s'opposer à elles. Mais il n'est pas de royaume du sujet. La conscience que celui-ci a de lui-même ne peut pas être complète, car les deux faces du sujet, le créateur et le créé, se confondraient alors. Le sujet est toujours un retournement, une réflexion sur soi-même. Et il a besoin de conserver une certaine distance par rapport à ces pratiques pour se rapprocher du monde des dieux – sans y pénétrer cependant.

L'homme ne devient pas un homme-dieu. Au contraire, il maintient une double distance avec le monde divin et le monde social. Mais c'est bien lui qui occupe la place centrale. Il ne se réduit jamais au moi, et surtout mène un travail constant de subjectivation, c'est-à-dire de découverte du sujet dans toutes ses conduites et dans toutes les situations dans lesquelles il intervient.

Le risque de contresens sur le mot *sujet* existe-t-il encore ? Il a été employé par Michel Foucault et d'autres au sens de la sujétion à laquelle est soumis le sujet du roi. J'entends au contraire par processus de subjectivation la construction par l'individu ou le groupe de soi-même comme sujet.

Le vieux mot français d'*institution*, employé au sens d'éducation par exemple par Calvin, correspond à la même idée de création de soi. Tout sujet n'est pas un propagandiste de lui-même ; au contraire, tout sujet oscille entre la reconstruction de l'environnement et le rapport à soi. Ce qui indique qu'il n'est jamais enfermé en lui-même et jamais non plus identifié à une œuvre de transformation de son environnement. L'activité double du sujet est là. Le narcissisme conduit à sa disparition ; au contraire, la vue de son image peut le renvoyer à son action ou à sa réflexion, sans qu'il soit menacé pour autant de se réduire à lui-même et de se perdre dans ses œuvres.

La reconnaissance de l'homme comme sujet conduit à la question : qu'est-ce qu'un homme qui n'est pas un sujet ?

Il n'y a rien à dire de l'homme qui se prend pour un dieu : il disparaît dans un nuage. Mais que dire de celui qui se perd dans la quotidienneté, sous le stress des sollicitations permanentes, dans la recherche des petits plaisirs qui nous semblent la seule compensation possible à l'absence d'un grand bonheur ? Faut-il accepter une vie si médiocre ? Oui, et d'autant plus que nos vies ne sont pas aussi médiocres que nous le pensons nous-mêmes.

Elles ne sont pas faites seulement d'échecs. Pourquoi parlerait-on d'échecs s'il n'y avait pas d'abord projet, exigence, effort, sacrifice à travers lesquels nous saisissons notre effort de subjectivation ? Le monde humain n'est pas désert ; il est rempli de ruines, de champs de bataille, d'hôpitaux pleins de cadavres, et aussi d'ordres absurdes et de positions arbitraires, mais aussi de désir de vivre et de se libérer. Et plus encore peut-être de réflexion constante sur ce qui donne la vie et sur ce qui donne le mal. Quels sont les thèmes qui nous retiennent le plus aujourd'hui ? L'avortement, le clonage, le mariage gay, l'euthanasie. Un individu qui sent disparaître son humanité doit-il pouvoir demander une aide pour mettre fin à sa vie ? Si nous admettons que des douleurs intolérables justifient une telle attitude, comment pourrais-je ne pas accepter qu'un homme ou une femme refuse d'être entraîné dans la déshumanisation – n'être plus capable de se regarder comme un être libre et capable de projets et de choix ? Oui, l'euthanasie doit être reconnue comme un droit, et toutes les précautions doivent être prises pour que rien ne vienne interférer avec la volonté de celui qui se sent devenir incapable de volonté. Et ces thèmes « privés » sont fondamentalement de même nature que les problèmes qui agitent la vie « publique » : la guerre, la conquête, la violence, l'exil – mais aussi la libération.

CHAPITRE II

Les droits culturels

DROITS POLITIQUES ET DROITS CULTURELS

La décomposition de la société, considérée comme un organisme dont chaque élément remplit une fonction, qui élabore ses buts et les moyens nécessaires pour les atteindre, qui socialise ses nouveaux membres et punit ceux qui ne respectent pas les normes, conduit dans notre type de société à un individualisme qui résiste à l'application des règles de la vie collective et leur substitue les lois du marché, où se manifestent des préférences multiples, changeantes, mais influencées par la publicité commerciale autant que par les politiques publiques.

Pourtant, un autre type de changement se fait jour et c'est lui qui retiendra ici notre attention : la revendication des *droits culturels* qui concerne, en premier lieu, des collectivités.

MINORITÉS, MULTICULTURALISME, COMMUNAUTARISME

Évoquons d'abord le cas des États multinationaux, c'est-à-dire celui des minorités nationales qui réclament certains attributs de l'indépendance. Les pays de l'Europe ex-soviétique appartiennent le plus souvent à cette catégorie. Les

Hongrois, en particulier, forment, en dehors de la Hongrie, des minorités importantes en Slovaquie et en Roumanie. Extrême est le cas des Kurdes présents dans plusieurs États ; mais il est vrai que toutes les minorités kurdes ne revendiquent pas la création d'un grand Kurdistan, idée défendue surtout par les Kurdes de Turquie, alors que ceux d'Irak sont parvenus à obtenir des avantages du gouvernement de Bagdad. On peut placer aussi dans cette vaste catégorie la Catalogne et le Québec, qui sont des quasi-États mais à l'intérieur d'un État qui conserve certaines prérogatives – en particulier sur le plan international. Ces minorités défendent toujours leurs droits culturels, en particulier l'usage de leur langue, à l'école et dans la vie administrative. Elles s'identifient parfois à une confession religieuse et le chef de l'Église en question joue alors souvent un rôle politique de défense de la communauté.

Tous ces problèmes sont vécus avec passion et ont été à l'origine de bien des conflits sanglants. Plus sanglants encore quand la structure nationale fait défaut, comme dans la région des Grands Lacs en Afrique ou, pour des raisons différentes, en Yougoslavie quand s'écroula le mini-empire serbe. Ces problèmes existent depuis longtemps et ont joué un rôle de premier plan dans les plus grandes crises internationales, en particulier dans le déclenchement de la Première Guerre mondiale.

Mais quand nous discutons aujourd'hui de ce qu'on nomme le *multiculturalisme*, ce n'est pas à ce type de situation que nous pensons d'abord. Ce n'est pas non plus à un conflit comme celui qui oppose Israéliens et Palestiniens, puisque les Palestiniens qui habitent Israël et jouissent de la nationalité israélienne n'ont pas grand poids, tandis que ceux qui luttent pour la création d'un État palestinien (ou même pour l'élimination de l'État d'Israël) ont une grande influence. Nous pensons d'abord aux situations les moins institutionnelles, à la formation ou au développement de ces

« communautés » et de ces minorités formées à la suite de migrations, d'expulsions et d'exils.

Ce qui est nouveau, c'est que des groupes définis nationalement, ethniquement ou sur une base religieuse, qui n'avaient d'existence que dans la sphère privée, acquièrent maintenant une existence publique assez forte parfois pour mettre en cause leur appartenance à telle société nationale. Le phénomène est d'autant plus visible que les États concernés refusent plus fortement de reconnaître l'existence de ces minorités, comme la République française, qui a toujours offert aux immigrés de se fondre dans la communauté nationale, considérée comme porteuse de valeurs universelles. De manière plus extrême, la Constitution des États-Unis est réputée *ethnically blind*, ce qui explique en partie la force des mouvements sécessionnistes parmi les Afro-Américains au long de l'histoire. Or, nous vivons l'affaiblissement des communautés nationales et le renforcement des communautés ethniques. Même dans une France très vigilante à l'égard de l'antisémitisme, et où l'ascension sociale des juifs a été spectaculaire pendant les dernières générations, on a vu reparaître un certain communautarisme juif, et tel notable qui se présentait comme Français juif préféra ensuite se définir comme un juif français – et même comme un juif en France. Ce phénomène est le plus général, le moins directement politique et, apparemment au moins, il nourrit des positions relativement modérées.

Ne confondons donc pas cette vaste tendance liée à l'importance croissante des migrations internationales et à la formation de nouvelles nations avec le *communautarisme*, défini au sens strict par le pouvoir des dirigeants de la communauté d'imposer des pratiques et des interdits à leurs membres. Ce qui limite le droit civique des hommes et des femmes concernés, et crée, selon la bonne expression de W. Kymlicka, des « restrictions internes ».

Considéré dans son principe, le communautarisme s'est

défini par opposition à la *citoyenneté*, si clairement même que, dans la mesure où la citoyenneté se définit elle-même par l'exercice de droits politiques dans un pays démocratique, le communautarisme porte une atteinte évidente aux libertés individuelles. Du coup, de ce point de vue, les libéraux ont raison de combattre sans réserve le communautarisme. Mais l'erreur serait de croire qu'une telle défense de la citoyenneté contre les communautés règle le problème des minorités.

C'est la raison pour laquelle, afin d'éviter de tels malentendus, je crois plus juste de parler de « droits culturels » à leur propos, ce qui contraint les démocraties à réfléchir sur elles-mêmes et à se transformer pour reconnaître ces droits comme elles se sont transformées, non sans conflit majeur, pour reconnaître les droits sociaux de tous les citoyens. Les droits culturels sont en fait positivement liés aux droits politiques, et donc à la citoyenneté, que le communautarisme contredit.

En ce début d'analyse, la lecture de Kymlicka, dont l'autorité dans l'étude des minorités est bien établie, nous aide à opérer un choix important : allons-nous étudier les minorités, la défense de leurs droits et la manière dont elle s'inscrit à l'intérieur des droits politiques de tous ? Notre thème sera-t-il plutôt : les droits culturels ? Mon choix se porte clairement sur la seconde formulation, tant la première nous replace dans le cadre d'une sociologie du système social, des rapports entre majorité et minorités, des conditions de la justice sociale, tandis que la seconde est centrée sur le sujet. Ce choix entre le point de vue du système social et celui du sujet commande le mouvement de mon analyse.

Depuis que la production de masse a pénétré, après le domaine de la fabrication industrielle, ceux de la consommation et de la communication, et depuis que les frontières et les traditions sont débordées par la distribution des mêmes biens et services dans le monde entier, d'immenses pans de nos conduites, que nous pensions protégés par leur inscription dans la sphère privée, sont exposés à la culture de masse et par là même menacés. C'est dans le champ culturel que se forment les principaux conflits et les revendications dont les enjeux sont les plus lourds. Cette catégorie, la culture, semble d'abord assez hétérogène : la dépendance culturelle concerne d'abord les pays les plus dépendants, mais aussi les minorités ethniques, religieuses ou sexuelles. Elle est visible plus encore dans les grandes villes, où de graves menaces pèsent sur l'environnement. Enfin et surtout peut-être, elle est le plus visible dans les revendications des femmes, qui veulent faire reconnaître leur double demande d'égalité et de différence en tant qu'elle est porteuse d'un changement plus profond que ceux auxquels nous a habitués la société industrielle.

Le plus important est de bien comprendre qu'on ne peut pas considérer les droits culturels comme une extension des droits politiques, dans la mesure où ceux-ci doivent être accordés à tous les citoyens, tandis que les droits culturels protègent, par définition, des populations particulières. C'est le cas pour les musulmans, qui exigent le droit de faire le ramadan ; c'est aussi le cas des gays et lesbiennes, qui réclament le droit de se marier. Il s'agit bel et bien ici non plus du droit d'être comme les autres, mais d'être autre. Les droits culturels ne portent pas seulement sur la protection d'un héritage ou la diversité des pratiques sociales ; ils obligent à reconnaître, contre l'universalisme abstrait des Lumières et de la démocratie politique, que chacun, individuellement et collectivement, peut construire des conditions de vie et transformer la vie sociale en fonction de sa manière de combiner les principes généraux de la modernisation et des « identités » particulières.

On parle souvent, à ce propos, du droit à la différence. Mais cette expression est si incomplète qu'elle en devient dangereuse. En fait, il s'agit du droit de combiner une différence culturelle avec la participation à un système économique de plus en plus mondialisé. Ce qui exclut l'idée que la modernité trône au-dessus de tous les acteurs sociaux, et tout autant celle qu'une seule culture serait capable de répondre aux exigences de la modernité.

Si les droits culturels mobilisent plus fortement que les autres, c'est parce qu'ils sont plus concrets et qu'ils concernent toujours une population particulière, presque toujours minoritaire. Mais du coup, leur revendication expose aussi à de grands dangers, ceux que font courir tous les particularismes : bref, ils menacent le principe même du « vivre ensemble ». L'idée de droits culturels semble, en outre, s'opposer directement à celle de citoyenneté. Cette réflexion n'est pas nouvelle : elle a déjà été faite à propos de la reconnaissance des droits sociaux, car ceux-ci se réfèrent également à des catégories particulières, parfois très larges, comme l'ensemble des travailleurs salariés, mais parfois beaucoup plus restreintes quand il s'agit des mineurs de charbon, des dockers ou des ouvriers boulangers. Et bien souvent, en effet, l'appel aux droits sociaux a nourri le corporatisme et la défense des intérêts professionnels. De manière plus générale et plus dramatique, cet appel aux droits sociaux a souvent été lancé par des organisations de classe dont beaucoup ont été jusqu'à dire que la démocratie la plus complète était la dictature du prolétariat et que les droits politiques ne pouvaient être accordés qu'à ceux qui vivent de leur travail et non du capital, c'est-à-dire du travail des autres. Cette logique de pensée et d'action a dominé une grande partie du mouvement ouvrier pendant un siècle, tandis que la recherche d'un compromis entre l'universalisme des droits et le particularisme des intérêts n'avançait que lentement vers les solutions social-démocrates.

Mais la référence aux droits culturels fait appel à des totalités concrètes définies plus solidement et profondément que la citoyenneté – ou même que l'appartenance à une classe. C'est pourquoi on trouve dans les mouvements féminins beaucoup plus que la revendication des droits politiques ou même que l'égalité économique ; de même, les populations immigrées ne protestent pas seulement contre l'exploitation économique et contre l'arbitraire policier.

Cette continuité des luttes pour les droits autant que le changement et l'élargissement de la nature de ceux-ci peuvent être interprétés comme l'intériorisation par étape des normes qu'il faut respecter et des châtiments que doivent subir ceux qui ne les respectent pas. Comme l'a si bien analysé M. Foucault, la vision spectaculaire des tortures est remplacée par l'enfermement et l'isolement. Dans le même esprit, il a vu dans la libération des « fous » la soumission de ceux-ci à des traitements physiques puis chimiques – ou même psychologiques. Ce qu'il faut ajouter à cet ensemble d'études qui ont profondément marqué les sciences humaines et la pensée des réformateurs sociaux est que la destruction de chaque mode d'enfermement et de contraintes est également lié à l'intériorisation des contraintes, à l'affirmation du droit à la liberté ou à la justice, qui, du coup, s'étendent et se font de plus en plus concrètes. La conquête des droits politiques a été associée à la création de républiques où le peuple exerce la souveraineté. Celle-ci peut se renverser en un autoritarisme personnel ou collectif ; elle n'en a pas moins été la référence de toutes les luttes démocratiques. Le passage des droits politiques aux droits sociaux puis culturels a étendu la revendication démocratique à tous les aspects de la vie sociale, et par conséquent à l'ensemble de l'existence et de la conscience individuelles. Plus les contraintes sont imposées aux individus dans tous les aspects de leur vie, et plus s'impose l'idée d'un individu sujet de droit et dont la résistance ou les luttes sont menées au nom de cette individualité, de ce droit à être soi-même.

C'est ici que s'opère la liaison entre le premier thème, celui de l'extension et de la transformation des contraintes exercées par les valeurs, les normes et les formes d'organisation, et le second, c'est-à-dire l'unification et l'individualisation de la personne qui non seulement résiste aux contraintes externes, mais surtout se substitue à tout principe transcendant et s'affirme comme étant à la fois le but de sa lutte et ce qui lui donne sa force. On n'assiste pas à un déplacement des champs de conflit, mais à leur intégration jusqu'au moment où c'est au nom du je lui-même, et non de luttes particulières, que les divers mouvements sociaux se combinent et s'intègrent les uns aux autres jusqu'à s'engager consciemment dans une lutte centrale entre des demandes sociales et culturelles, d'un côté, et, de l'autre, des forces que l'on peut appeler naturelles, c'est-à-dire non sociales, comme la violence, la guerre, les mouvements du marché, etc.

La pénétration dans l'individu, dans ses catégories d'action, dans la conscience de son corps, etc., d'une domination multiple correspond à l'affirmation du sujet. Les deux tendances sont reliées l'une à l'autre tout en étant opposées l'une à l'autre. Lorsqu'on sépare l'idée du sujet des références constantes aux conflits sociaux et politiques, le sujet s'amollit et court le risque de se faire moralisateur. L'approche proposée par M. Foucault dans *Surveiller et punir* doit aussi être complétée par l'idée de résistance, qui ne peut s'appuyer que sur la conscience de soi comme sujet et ne doit jamais oublier l'existence de ces conflits.

De la même manière, on ne peut parler de la domination capitaliste sans faire entendre le mouvement ouvrier et on ne saurait parler de la domination masculine sans rencontrer l'importance du féminisme.

Employons ici les mots de tous les jours. Ce que chacun de nous demande, et surtout les plus dominés et les plus démunis, c'est d'être respecté, de ne pas être humilié, et même, demande plus hardie, d'être écouté – et même entendu.

Ce rapport au vocabulaire le plus simple est indispensable pour distinguer l'idée des droits culturels d'une conception communautariste. Le droit à une vie religieuse n'est pas seulement le droit pour un groupe de pratiquer sa religion ; c'est aussi, et tout autant, le droit pour chaque individu de changer de religion – et d'exprimer telle opinion jugée hérétique par telle Église. Certes, il ne saurait y avoir de droits que collectifs. Et le droit d'être protégé par une convention collective dans son emploi ou celui de fonder un groupe de type religieux, par exemple, est bien entendu un droit collectif. Mais il s'applique à chaque individu, qui se trouve ainsi protégé devant les tribunaux et devant l'opinion quand il décide de se retirer d'un syndicat, d'une Église ou d'une association. À défaut de l'existence de ce caractère individuel de tout droit, on ne pourrait pas transformer la tolérance à l'égard de certains groupes en droits culturels. C'est ainsi que la loi ne doit reconnaître la liberté d'exercice des cultes que si elle est en mesure de protéger celui ou celle qui ne veut plus être un fidèle de telle Église, souhaite s'en retirer ou éventuellement adhérer à une autre.

Redistribution et reconnaissance

Ces premières remarques sur les droits culturels ne visaient qu'à les situer par rapport aux droits politiques et par rapport aux droits sociaux, et en particulier aux droits des travailleurs qui ont occupé successivement la place centrale dans les mouvements et les conflits des sociétés modernes, pré-industrielles puis industrielles.

Il faut maintenant entrer dans le débat, d'une grande importance, qui oppose la « reconnaissance » (*recognition*) et la redistribution, autrement dit les demandes culturelles ou morales et les demandes économiques. Ce débat a mobilisé beaucoup d'auteurs, mais en particulier Nancy Frazer, professeur à la New School University de New York, et Axel Honneth, qui est le successeur de Jürgen Habermas à la chaire de philosophie de l'université de Francfort.

Cette définition du problème n'est certainement pas la meilleure et convient mieux à des philosophes qu'à des sociologues, car il apparaît vite que ces deux ordres de demandes sont à la fois distincts et inséparables, surtout quand on les définit l'un et l'autre en termes de justice (en opposition avec la conception de la « reconnaissance » comme condition de la réalisation de soi qui est celle de Charles Taylor et est aussi la mienne). Un individu ou un groupe s'estime victime d'une injustice quand il n'est pas mis à la place, au rang qui correspond à son degré de réalisation d'une valeur reconnue par la société. C'est ainsi qu'une injustice économique est vécue sur le mode du mépris des mérites de la personne concernée. Mais si la notion de justice rassemble les deux ordres de demandes, ceux-ci n'en sont pas moins distincts, comme le sont les notions de classe et de statut (*Stand*) chez Max Weber. Pour écarter tout autre type d'analyse, Honneth rejette complètement l'idée de nouveaux mouvements sociaux – et donc celle de mouvements sociaux elle-même – car ceux-ci lui apparaissent comme des constructions politiques artificiellement séparées de l'ensemble des plaintes, des souffrances et des protestations contre l'injustice qui émanent des catégories les plus diverses de la population, comme l'a montré Pierre Bourdieu dans *La Misère du monde* (1993).

Conscient de l'existence de ce débat, mais m'en tenant à distance, j'entends montrer au début de ce chapitre :

1. que les mouvements sociaux sont une catégorie très particulière à l'intérieur du vaste ensemble des actions de revendication ;

2. que ces mouvements se définissent par la volonté d'obtenir de nouveaux droits ;
3. que les « nouveaux mouvements sociaux », qui sont assurément très divers, exigent tous la reconnaissance d'un nouveau type de droits, les droits culturels ;
4. que ces demandes sont nouvelles et ne se retrouvent ni dans la société industrielle ni dans les sociétés pré-industrielles ;
5. que les droits culturels, comme les droits sociaux avant eux, peuvent devenir des instruments antidémocratiques, autoritaires ou même totalitaires, s'ils ne sont pas liés étroitement aux droits politiques, qui sont universalistes, et s'ils ne trouvent pas place à l'intérieur de l'organisation sociale, et en particulier du système de répartition des ressources sociales.

1. Les revendications peuvent intervenir à deux niveaux : soit pour changer de manière favorable le rapport entre la contribution et la rétribution d'un groupe, par exemple par l'obtention d'une augmentation de salaire ou d'une réduction du temps de travail ; soit, ce qui est un but plus élevé, pour accroître la capacité de décision ou d'influence d'un groupe, par exemple pour obtenir la reconnaissance d'un syndicat et sa capacité à mener des négociations collectives. Il n'existe en fait aucun principe général d'unité entre les revendications.

Un mouvement social, quelles que soient sa force et sa forme, se situe à un niveau plus élevé. Il est l'acteur d'un conflit, agissant avec d'autres acteurs organisés, dont l'enjeu est l'usage social des ressources culturelles et matérielles auxquelles les deux camps en conflit attribuent l'un et l'autre une importance centrale. Ces deux dimensions : conflit social et unité du champ de références culturelles, se combinent pour constituer des mouvements dont, souvent, la visibilité est éclatante mais qui peuvent être aussi *in statu nascendi*. Dans la société industrielle, les acteurs en conflit, employeurs et salariés, se réfèrent aux mêmes valeurs : le travail, l'épargne, la technique, le progrès, mais s'opposent sur l'usage qui doit être fait des richesses créées. Nous nous sentons encore proches du mouvement ouvrier, et même du mouvement qui a marqué la première phase de l'ère moderne, dont l'enjeu fut d'ordre politique et qui opposa la nation en formation à un pouvoir monarchique ou aristocratique qui fut détruit.

2. Quand nous parlons de droits culturels, nous faisons l'hypothèse qu'il existe des mouvements qu'on peut appeler culturels et qui opposent les productions de la culture de masse, mais aussi la logique générale du profit, soit à des minorités soit à des catégories qui se sentent trahies par l'*image* qui est donnée d'elles. Ce conflit s'inscrit dans un champ social où la production des images et des représentations des êtres humains occupe une grande place, qui s'accroît à mesure que le mot et l'image pénètrent plus profondément dans la vie privée ou collective de groupes de plus en plus précis, et finalement des individus eux-mêmes.

Dans ce cas comme dans les autres, le but principal du mouvement social est la réalisation de soi comme acteur, capable de transformer sa situation et son environnement, c'est-à-dire d'être reconnu comme un sujet, chaque fois que l'acteur reconnaît que de l'issue d'un conflit où il est engagé dépend sa capacité d'être un acteur libre et non le produit de constructions sociales qu'il ne maîtrise pas. Dans les sociétés industrialisées (et dans d'autres), nul ne doute de l'importance du mouvement des femmes qui luttent non seulement pour l'égalité des droits et des situations, mais surtout pour leur liberté : de ce point de vue leurs adversaires principaux sont les producteurs d'images de la femme, soit dans la culture de masse, soit dans les textes qui parlent d'elles, et qui leur semblent les « aliéner » et nier leurs conduites réelles et leurs initiatives. Les mouvements sociaux, quand ils sont organisés, cherchent à faire aboutir des revendications (par exemple, pour les femmes : à travail égal, salaire égal), mais ils se définissent surtout par un rapport des individus concernés à eux-mêmes. Je retrouve ici des mots employés par A. Honneth : ils veulent être respectés et non méprisés, en tant qu'acteurs définis par une certaine activité ou une certaine origine.

Il faut cependant préciser davantage le sens de ces expressions partout employées : reconnaissance, réalisation de soi. A. Honneth pense qu'elles renvoient à l'existence d'interactions positives, c'est-à-dire se référant au même type de valeurs avec le milieu environnant, ce qui est en effet la conception la plus répandue pour ceux, nombreux, qui recourent à la notion d'estime de soi (*self-esteem*). Il cherche à définir les conditions de la bonne vie, qui reposent sur ce principe du respect de soi. Ce qui aboutit à rejeter l'idée de mouvement social et à s'intéresser à toutes les douleurs, à tous les mécontentements et à tous les ressentiments qui nous habitent. Ainsi concassée, la notion de mouvement social se plie à toutes les interprétations. Mais si l'on est convaincu, comme je le suis, que les mouvements sociaux sont autre chose que ces douleurs accumulées, même s'ils s'en nourrissent, il faut donner un autre sens aux mots *reconnaissance* et *réalisation de soi*. La reconnaissance de l'autre n'est ni la compréhension mutuelle ni la relation amoureuse. Elle consiste à voir agir en l'autre la construction du sujet, telle qu'on la sent agir en soi-même. Cette construction s'opère par l'élaboration de l'universel à partir d'une expérience sociale ou culturelle particulière. Nos appartenances et nos croyances portent en elles, non pas toujours mais le plus souvent, un élément de création de soi par soi, de transformation de l'acteur en sujet. L'ouvrier en grève ou le soldat d'une guerre pour l'indépendance peuvent s'identifier à la justice ou à une libération d'un esclavage social ou national. Ils se sentent alors porteurs d'une mission universelle. Il est même possible aux appartenances les plus chargées d'exclusion, les appartenances religieuses, de faire grandir en elles la conscience universaliste d'un message divin. Et celui qui « reconnaît » l'autre comme sujet est davantage capable de combattre ce qui s'oppose à la subjectivation de lui-même ou d'autres. Sans la reconnaissance de l'autre combattant, le combat retombe au niveau d'un affrontement plus limité, économique ou politique. Et la réalisation de soi n'est pas l'intégration sociale qui permet d'attirer sur soi les regards approbateurs des membres de la communauté.

Il arrive que les mouvements sociaux se dégradent jusqu'à se transformer en ce qui est le contraire d'eux-mêmes – affirmation communautaire, rejet de l'étranger ou du différent, violences contre les minorités ou contre ce qui est nommé hérésie ou schisme. Ceci se produit quand l'action collective se définit par l'être ou l'avoir qu'elle défend, non par sa référence à une valeur universelle, et pour que cette référence se forme, la condition première est que l'acteur ou le combattant reconnaisse en un autre cette montée vers l'universel qu'il ressent en lui-même. Quand le mouvement de libération nationale devient nationalisme, quand la lutte de classe se réduit à un corporatisme, quand le féminisme se limite à la suppression des inégalités entre hommes et femmes, ils cessent d'être des mouvements sociaux et cèdent à l'obsession de l'identité.

Les actions qui visent la redistribution du revenu national ou les gains d'une entreprise peuvent s'élever au niveau le plus élevé, celui des mouvements sociaux, tout aussi bien que celles qui ont un contenu culturel, celles qui réclament d'être reconnues, par exemple, par une majorité. Ce thème des rapports de reconnaissance ou de refus de reconnaissance entre majorité et minorité prend aujourd'hui une importance particulière, étant donné le mélange croissant des populations. La majorité ne reconnaît la minorité que si celle-ci reconnaît les droits de la majorité. Si tel n'est pas le cas, la situation n'est définie que par un rapport de forces.

Faut-il insister sur le fait que toutes ces analyses prennent leurs distances avec l'idée confuse de multiculturalisme ? Car l'hypothèse d'une coexistence de cultures différentes n'a pas de sens : ou bien les relations entre elles sont gérées par le marché ou par la violence, ou bien on reconnaît, comme dans la présente discussion, des éléments de passage d'une culture à l'autre, et surtout la présence d'éléments universalistes dans plusieurs cultures. L'hypothèse multiculturaliste absolue est aussi absurde que celle de l'homogénéité culturelle d'une ville ou d'un pays. Les relations interculturelles sont la seule réalité – et ce sont elles qu'il faut étudier, depuis l'écrasement de l'Autre jusqu'au métissage culturel.

Les nouveaux mouvements sociaux

3. A. Honneth et bien d'autres nient l'existence de nouveaux mouvements sociaux (nés après les années soixante), qui ne seraient, disent-ils, que des éléments arbitrairement isolés dans un ensemble d'attitudes ou de revendications où se mêlent des objectifs de tous ordres : économiques, culturels, nationaux, d'âge ou de genre. Cette affirmation, qui correspond aussi à la pensée d'autres sociologues ou philosophes, me vise personnellement, car j'ai employé cette expression dès 1968 et j'en ai fait la ligne directrice de mon livre consacré à Mai 68 en France, puis le thème d'une série de recherches menées en France avec François Dubet, Michel Wieviorka et Zsuzsa Hegedus (*Lutte étudiante* en 1978, *La Prophétie anti-nucléaire* en 1980 et *Le Pays contre*

l'État en 1981) puis, avec F. Dubet, M. Wieviorka et J. Strzelecki, *Solidarité* en 1982. À ces livres, qui présentent des recherches de terrain, se sont ajoutés *La Voix et le regard* en 1978, qui analyse les mouvements sociaux et présente la méthode que j'ai élaborée pour les étudier, et *Le Retour de l'acteur* en 1984, qui présente des conclusions critiques sur ces nouveaux mouvements sociaux à la fin des années soixante-dix : les luttes « occitanes » contre l'État français, le mouvement Solidarność en Pologne et le syndicalisme en France. (Depuis lors, la même méthode a été appliquée dans de nombreux cas en France et dans d'autres pays.)

La conclusion générale de ces études est qu'un certain nombre de mouvements sont avant tout des mouvements culturels, bien différents de ceux dont les orientations socio-économiques avaient pris ancrage dans les sociétés industrielles ; mais que le « vin nouveau » s'est perdu parce qu'on l'avait mis dans des « outres anciennes », comme dit l'Évangile, c'est-à-dire plus concrètement dans une idéologie et des formes d'action héritées du mouvement ouvrier et surtout de ses tendances révolutionnaires. Il est même arrivé, dans le cas du mouvement féministe, que celui-ci soit considéré à un moment comme un « front » d'une action anticapitaliste ou anti-impérialiste plus générale. L'échec de la longue grève étudiante de 1976 en France tient à la même erreur, à la distance existant entre un discours ouvriériste et les problèmes réels des étudiants.

J'avais donné, dès 1968, une interprétation analogue du mouvement de Mai en France : son inspiration principale, qui émanait des étudiants et de la jeunesse, était tout à fait nouvelle, et avec lui la culture était entrée dans le champ politique. Mais cette expérience nouvelle a été étouffée, surtout dans les universités, sous un verbiage marxiste révolutionnaire qui donnait la préférence à la parole morte sur l'action vivante.

En quoi consiste la nouveauté de ces mouvements ? Elle

est la même qui a inspiré plus tard la création d'un mouvement altermondialiste dans de nombreux pays, mais aussi bien des mouvements d'écologie politique, en mettant en évidence la contradiction entre les forces techniques et économiques incontrôlées et la diversité des espèces et des cultures, des activités locales et des langues qui contribuent à former la subjectivité de chacun d'entre nous. Et, de manière plus générale, en s'insurgeant contre la négation de la subjectivité et du respect de soi de l'acteur. C'est ainsi, par exemple, que les femmes se révoltent contre le fait d'être traitées en objets sexuels sans autre limite que les lois du marché. Un autre thème, lié au premier, est la reconnaissance de la diversité culturelle et donc des minorités contre le progressisme évolutionniste qui annonçait que tous les chemins mènent à New York (plutôt qu'à Rome). On pourrait dire que le conflit central qui les engage oppose la globalisation aux subjectivités et, au cœur de celles-ci, à la volonté d'être un sujet, c'est-à-dire de se donner pour objectif principal d'intégrer des expériences très diverses dans l'unité d'une conscience de soi qui résiste aux pressions et aux séductions venues de l'extérieur.

4. Est-il faux d'affirmer que de tels objectifs sont nouveaux, qu'ils sont différents des luttes ouvrières pour l'autonomie dans le travail ? Si je fais cette comparaison, c'est parce qu'elle fut au cœur de la recherche que j'ai menée au début de ma vie professionnelle et qui portait sur la conscience de la classe ouvrière. Celle-ci n'a pas culminé dans les situations économiques les plus difficiles, au milieu des crises, de la réduction des salaires et de l'emploi. Non, la conscience de classe n'est pas un effet des crises et des contradictions du capitalisme, mais de la conscience du conflit entre employeurs et salariés pour l'appropriation de la richesse créée par la production. Elle a été la plus forte

chez les ouvriers qualifiés, dont le métier était brisé par l'introduction des méthodes d'organisation « scientifique » du travail (taylorisme, fordisme, en particulier dans les industries des métaux). Le point culminant a été atteint en général dans les premières années du XXe siècle. En France, on peut situer précisément ce moment dans la grève des usines Renault en 1913. Ce résultat, on le voit, ne correspond ni aux analyses qui réduisent tout à l'intérêt ni à celles qui adoptent le vocabulaire de la morale. C'est d'un conflit qu'il s'agit ici, dont les enjeux sont économiques mais surtout de classes, un conflit entre deux classes opposées, tel qu'il se manifeste dans le travail quotidien, par exemple autour du salaire au rendement. Il existe peu ou pas de mouvements sociaux sans objectifs économiques, mais c'est seulement dans les sociétés industrielles, définies au sens large, que les objectifs économiques sont en même temps l'expression d'un conflit de classes et de la volonté des salariés d'être respectés.

Les nouveaux mouvements sociaux, eux, n'ont pas pour principe la transformation des situations et des rapports économiques ; ils défendent la liberté et la responsabilité de chaque individu, seul ou collectivement, contre la logique impersonnelle du profit et de la concurrence. Et aussi contre un ordre établi qui décide de ce qui est normal ou anormal, permis ou interdit.

Est-il vrai que de tels mouvements, comme le dit Craig Calhoun, ont existé à toutes les époques ? Les arguments donnés pour soutenir cette idée sont peu convaincants. Parfois on s'inspire de E.P. Thompson, en rappelant que le mouvement ouvrier a défendu des statuts (*Stände*) autant que des classes. Certes, mais il s'agissait d'une classe ouvrière en formation et où pesaient d'un grand poids les identités professionnelles et locales. Élargissant la querelle, certains signalent que le mouvement des « nationalités » de l'Europe dans la première moitié du XIXe siècle a été guidé par une conscience d'appartenance culturelle et une volonté d'indépendance plus que par un calcul d'intérêt. La formation des nouvelles nations est en effet un processus complexe où se croisent des facteurs très divers. Mais c'est bien l'idée, appuyée sur une conscience collective, d'une nation libérée de la domination étrangère qui habite le mouvement national. Et celui-ci entre dans la catégorie des mouvements politiques, prédominants dans les sociétés pré-industrielles quand les grands problèmes se posent en termes politiques et non pas sociaux ou culturels, en termes d'ordre ou de désordre, de paix ou de guerre, de hiérarchie ou de confusion, etc. De tels mouvements sont donc très éloignés de ce qu'on a appelé les nouveaux mouvements sociaux. Les mouvements religieux le sont davantage encore.

5. Dernier point, et qui nous interpelle chaque jour. L'appel à l'identité, dit-on, peut servir des orientations libérales ou démocratiques, mais aussi un communautarisme autoritaire ou même la recherche de la pureté ethnique, raciale ou religieuse, qui constitue une menace réelle. Et en effet, la notion d'identité elle-même est si confuse et si dangereuse qu'il faut éviter le plus possible de l'employer. Car elle se réfère à la nation ou à telle religion, notions parfaitement étrangères au mouvement social, dans la mesure où celui-ci n'est pas centré sur l'affirmation d'une collectivité mais sur la conscience d'un conflit et la volonté de maîtriser l'emploi que fait la société de ses ressources culturelles et matérielles.

Pour éviter de telles déviations, il faut lier fortement le mouvement culturel à la défense des droits politiques universels et des droits sociaux, qui prennent souvent la forme d'objectifs économiques. Déjà, quand les grands combats étaient menés pour l'obtention de droits sociaux, on avait vu se séparer une tendance, longtemps majoritaire, qui identifiait la défense des travailleurs avec une dictature du prolétariat dont on a vite compris qu'elle serait une dictature sur le prolétariat, et une autre, d'abord presque marginale, présente surtout en Grande-Bretagne, et qui a remporté après 1945 de grandes victoires avec la création des systèmes de protection sociale, et plus tôt même, lorsqu'il fut question de lutter contre les inégalités sociales en votant un impôt progressif sur le revenu et en imposant la gratuité de certains services essentiels, comme l'éducation et la santé. Cette tendance qu'on a appelé d'abord démocratie industrielle puis social-démocratie, affirmait la nécessité de lier la défense courante des travailleurs dans leur situation de travail avec l'appel à l'élargissement de la citoyenneté.

Il en va de même aujourd'hui. Dans bien des cas, l'affirmation identitaire rejette tout principe d'altérité. Or, c'est seulement en associant les mouvements culturels avec la défense des droits politiques pour tous qu'il est possible de mener des actions pour la défense des minorités, tout en respectant le principe démocratique de la loi de la majorité. Tel est le problème le plus général posé à tous les mouvements, qu'ils soient politiques ou nationaux, sociaux ou culturels : parvenir à assimiler le principe de l'universalisme de la citoyenneté, mais de manière concrète, en donnant forme à celle-ci dans les rapports de pouvoir et les conflits culturels.

C'est à cette condition que les mouvements culturels sont protégés contre leurs contraires : des communautarismes fermés sur eux-mêmes et qui ne reconnaissent aucune altérité. Il faut conclure, sur le débat qui oppose Nancy Frazer et Alex Honneth, que leurs constructions respectives sont en fait assez proches l'une de l'autre, parce que l'une et l'autre placent l'idée de justice au centre de leur analyse. Orientation que je ne partage pas, on l'aura compris, car toute analyse de la justice porte sur l'organisation de la société, tandis que les mouvements sociaux sont toujours des « figures de droit » qui doivent s'imposer dans toutes les situations et qui ne sont pas proprement sociales, comme le savent bien ceux qui rédigèrent les premières déclarations sur les droits de l'homme en s'appuyant sur la théorie du droit naturel, sur ses sources chrétiennes comme sur ce qui les rattachait à la politique des Lumières.

Les modernisations

Cette référence constante à la modernité permet de distinguer plus facilement un grand nombre de voies de modernisation. Car il n'existe pas plus de chemin unique de la modernisation que de *one best way* (la seule bonne manière de travailler, comme le croyait F. Taylor). La modernisation s'est appuyée sur la rationalité économique et le développement juridique aux Pays-Bas et en Grande-Bretagne, d'une manière bien différente de la modernisation volontariste à la française, dirigée par un État, et plus encore du modèle allemand, fondé sur la revendication de l'histoire culturelle de la nation.

Mais le plus important aujourd'hui est de reconnaître la diversité des combinaisons entre modernité et héritage culturel ou système politique qui existent dans le monde entier. Car rien ne justifie de diviser le monde en deux camps, comme le fit un temps la propagande soviétique et comme le font encore des milieux influents dans tous les pays considérés comme modernes. Ceux qui sont aveugles à la diversité des modernisations ne perçoivent pas que, d'un côté, une société de masse impose son pouvoir dans tous les domaines de la production, de la consommation et de la communication et que, de l'autre, des cultures fermées sur elles-mêmes, en particulier sur leurs croyances religieuses, ont pour but principal non pas la modernisation, mais la guerre contre la puissance hégémonique, politique et culturelle d'autres pays. Cette situation extrême semble souvent dominer le paysage mondial, ce qui a donné une grande force de conviction à la thèse de Samuel Huntington sur le choc des civilisations et sur le rôle central qu'y tiendraient les conflits religieux et ethniques, même si un examen plus attentif conduit à un jugement plus nuancé, comme je l'ai dit.

Il est possible, en effet, d'échapper à cette prophétie autoréalisatrice. La modernité a presque partout des défenseurs, et reçoit surtout l'appui de ceux et de celles qui veulent combiner le passé et l'avenir, les croyances et le progrès. Il serait aussi faux que dangereux de considérer l'immense partie islamisée du monde comme un bloc antimoderniste, enfermé volontairement dans la reproduction d'une culture par la référence constante à des textes sacrés fondateurs d'un ordre immuable. De la même manière avaient tort ceux qui pensaient en Europe que seuls les pays protestants pouvaient se moderniser, les pays marqués par le catholicisme étant enfermés dans leur communautarisme clérical. Ce qu'il y a de vrai dans de telles affirmations se dilue finalement dans l'immense part d'erreur qu'elles contiennent.

Revenons un instant au débat qui aura agité la France de 2004. Il est faux de dire que toutes les filles qui veulent garder le voile à l'école proclament leur attachement à la culture islamique contre la culture occidentale rationaliste et laïque. Une partie importante de ces lycéennes proclament leur désir de combiner leur origine familiale et personnelle avec le monde du savoir et de la vie professionnelle auquel prépare l'école. Il est vrai que les Français, au moment où le Parlement a adopté une loi restrictive contre les signes d'appartenance religieuse à l'école, ont donné la priorité à la peur de l'intégrisme islamiste et de la désorganisation du système scolaire ou hospitalier. Mais, une fois donné ce coup d'arrêt en effet nécessaire et que souhaite la grande majorité de la population, il faut écouter à nouveau les voix des filles voilées modernistes. Ce qui implique, pour ceux d'entre nous qui n'appartenons pas au monde islamique, de porter un jugement critique sur notre perception de l'autre et sur notre incapacité fréquente à reconnaître en l'autre le même travail de combinaison de l'esprit moderne et de l'attachement à des traditions et à des croyances que nous portons en nous-mêmes à travers des formes de nationalisme ou de vie religieuse.

Ce qu'on peut nommer le progrès se mesure au niveau de reconnaissance de la combinaison possible du centre et de la périphérie, de l'invention et de la tradition, de la modernité et des héritages engagés sur une voie de modernisation. Le niveau le plus bas de cette reconnaissance est le rejet mutuel, qui n'a d'autre issue que la guerre, et même la guerre sainte, djihad contre croisade, telle qu'on la voit se déchaîner aujourd'hui.

En même temps qu'il faut reconnaître des éléments de modernité et des efforts de modernisation dans les régions « sous-développées », il faut repérer les composantes non modernes (et même non modernisatrices) des pays dits « développés ». Les cas les plus intéressants sont ceux où c'est par l'appel au passé et à la sauvegarde de l'intérêt national qu'a été donné l'élan nécessaire à la construction d'un monde moderne. Le cas du Japon est le plus connu, mais il n'est pas le seul. Les élites dirigeantes les plus efficaces ne sont pas celles qui ne parlent qu'un langage futuriste, mais au contraire celles qui cherchent consciemment à accroître la compatibilité de la modernité avec des éléments sociaux et culturels différents, de manière à renforcer les facteurs de modernisation.

Enfin nous avons appris à nous méfier des modernités mensongères. Nous devons à Georges Friedmann d'avoir été le premier, au moins en France, à dénoncer les fausses affirmations d'un management taylorien qui n'avait de scientifique que la prétention à l'être, et nous découvrons de plus en plus souvent, derrière la façade d'entreprises et de banques qui se veulent les meilleurs symboles de la modernité, des mensonges et des conduites illégales.

C'est donc la claire *séparation de la modernité et des modernisations* qui permet d'échapper à la fois à la prétention des plus puissants de s'identifier à la modernité et à celle des plus faibles de défendre un relativisme culturel artificiel.

Nous sommes dans une situation analogue aujourd'hui à celle de la classe ouvrière dans la société industrielle, mais c'est dans l'ordre culturel et non plus dans l'ordre social qu'apparaissent les grands déchirements. L'enfermement dans une révolution prolétarienne, qui est vite devenue l'adversaire féroce de la démocratie, a fait place à un communautarisme, à une passion identitaire qui fait couler des flots de sang et rejette l'idée même de démocratie. La guerre oppose une identité à une autre, un groupe ethnique ou religieux à un autre, une classe ou une clientèle à son voisin-ennemi. Ce qui nous touche au plus près est que des immigrés installés dans un pays riche et démocratique se sentent rejetés par la population ou enfermés dans un ghetto et répondent au mépris subi par un repli communautaire chargé d'agressivité, qui trouve parfois un bouc émissaire, mais cherche aussi à se définir contre le pays qui n'a pas joué le rôle d'accueil. Quand la brèche est plus profonde, comme dans le cas des États-Unis, des mouvements noirs, situés à l'extrême gauche (Malcom X) ou à l'extrême droite (Farakhan), ont prétendu aller jusqu'à la sécession, rejetant toute velléité d'intégration. C'est contre cette position extrême que l'Afrique du Sud a été sauvée de la guerre civile par Nelson Mandela. Des mouvements de rupture et de repli se sont rapidement développés sous la pression de la deuxième Intifada et des luttes à mort entre Palestiniens et Israéliens, mais tout autant comme conséquence de la formation rapide de ghettos où prend racine le repli communautaire qui accroît la pression s'exerçant sur les individus. Ceux-ci, à leur tour, exigent la liberté de pratiquer leur culte, ce qui contribue à renforcer la défense d'une identité avant tout religieuse.

De telles évolutions, qui peuvent conduire à une guerre des cultures analogue à la lutte des classes, et à la prétention des États de parler au nom d'une classe ou d'une religion, peuvent-elles changer de direction et faire en sorte que les droits culturels soient peu à peu mieux reconnus ? Il est difficile de répondre par l'affirmative à cette question, alors même que l'avenir de nos sociétés dépendra largement de leur capacité de reconnaître et d'encourager les droits culturels. Car il ne s'agit pas seulement de reconnaître des conduites privées, tolérées par un État qui conserverait la maîtrise de l'espace public, privant de tout sens réel la reconnaissance des cultures qui en seraient réduites à perdre leur vitalité en n'étant pas autorisées à pénétrer dans l'espace public et à s'y manifester.

Il s'agit de réduire la part des normes et des institutions dans la construction du « vivre ensemble », au profit de règles et d'institutions qui permettent d'être différents. Dans la plupart des cas, c'est l'État autoritaire qui rejette les minorités culturelles ou qui réduit le plus possible la place faite aux femmes. Mais le rejet de la diversité culturelle est aussi également pratiqué dans les pays démocratiques, comme le montre la France.

Le rejet des différences culturelles s'appuie en France sur un républicanisme, issu lui-même de luttes progressistes menées dans le passé contre l'Église catholique. Pendant deux siècles au moins, la France a ainsi été divisée entre un clan catholique (appuyé le plus souvent sur les secteurs traditionnels de la société) et un clan laïque (nourri de la philosophie des Lumières, et qui recrutait surtout dans les classes moyennes liées à l'État et attachées à la défense de la conscience nationale). Ce long affrontement a peu à peu tourné à la paix armée qui, à son tour, a conduit au consensus de la loi de 1905, portant séparation de l'État et des Églises, qui fut rédigée dans un esprit de tolérance. La disparition des campagnes antireligieuses et anticléricales a eu comme contrepartie l'acceptation de la République par toutes les Églises. Mais la poussée de l'islamisme a fait renaître un esprit de lutte contre les religions, nourri de manifestations émanant des défenseurs du rationalisme moderne. Or, ceux qui brandissent le drapeau de la République contre les manifestations des croyances religieuses à l'école, en particulier contre le voile islamique, ne prennent pas pour argument principal la poussée intégriste qui met réellement en cause des aspects importants des programmes scolaires, et qui doit en effet être repoussée ; ils en appellent à la séparation de la sphère privée et de la sphère publique, et affirment que l'État et la ville ont été et sont les seules institutions capables de fonder un ordre social au service des libertés, tandis que le pouvoir religieux, souvent associé à des groupes d'intérêts traditionnels, défend mal ou pas du tout la liberté de tous. Position en fait intenable, car la citoyenneté, valeur fondamentale, qu'il ne faut sacrifier à aucun modèle de société de classe ou de société religieusement homogène, s'affaiblit si elle n'est pas étendue au domaine où se développe la plus grande partie de l'expérience personnelle et collective.

Il faut cependant souligner à nouveau la gravité des problèmes que pose cette extension. Bien des hommes politiques se sont opposés, au XIXe siècle, à la reconnaissance des droits sociaux par peur de rompre avec l'universalisme de la démocratie politique, que certains disaient formelle ou bourgeoise. Et souvent, je l'ai rappelé, ceux qui réclamèrent la démocratie sociale pour rompre avec la démocratie bourgeoise, ont été jusqu'à instaurer la dictature du parti qui se proclamait le représentant du prolétariat.

L'ENTRÉE DANS LE MONDE POST-SOCIAL

C'est bien dans les mêmes termes que se pose le problème de l'extension des droits politiques, et donc de la citoyenneté, au vaste domaine des conflits culturels.

Enfermer la vie religieuse dans la sphère privée revient à imposer une conception antireligieuse à l'ensemble de la vie publique. Il faut au contraire enrichir la vie publique de la diversité des cultures. Mais comment le faire, alors que l'école doit enseigner ce qui unit, c'est-à-dire avant tout des connaissances rationnelles, plutôt que ce qui distingue et sépare, et relève de la subjectivité ? Écartons la solution qui est pourtant la plus fréquente : dans beaucoup de pays, il existe un lien privilégié entre le pouvoir politique et telle langue, telle religion ou telles mœurs ayant une position dominante dans la société. Il est difficile, par exemple, de ne pas reconnaître l'importance particulière du catholicisme en Italie.

Des solutions nouvelles ne peuvent être trouvées que dans la reconnaissance de plusieurs cultures, qu'il s'agisse de religion, de langue ou de vêtements. Le pluralisme des cultures est une nécessité dans un monde en mouvement accéléré. Aucune mesure ne saurait arrêter le nomadisme associé à l'accroissement rapide des échanges internationaux. Dans la société industrielle, la combinaison de la démocratie sociale avec la démocratie politique constituée antérieurement s'était opérée à travers des idées comme la lutte contre l'inégalité. Dans nos pays où production, consommation et communication sont également entrées dans la société de masse, il est plus difficile d'assurer la pluralité culturelle. Et il est vain de parler de tolérance, surtout quand coexistent des croyances et des représentations du monde dont chacune proclame la valeur universelle. Les tentatives d'œcuménisme peuvent au mieux limiter les tensions ; elles ne sauraient y mettre fin.

La seule réponse réaliste est d'établir un lien entre les différentes cultures et ce que nous nommons la modernité, puisque celle-ci se définit par des valeurs universelles.

Concrètement, nous ne pouvons reconnaître de droits culturels qu'à la condition que soit accepté ce que nous reconnaissons comme nos principes fondamentaux, c'est-à-dire la croyance dans la pensée rationnelle et l'affirmation qu'il existe des droits personnels qu'aucune société, aucun État n'a le droit d'enfreindre. Le principe de laïcité prolonge la reconnaissance des droits personnels en posant l'autonomie de la société politique par rapport aux principes et aux pratiques des religions. Il s'agit bien ici du fondement de la démocratie dans la société moderne. Il ne s'agit pas, en posant l'existence de ce noyau central de la modernité, d'éliminer les autres cultures, qu'elles s'affirment au-dehors ou au-dedans de notre société, mais seulement de savoir à quelles conditions peuvent être compatibles les principes fondamentaux de la modernité avec la diversité des cultures et de leurs formes d'intervention dans la vie personnelle et collective. Ces croyances ont souvent un fond proprement religieux, donc indiscutable pour les croyants, mais elles ont aussi des expressions concrètes qui sont parfaitement modifiables (et qui d'ailleurs ont été constamment modifiées).

Il s'agit non pas de mettre face à face deux ou plusieurs cultures, mais d'évaluer la possibilité de reconnaître le libre exercice d'une religion, d'une croyance ou d'une idéologie dans une société qui affirme fermement sa conception de la modernité. Bien entendu, ce raisonnement s'applique à nos propres schémas de croyances et de pratiques, qui ne sont pas nécessairement en accord avec les principes auxquels nous sommes censés adhérer. Comme nous sommes loin des idées vagues qui se satisfont de belles déclarations sur la nécessité de se connaître les uns les autres ! Faut-il « comprendre » la lapidation des femmes infidèles, les mariages arrangés ou l'excision ? Non, bien sûr, malgré la protestation de quelques défenseurs d'un relativisme culturel radical.

Ce qu'il faut entendre par la pluralité des modes de modernisation – expression de loin préférable à celle de multiculturalisme –, c'est la reconnaissance de la multiplicité des voies par lesquelles une population peut entrer dans la modernité, mais toujours à travers un mélange de principes universels et d'expériences historiques très diverses. Nous ne devons en aucun cas identifier la modernité et ses principes généraux à notre propre expérience et à nos institutions. Nous ne devons pas considérer une population qui avance vers la modernité comme avançant nécessairement vers nous. Même si tous les chemins mènent à Rome, cette Rome est composée de quartiers fort différents les uns des autres : elle n'est pas seulement la capitale de l'ancien empire romain ou le siège de la papauté.

Les pays les plus puissants ont eu dans le passé (ou ont aujourd'hui) tendance à se donner en exemple au monde. Leur influence devrait au contraire leur faire prendre conscience de leur particularité, qui est comme toujours un mélange conjoncturel et variable de beaucoup d'éléments, dont certains sont en conformité avec l'idée de la modernité mais dont d'autres rappellent des moments historiques ou des tendances durables qui n'ont pas de relation directe avec la modernité. Aucune situation n'est pure ; aucune n'est exemplaire. De la même manière que l'arrivée de nouveaux membres de l'Union européenne change le contenu et les orientations de celle-ci sans pour autant porter atteinte aux principes de la construction européenne, l'arrivée en France de millions de Maghrébins – même si la majorité d'entre eux possèdent la nationalité française et utilise aujourd'hui le français comme langue quotidienne – modifie nécessairement les formes concrètes de la modernité de la France.

En d'autres termes, il ne faut pas croire qu'il n'existe qu'un mode de modernisation susceptible de faire accéder un pays à la modernité ; il n'existe même pas un seul modèle français, japonais ou américain, de la modernité. Tous les pays, tous les individus entretiennent des rapports complexes avec la modernité, avec les mouvements de modernisation ou des forces d'antimodernisation, sans que cela change quoi que ce soit à la nature de la modernité.

Si les droits culturels de chacun, individu ou collectivité, doivent être reconnus, c'est dans la mesure où il faut protéger toutes les formes, tous les trajets de modernisation. Mais chacun d'entre nous doit lutter en lui-même et dans sa société contre ce qui est contraire aux principes généraux de la modernité. Il faut découvrir, chez les étrangers, des formes nouvelles de modernisation, et donc la présence de certains éléments de modernité, mais il faut qu'eux-mêmes portent un jugement critique sur leur expérience historique et leurs pratiques culturelles. Il ne s'agit nullement ici de pur rapport réciproque à l'autre, d'une reconnaissance de l'un par l'autre, mais de jugement porté sur soi et sur l'autre du point de vue d'une modernité dont certains sont plus près que d'autres mais qui n'appartient à personne et ne se confond avec aucune réalité historique particulière.

Puisque la modernité se définit par des principes de portée universelle, la pensée rationnelle et les droits de l'individu, et que toute modernisation introduit l'idée d'une particularité et même de la singularité de chaque société en changement, et puisque les deux notions ne peuvent être ni confondues l'une avec l'autre ni séparées l'une de l'autre, il est aussi impossible de définir une société comme purement universaliste que par sa pure singularité. Il est plus utile de préciser la complémentarité des deux notions, une fois qu'on a éliminé les solutions extrêmes, libérale et communautariste, qui ne retiennent chacune qu'une des deux dimensions de l'analyse.

Un raisonnement s'impose : l'autre doit être reconnu comme tel, comme différent, mais seulement si cet autre accepte, comme moi-même, les principes universels qui définissent la modernité. C'est à cette condition qu'on peut parler de *reconnaissance* au sens où Charles Taylor, dans un texte devenu classique, a employé ce mot. Cette reconnaissance de l'autre comme différent, mais aussi comme adhérant aux principes universels de la modernité, peut prendre des formes très diverses : elle peut permettre la communication entre des cultures proches ; elle peut au contraire dénoncer l'orgueil de la civilisation la plus puissante et qui refuse de reconnaître tout ce qui est différent d'elle.

Une société peut en reconnaître une autre, même si celle-ci la perçoit comme dominante ou colonialiste. Plus importantes sont les différences entre les sociétés qui donnent la priorité à leurs orientations particulières et à leurs buts propres et celles qui privilégient au contraire l'affirmation des droits de l'individu. Il est impossible de choisir entre ces deux positions ; elles sont l'une comme l'autre menacées de tomber dans une position unilatérale si elles oublient l'une des faces de leur existence. On peut parler ici, une fois encore, de la nécessité de l'ambivalence, qui caractérise ceux qui défendent l'universalisme des droits individuels et en même temps la singularité du chemin que décide de prendre une société, sans être satisfaits de l'une ou l'autre de ces deux prises de position, mais en sachant que les combiner et organiser leur complémentarité est la moins mauvaise des solutions.

Plus se développent la globalisation et les échanges internationaux et en particulier les migrations, plus il devient possible et nécessaire de combiner la reconnaissance de l'autre avec l'attachement au rationalisme et à l'affirmation des droits individuels.

La rencontre et le mélange des cultures ne s'opère pas en

général sur un pied d'égalité. Haïti en est une preuve éclatante. Les mulâtres s'y sont considérés comme supérieurs aux Noirs, au nom desquels Duvalier prit le pouvoir en se référant clairement aux rapports d'inégalité et de domination établis entre des catégories définies par la couleur de la peau. La revanche des peaux noires est un cas fréquent, qu'elle soit le résultat d'une ouverture de l'espace public, ou, ce qui est plus fréquent, du renversement du pouvoir par ceux qui étaient placés dans la situation coloniale en situation d'extrême domination. Enfin, cette revanche peut être religieuse, comme le montre le développement rapide des cultes qu'on nomme souvent protestants – écartons ici le mot « secte » utilisé par les Églises traditionnelles pour souligner leur supériorité. Ils témoignent à la fois d'une réappropriation d'origines culturelles lointaines et de l'affirmation de leur supériorité morale par ceux qui ont échoué dans leurs tentatives d'ascension sociale ou qui ont subi la chute. Dans tous les cas, dont la diversité ne peut qu'être évoquée sommairement ici, il n'est pas exact de parler de défense ou de destruction des droits culturels. L'invocation des droits ne se réduit jamais à la référence identitaire. On ne peut parler de droits culturels, je le répète, que quand des conduites culturelles et sociales demandent à être reconnues au nom de principes universalistes, c'est-à-dire au nom du droit de chacun à pratiquer sa culture, sa langue, sa religion, ses rapports de parenté, ses coutumes alimentaires, etc. Et c'est seulement à partir du moment où l'opposition à une culture centrale définie comme universaliste émane de cultures minoritaires (ou liées à un statut d'infériorité) condamnées par ceux qui s'identifient à l'universalisme) que le conflit devient inévitable.

Prenons l'exemple de la Turquie, qui a déjà été évoqué dans ce livre, à partir notamment des travaux de Nilüfer Gole. Elle a très bien mis en évidence la volonté politique et nationale des dirigeants qui aspiraient à fonder un type nouveau de société aussi éloigné de l'Iran post-khomeyniste que des pays qui avaient été soviétisés ou de ceux qui étaient entraînés dans une américanisation accélérée (comme Porto Rico). C'est ici que le thème des droits culturels est parvenu à son niveau le plus élevé car il ne s'agissait pas d'effacer les frontières au profit de l'hybridation mais de combiner des éléments nationaux avec d'autres, venus des pays les plus riches, mais qui menaçaient de tout envahir si on n'y prenait garde. La défense des droits culturels apparaît là comme une manifestation directe de l'action du sujet.

Un exemple bien différent mérite une attention particulière : celui du mouvement zapatiste qui s'est développé dans le Chiapas au Mexique depuis le 1er janvier 1994. Il a souvent été mal interprété, notamment par ses admirateurs européens. On se souvient que le mouvement des guérillas qui avait dominé la vie politique de l'Amérique latine avait conduit la jeunesse urbaine élevée dans l'idée du *Foco*, c'est-à-dire de l'avant-garde révolutionnaire, à soutenir les luttes paysannes sans pour autant avoir pour objectif principal la reconnaissance des Indiens, mais plutôt la chute du régime de domination soutenu par les États-Unis et les autorités financières internationales. L'échec général des guérillas s'explique d'abord par la non-prise en compte des réalités locales, qui prit une forme extrême dans l'expédition en Bolivie de Che Guevara, celui-ci ayant rejeté tous les contacts avec les partis et les syndicats de Bolivie et étant entré dans une zone paysanne de langue guarani où avait été réalisée une réforme agraire. Marcos, conscient des raisons de cet échec, voulut lier la défense des communautés mayas dans la Selva Lacandona avec un programme de démocratisation du Mexique, son idée étant de créer un grand mouvement à la fois social et politique. Les accords, signés par les deux camps, prévoyaient des modalités complexes de combinaison entre le droit mexicain et celui des communautés indigènes. La marche sur Mexico devait être le point de départ d'une action de grande ampleur. L'échec de cette tentative ne réduit en rien son importance, qui réside dans la tentative de combiner la défense des communautés et une transformation politique de l'État national.

Les droits sexuels

Nous avons vu se développer des revendications pour la reconnaissance des diverses formes de sexualité, autant pour les hommes que pour les femmes, et même au-delà de cette distinction. La reconnaissance de l'homosexualité, qui n'est pas encore parvenue à son terme, affecte autant les hommes que les femmes, puisqu'il s'agit de séparer la vie sexuelle et affective de la reproduction et de la constitution d'une famille. Peut-on parler de la création d'une catégorie culturelle enfin reconnue ? Je ne le pense pas.

En premier lieu parce qu'il n'y a pas plus d'homogénéité parmi les homos que parmi les hétéros, d'autant qu'une partie des comportements homosexuels s'affirme comme protestation contre les interdictions et comme transgression. À mesure que les interdits tombent, la recherche de relations durables prend toujours plus d'importance, tandis que se consolide la revendication du droit au mariage et à la parentalité.

Il n'y a pas lieu, sur ce dernier point, de donner trop d'importance aux différences entre femmes et hommes : en matière de filiation, l'essentiel est la question du lien de sang qui doit relier les générations entre elles. Thème capital, mais qui ne devrait pas faire grand débat aujourd'hui, puisque nous avons choisi une attitude très favorable à l'égard de l'adoption – quand elle n'est pas souillée par des manœuvres financières. Le succès de l'adoption plénière, l'importance croissante des familles recomposées, les progrès de la fécondation artificielle, tout contribue à faire que les liens de filiation ne sont plus tous – tant s'en faut – des liens du sang.

Pourquoi les homosexuels seraient-ils seuls interdits de filiation ? Pourquoi seraient-ils interdits de mariage ?

Les problèmes deviennent plus délicats quand on se penche, non plus sur les divers types de relations durables, mais sur les relations brèves ou occasionnelles facilitées par la contraception (surtout masculine), et plus encore sur les relations détachées de tout projet de vie commune. Nul ne niera que ces conduites ont peu de chances de renforcer le sujet ! Mais ce n'est pas ainsi qu'il faut les juger. Si nous acceptions l'idée que le sujet se forme à partir de l'expérience sexuelle, à travers la relation à l'autre puis avec soi-même, il faut admettre l'existence de relations sexuelles multiples, dont un des rôles fondamentaux est d'affirmer l'autonomie de l'activité sexuelle. Et si ce raisonnement ne convainc pas tout le monde, entendons-nous tous pour combattre par priorité toute conception régressive de la vie sexuelle telle qu'elle triomphe encore dans bien des familles et des écoles – surtout religieuses.

Domination et libération sont des mots qui participent de la même vision générale de la sexualité, celle de la victime, et donc du même refus de prendre en considération l'acteur. En outre, le thème de la libération se perd vite dans la confusion, puisqu'il désigne un point de départ, la domination, dont il s'agit de se libérer, mais aucun point d'arrivée, puisque la liberté sexuelle peut tout aussi bien autoriser la transgression des normes sociales et morales que favoriser l'élimination d'un interdit fondant une morale répressive. Il ne faut pas placer au centre de l'analyse les diverses contraintes ou les diverses formes de libération qui orientent la sexualité. En revanche, il faut suivre les féministes radicales lorsqu'elles dénoncent la soumission de toutes les formes de sexualité au modèle unique de la relation hétérosexuelle dominée par l'homme. La diversité des conduites sexuelles, à partir du moment où on ne les juge plus du point de vue d'une certaine conception de la famille, ne peut avoir d'autres limites que le non-respect de la dignité de chaque individu. Et je n'ignore pas les dangers que recèle tout jugement en cette matière.

Attachons-nous donc aux différentes minorités sexuelles et aux luttes qu'elles mènent contre les images de la « moralité » qui les enferment dans la marginalité et un statut inférieur. S'il n'est pas certain qu'on puisse parler d'une nouvelle culture des gays et des lesbiennes, il est certain, en revanche, que nous avons affaire à un mouvement de libération visant à l'élimination de toutes les formes d'interdiction et de discrimination. Libération qui peut aussi conduire les gays et les lesbiennes à renoncer à toutes ces pratiques de transgression, de provocation, de manifestations festives, qui a suscité autour d'eux une grande fascination et a fait des *drag queens*, par exemple, une des créations les plus remarquables de la culture de la provocation.

On peut penser que la pointe extrême de la revendication des droits culturels en matière de conduites sexuelles est la demande de reconnaissance de la bisexualité ou surtout de la vision *queer*, c'est-à-dire de l'indifférence à la nature du partenaire, parce qu'une telle demande cherche à séparer complètement la sexualité du rôle familial et d'une définition institutionnelle des genres. On voudrait que tous les mouvements de défense des droits culturels des minorités soient aussi visibles que ceux qu'ont lancés avec succès les gays et les lesbiennes, et maintenant les transsexuels et les travestis dont on a longtemps ignoré l'importance.

Dans d'autres domaines, comment ne pas s'indigner du manque de respect dont souffrent les handicapés ? Qui n'est pas scandalisé par les difficultés souvent insurmontables rencontrées par eux dans certains pays, pour prendre le métro, suivre des cours à l'université ou simplement trouver une rue ? Le succès remporté par les sourds, dont le langage avait été inventé en France par l'Abbé de l'Épée, mais dont les disciples avaient trouvé un accueil bien meilleur aux États-Unis, en particulier autour du collège Gallodet, s'est finalement étendu aux pays européens dont la France. Certains de ces pays accordent même déjà une place importante au langage des signes dans les programmes de télévision. La défense des droits de chaque catégorie de handicapés devrait prendre, dans notre société, autant d'importance que la défense des accidents du travail et des victimes des maladies professionnelles dans les sociétés industrielles.

Les limites du métissage

La reconnaissance des droits culturels devient de plus en plus difficile à obtenir à mesure que la diversité culturelle s'accroît, et que la tolérance se heurte à des obstacles de plus en plus difficiles à surmonter. Ce qui explique l'attrait exercé par le métissage, solution à laquelle on recourt le plus facilement lorsque le pouvoir central est faible.

C'est ainsi que, dans bien des pays, Brésil en tête, le mélange des groupes ethniques a évité la création de frontières culturelles, comme il en existe aux États-Unis et dans d'autres pays. Les échanges culturels peuvent aller plus loin encore et combiner, par exemple, l'appropriation d'éléments religieux d'origine catholique dans les pratiques indigènes avec la pénétration d'éléments d'origine indigène dans la culture hispanique et chrétienne. Roger Bastide et, plus récemment, Serge Gruzinski et Carmen Bernand ont étudié cette réciprocité des emprunts.

Dans le monde contemporain, la pénétration de la culture de masse américaine dans tous les pays est si profonde qu'il peut se produire des métissages culturels spontanés. N'est-ce pas le cas avec la pizza, dont on a oublié l'origine ? Le métissage est plus facile encore à observer dans les populations où bien des écrivains et des penseurs, comme Édouard Glissant, dans les Antilles, soulignent la richesse de la culture métisse et sa capacité à tirer le meilleur parti de la rencontre de deux traditions.

Une forme extrême de métissage est la « culture de la frontière », concept avancé par certains chercheurs mexicains qui pensent que les Mexicains, qui sont nombreux à s'installer, officiellement ou clandestinement, entre la frontière et les grandes villes du pays, ne sont pas en voie d'américanisation même s'ils se différencient de plus en plus des Mexicains de leur région d'origine. Ils créeraient ainsi une « culture de la frontière », qui devient apparemment stable et ne serait pas une étape dans la socialisation qui a amené les *chicanos*, il y a plusieurs générations, à se fondre finalement dans la population américaine.

Les exemples de ce type pourraient être multipliés, et il n'est pas faux de dire que nous sommes tous plus ou moins métissés, puisque la culture de masse américaine se mélange de plus en plus avec les genres de vie locaux ou nationaux. Mais les avantages du métissage ne dispensent pas de la nécessité de défendre les droits culturels. Car le déséquilibre est souvent très grand entre les croyances majoritaires et les minorités sociales ou sexuelles, aussi bien qu'ethniques, nationales ou religieuses. Les sociétés et les cultes tracent toujours des frontières, qui imposent des interdits et des rejets. Surtout quand la culture majoritaire se définit ouvertement par sa rupture avec la tradition. L'affrontement des cultures, comme celui des classes sociales, ne se résout jamais par le mélange final des adversaires.

À PROPOS DU « VOILE »

Les droits culturels relèvent des droits à la différence plus que des droits à l'égalité de traitement. Mais si l'on veut éviter que la revendication de la différence n'évolue vers le communautarisme et l'intolérance, il faut que les mouvements qui les revendiquent ne contredisent pas les pratiques et les idéologies de la différence. Telle est la condition première de la complémentarité entre les droits des minorités et le système démocratique. Inversement, une Constitution qui ignore les différences ethniques, comme ce fut le cas aux États-Unis et en France, fait obstacle à la protestation contre les dérives communautaristes. Surtout parce que l'inégalité des chances entre les divers groupes ethniques, observée à l'école comme dans l'emploi, indique que certains de ces groupes sont considérés comme inférieurs et traités comme tels.

Dans le cas de la France, bien des données indiquent que l'école publique elle-même agit comme une grille de sélection au détriment des enfants d'immigrés, en particulier maghrébins, dont une faible proportion accède aux filières d'études supérieures. Alors qu'il existe trois types de lycées (généraux, technologiques et professionnels) nettement hiérarchisés, il arrive fréquemment que les classes des lycées professionnels soient presque entièrement composées d'enfants d'immigrés. Le racisme ordinaire, qui se représentait les colonisés comme des êtres inférieurs n'ayant besoin que d'une éducation élémentaire, est remplacé dans nos sociétés plus mobiles par des mécanismes de sélection non officiels mais facilement détectables. C'est ainsi que les féministes ont pu montrer que même en l'absence de procédures de sélection, la proportion des femmes s'abaisse à mesure qu'on s'élève dans la hiérarchie professionnelle.

C'est au nom du libéralisme classique que sont menées

les campagnes contre l'inégalité des chances. Mais on sait que ces campagnes échouent, car elles n'ont pas prise sur les causes de l'inégalité. C'est alors que se pose le difficile problème de la *discrimination positive* (*affirmative action*). Son principe n'est pas contestable : il est de même nature que celui de l'impôt progressif sur le revenu – qui est notre meilleure arme pour réduire l'inégalité. Elle a obtenu des résultats notables dans de grandes entreprises, mais elle est au total peu efficace. Il est vrai qu'aux États-Unis, dans les grandes universités qui avaient adopté cette politique en faveur de groupes ethniques particuliers, la suppression des mesures en question a fait disparaître les étudiants afro-américains des niveaux élevés d'études où ils avaient pu pénétrer. Mais il est vrai aussi que l'introduction de quelques individus à ce niveau ne diminue pas en profondeur l'inégalité dont les Afro-Américains sont victimes. Pour défendre cette politique, il faut recourir à un autre type d'argumentation, qui prend facilement place dans le point de vue général que je présente ici.

La discrimination positive modifie peu les situations de fait, mais elle attire l'attention du public sur les inégalités, comme l'ont montré les débats passionnés qui se sont déroulés aux États-Unis – et aujourd'hui en France, où l'Institut d'études politiques de Paris, établissement élitiste protégé par un concours d'entrée, a décidé de recruter directement un certain nombre d'étudiants venus de lycées implantés en zones défavorisées. Ce cas est d'autant plus intéressant que le directeur de Sciences-Po a relevé les droits d'inscription des étudiants pour accueillir gratuitement ceux qui doivent entrer par la nouvelle filière. Les grandes études américaines, en particulier celle de Ronald Dworkin, et les décisions de la Cour suprême ont rendu plus visibles les insuffisances d'une démocratie qui, au nom de l'égalité des droits, laisse se développer une inégalité de fait. Mais cette prise de conscience ne devient efficace que quand ceux qui sont victimes de l'inégalité s'organisent pour protester.

Revenons maintenant à la France, et à la question du « voile » ou du « foulard ».

Face aux tenants de la laïcité, deux ordres de discours. D'un côté, les jeunes filles « voilées » réclament le droit de manifester leur foi dans l'enceinte de l'école publique, qui jusqu'ici s'était voulue libérée de toute affirmation de croyances, en particulier religieuses. Et leurs défenseurs de montrer que la laïcité n'est pas neutre, mais prend appui, au contraire, sur une séparation du monde public et du monde privé, qui est en effet, je l'ai rappelé, intenable. De l'autre côté, une partie des mouvements islamiques, ceux qu'on nomme intégristes, sont animés par le refus général des droits culturels de ceux qui n'appartiennent pas à leur confession. Le débat met donc en présence deux conceptions opposées des droits culturels. Cette complexité et l'importance du débat autour de ces problèmes, et surtout l'apparition récente de jeunes filles voilées dans les lycées et collèges publics, justifie que soit présentée ici une analyse qui saisisse dans son ensemble la situation historique où se placent les combats et les débats qu'elles ont suscités.

Pendant longtemps l'immigration en France, comme dans d'autres pays d'Europe occidentale, s'est appuyée sur les besoins en main-d'œuvre. Elle s'est traduite par une intégration fondée sur l'emploi et un certain apprentissage de la langue nationale ; mais cette intégration a laissé subsister, à travers plusieurs générations, des coutumes et des formes d'organisation familiales et sociales issues du pays d'origine. La population environnante avait bien accepté les travailleurs étrangers qui se chargeaient de tant de tâches pénibles, tout en se tenant à l'écart de la vie politique, mais la situation changea avec la fin de la croissance, sous l'effet aussi de l'accélération des changements culturels au sein de la population du pays d'accueil. Ces changements étaient d'ordre plus culturel que social : en témoigne la formation des bandes de jeunes sans travail dans les banlieues françaises, mélangeant des individus d'origines fort diverses. Comment, dans une situation aussi confuse, a-t-il pu se former ou se maintenir, d'un côté, un racisme anti-arabe et, de l'autre, une conscience d'identité communautaire et religieuse si forte que le vocabulaire courant désigne comme « musulmans » tous ceux qui proviennent d'un pays arabe, mais aussi de Turquie, de l'Afrique subsaharienne ou d'autres territoires, alors qu'ils ne sont pas tous des musulmans actifs ?

La population française d'origine a ressenti fortement ce changement de situation, en particulier à travers la montée des emplois précaires. Celui qui se sent menacé attribue les causes de sa peur à l'étranger, à celui qui vient du dehors et dont le statut est encore plus bas que le sien, ce qui menace de faire sombrer les « petits Blancs » dans la marginalité, alors qu'ils espéraient pour leurs enfants une mobilité ascendante. L'activisme musulman, et surtout la guerre entre Israël et la Palestine, ont transformé la conscience sociale d'exclusion qui frappait les travailleurs d'origine arabe, turque ou autre en une conscience ethnique et religieuse qui a renforcé les réactions de rejet dans la population française d'origine plus ancienne. Sur une période plus longue, cette réaction a surtout été l'effet d'un processus d'isolement des catégories les plus pauvres et les plus fragiles, quand les autres catégories sortirent de l'univers des HLM pour accéder à des logements correspondant à un meilleur statut social.

Alors que le mélange des pauvres de diverses origines avait longtemps été la règle, il s'est formé des ghettos, surtout à la périphérie des grandes villes. Et tandis que la France, et en particulier ceux qui influencent son opinion publique, défend l'intégration républicaine contre un danger communautariste qui menacerait la citoyenneté républicaine, la France d'en bas est largement pénétrée par ce communautarisme, à un point tel que les lycéens souvent se définissent par leur religion ou celle de leur groupe d'origine plutôt que par leur situation sociale, leur appartenance politique ou leurs goûts sportifs.

Entre Arabes et Juifs, et surtout entre les plus radicaux des deux côtés, l'agressivité est devenue forte ; de nombreuses attaques contre des synagogues ont eu lieu et un nouvel antisémitisme, né d'un antisionisme extrême, s'est développé. Plus l'exclusion et les ghettos progressent, et plus les réactions de défense communautaire se réfèrent à l'appartenance religieuse. Les premières lycéennes voilées sont apparues à Creil en 1989 ; malgré les propositions du Conseil d'État en faveur de négociations dans chaque établissement, les conflits se sont multipliés et des militants religieux ont bientôt mis en cause des programmes scolaires jugés contradictoires avec le Coran et parfois aussi l'organisation hospitalière, accusée de ne pas assurer la séparation entre les hommes et les femmes en matière de traitements et de soins.

Au moment où le Parlement réunissait une commission et où le président de la République créait la commission dite Stasi, du nom de son président, pour réfléchir à l'opportunité d'une loi qui interdirait les signes d'appartenance religieuse dits ostensibles, l'opinion publique s'est engagée dans un débat passionné où se sont trouvés mêlés deux problèmes en réalité distincts : d'un côté, le respect des droits culturels des femmes voilées et, de l'autre, la défense de l'esprit dit républicain, et avant tout de la citoyenneté contre les communautarismes, surtout musulmans. Dualité de problèmes qui se traduit dans la séparation nette entre deux catégories de femmes voilées : celles qui veulent combiner les études modernes avec leur appartenance religieuse, et celles qui, de leur plein gré ou cédant à des pressions, jouent la carte des attaques islamistes contre la « laïcité » française.

La menace islamiste est-elle réelle ? On a mentionné le refus de certaines jeunes filles voilées d'assister aux cours de biologie ou d'histoire, l'attitude de certains musulmans refusant qu'à l'hôpital un soignant touche leur épouse, mais nous ignorons la fréquence de ces incidents. Cependant, dans la situation mondiale actuelle, il serait irréaliste de nier l'existence d'une poussée intégriste. Ce qui ne doit pas empêcher de reconnaître que la peur mondiale du terrorisme d'inspiration islamique confère une importance probablement exagérée à certains incidents locaux. Dans le cas français, la conscience de ce danger aura été suffisamment répandue et assez forte pour qu'une loi restreignant ou interdisant les signes religieux à l'école soit finalement approuvée massivement par l'opinion publique.

Mais la reconnaissance du danger ne doit pas faire oublier l'existence de ces jeunes musulmanes qui veulent à tout prix participer à la vie sociale moderne, ce qui suppose leur passage par l'école. La plupart abandonnent tout signe volontaire d'appartenance à une culture non occidentale, s'habillent et vivent à l'occidentale ; mais un certain nombre d'entre elles, depuis 1989, aspirent au contraire à être libres d'arborer, à l'école et ailleurs, des signes manifestes de leur appartenance religieuse. Au début du mouvement, une étude réalisée par F. Gaspard et F. Khosrokhavar a montré que la majorité de ces lycéennes voilées étaient modernes, voulaient poursuivre leurs études et donnaient à celles-ci une orientation scientifique. Des études parallèles ont fourni des résultats analogues dans le cas de la Turquie : les élèves voilées ne se distinguaient pas des autres dans leurs projets d'avenir, même quand des pressions négatives s'exerçaient sur elles. Depuis lors, il est certain que l'emprise du milieu familial, local et religieux, sur une partie des jeunes élèves, a augmenté avec le renforcement de l'exclusion et l'isolement croissant des ghettos. Mais la catégorie des filles voilées modernes qui veulent combiner leur culture d'origine avec leur milieu social présent et futur n'a certainement pas disparu. Le rapport de la commission Stasi a souhaité que soient reconnues les différences profondes qui existent entre les diverses catégories de lycéennes voilées.

Alliée ou adversaire de ce laïcisme, selon les circonstances, s'est affirmée une nouvelle forme d'opposition aux intégrismes religieux, en particulier islamiques. Elle émane des mouvements féministes, ce qui est logique, puisque les religions, en particulier monothéistes, ont enfermé, souvent violemment, les femmes dans la dépendance à l'égard des hommes et les ont exclues de la vie publique. C'est ainsi que les féministes attaquent globalement un islam auquel elles reprochent d'enfermer les femmes dans une infériorité et une dépendance dont le tchador est le symbole le plus visible. Au risque, bien sûr, d'entraver toute évolution.

Le sens de ces combats entre deux camps dont chacun est divisé en deux par une opposition interne de grande importance n'est pas que le passé résiste à l'avenir et la coutume à la raison. Ce qui nourrit l'affrontement des cultures est que, pour une grande partie de la population mondiale, la culture occidentale, tout en étant attirante, est inséparable d'une domination militaire, économique et politique qui n'a pas diminué mais a seulement changé de forme depuis les premières expéditions coloniales modernes jusqu'à la mondialisation d'aujourd'hui, qui est de plus en plus clairement au service de l'empire américain.

Une autre interprétation, opposée à la précédente, conduit à des conclusions plus dangereuses encore. C'est le relativisme culturel qui, en éliminant toute référence universaliste, interdit en fait la communication. Si cette pensée était appliquée, les pays les plus pauvres seraient aussi ceux qui auraient le moins de possibilités de parvenir à leur libération.

Il est bon de découvrir, à travers l'étude d'un cas historique particulier, la nature générale de la solution qui permet la communication entre les cultures, en s'éloignant autant du multiculturalisme extrême que de l'impérialisme culturel. Si la société française, se sentant menacée militairement et culturellement, refuse tout ce qui vient du dehors, c'est-à-dire s'attribue le monopole de l'universel et identifie sa propre réalité à celui-ci, elle sera de plus en plus contrainte d'entrer dans la croisade, celle que mènent déjà les États-Unis de George Bush. Inversement, si elle penchait du côté du relativisme culturel – mais cette hypothèse est beaucoup moins probable que l'autre –, elle mettrait en danger son unité sociale et politique. L'objectif qui s'impose à tous est de reconnaître (et de faire reconnaître) un noyau de principes universels, ceux qui constituent la modernité, et la pluralité des modes historiques de modernisation, afin de rendre compatibles le plus grand nombre possible de modes de modernisation avec les principes universels de la modernité.

Cette séparation et cette complémentarité de *la* modernité et *des* modernisations ne conduit pas seulement à comprendre et à respecter des cultures différentes, à condition qu'elles reconnaissent des principes généraux, comme la pratique de la pensée rationnelle et le respect des droits individuels, sans lesquels la communication interculturelle est impossible. Elle doit nous conduire plus loin, vers un renversement des modes d'approche de ces problèmes. Il ne s'agit plus uniquement, en effet, de comprendre ce qui permet aux cultures de communiquer, il s'agit de savoir si la conscience des différences entre cultures peut se transformer en évaluation, par l'acteur lui-même, de ses propres conduites. Changement radical de point de vue : la question n'est plus de savoir si deux ou plusieurs cultures sont compatibles, mais d'observer comment les acteurs gèrent le passage d'une culture et d'une société à d'autres, et surtout le rôle que jouent dans cette affaire les croyances, les attitudes et les interdits, en facilitant ou au contraire en rendant plus difficile le passage en question.

Une telle démarche analyse de manière nouvelle les conduites de l'acteur. Au premier abord, le but est seulement de saisir et d'analyser les difficultés rencontrées par les immigrés ou d'autres au passage d'une culture à une autre. Il s'agit non plus de définir les relations entre des cultures différentes, mais la nature des conduites qui permettent aux acteurs de ne pas se laisser vaincre par les difficultés qu'ils rencontrent. Différentes recherches ont montré que la présence de fortes convictions facilitait le passage d'une culture et d'une société à d'autres. Ce qui se mesure ici est la capacité des acteurs de se conduire comme des sujets, c'est-à-dire de concevoir et de créer leur propre chemin. Ce n'est plus la compatibilité entre différentes cultures qui est en cause, mais la capacité des individus de transformer une série de situations et d'incidents vécus en une histoire et un projet personnels. On peut donc faire l'hypothèse que ceux qui ont pu gérer leur histoire personnelle l'ont choisie de manière plus consciente, moins déterminée par les chocs et la perte de soi. Leurs conduites ont abouti à élever le niveau des jugements élaborés sur eux-mêmes. Cette approche nous permet de connaître le champ personnel et collectif qui donne sens à ce qu'on appelle l'histoire.

M. Boubeker a raison d'avancer ici la notion d'*ethnicité* qui n'introduit pas les prétentions étouffantes de l'idée de communauté (et surtout du communautarisme) mais s'écarte en même temps des catégories purement économiques et sociales. L'ethnicité est la capacité d'un individu ou d'un groupe d'agir en fonction de sa situation et de ses origines ethniques. Il s'agit donc, je le répète, d'une orientation de l'action et non d'une situation.

Cette remarque peut être élargie. Trop souvent les études sur les relations interculturelles nous présentent celles-ci comme autant de routes conduisant d'une ville à l'autre, comme si les cultures étaient comparables à des villes, comme si elles exerçaient sur telle population un contrôle complet. De telles situation existent, certes, en particulier dans les situations coloniales ou quasi coloniales comme celles que connaissent les Indiens d'Amérique latine, mais la population des minorités culturelles est attirée par les régions dont le niveau de vie et le marché du travail leur offrent de meilleures chances de survie ou d'ascension. Il ne s'agit pas ici de communication entre deux ou plusieurs cultures, mais de rapports d'attraction exercés par des catégories centrales ou privilégiées sur les plus dominés. Dans les pays occidentaux industrialisés, les minorités sont souvent formées d'un ensemble d'individus qui ne composent pas nécessairement une communauté, et, surtout, qui gèrent entre eux-mêmes des relations de domination, de mélange et de métissage qui rendent impossible l'analyse en termes de juxtaposition ou de séparation de deux cultures. Chaque culture est profondément influencée par ses voisines, et surtout par celles qui représentent pour elles un pôle d'attraction. Tel est le cas des jeunes Arabes du Maghreb, parmi lesquels se développe une conscience d'identité religieuse mais aussi d'appartenance de fait, subjectivement vécue, à la société française, et qui sont loin de correspondre aux stéréotypes qu'on présente souvent. On parle ainsi fréquemment des « jeunes immigrés », alors qu'il est question de jeunes gens nés en France, possédant le plus souvent la citoyenneté française et parlant français.

Très différent est le cas des immigrés arrivés en grand nombre aux États-Unis avant la Première Guerre mondiale, et à nouveau au cours des années récentes, et qui se sont vite identifiés à leur pays d'accueil. Un cas extrême est celui de l'Argentine qui, très rapidement et surtout grâce à un système scolaire à la française, a transformé les immigrants italiens, allemands, suisses, français en citoyens argentins très rapidement détachés de leur société et de leur culture d'origine.

Communautés et communautarismes

Nous désignons sous le nom de communautarisme des réalités bien différentes. La Belgique et les Pays-Bas reconnaissent l'importance politique et administrative des « piliers » culturels de la société, et en Belgique, la part des affaires publiques traitées en commun par les deux communautés principales a beaucoup diminué. Quand l'État français, après avoir reconnu sous Napoléon les communautés catholique, luthérienne réformée et juive, entreprend d'organiser la représentation des musulmans de France et de la confier à un organisme élu, il reconnaît l'existence d'une communauté musulmane, sans que cela implique une gestion communautariste de la société. On ne peut employer cette expression qu'à propos de mouvements qui réclament, pour une communauté définie culturellement ou ethniquement, le monopole de la gestion des relations entre les membres de cette communauté, et celle-ci dans son ensemble avec l'État national, ou même les institutions internationales. Cette conception de l'organisation sociale peut aller jusqu'à l'identification complète des individus à une communauté, que celle-ci soit ethnique, nationale ou religieuse. Identification qui définit tous les aspects de leur mode de vie, et jusqu'à la définition de leurs droits. Si un gouvernement acceptait que sur les cartes d'identité nationale certaines femmes portent un voile islamique ou un tchador, cela reviendrait, pour l'État, à ne plus avoir de relations avec des citoyens mais avec les membres des communautés. Situation extrême, et qui témoignerait d'un affaiblissement général et de la quasi-disparition de l'État national.

Le communautarisme qui nous inquiète aujourd'hui est bien celui qui se place au-dessus de la citoyenneté, c'est-à-dire qui reconnaît l'appartenance culturelle comme supérieure à l'identité nationale. C'est l'affaiblissement relatif des États nationaux qui a fait enfler ce communautarisme, surtout quand celui-ci a trouvé en face de lui un empire multinational où chaque population se sentait en état d'infériorité, de dépendance et parfois d'esclavage.

Entre les deux types de communautarisme que nous avons évoqués, l'un très limité et l'autre extrême, il existe un troisième mode d'identification à une communauté : le repli communautaire, qui répond à des conduites de rejet dont sont victimes les membres de telle communauté minoritaire de la part de la majorité ou d'une partie importante de la population. Ceux qui sont exclus ou méprisés cherchent, en effet, à se situer en dehors de l'échelle sociale sur laquelle ils sont si mal placés et à opposer à leurs adversaires une définition qualitative d'eux-mêmes. C'est par ce mouvement que s'opère le passage de la définition économique et sociale d'une catégorie de pauvres à une définition culturelle, ethnique ou même directement religieuse de la même population. Renversement des définitions du champ social qui est un des éléments principaux du passage d'une vision socio-économique de la société à une définition culturelle qui correspond aux situations que j'ai appelées post-sociales. Le même phénomène s'est produit dans la situation des femmes. D'abord définies par une inégalité des chances et des situations économiques par rapport aux hommes – ce qui a pu conduire certain(e)s à dire que la femme était le prolétaire de l'homme –, les femmes sont passées à des revendications plus qualitatives, appuyées sur une demande de liberté et de reconnaissance des différences, associées à l'égalité et non plus à la hiérarchisation des catégories de sexe.

Lorsqu'un proviseur observe dans la cour de son lycée que les élèves se regroupent par nationalité et par religion, et non plus par niveau social, opinion politique ou en raison de la pratique d'un sport, ou quand une université voit s'affronter deux associations d'étudiants, dont l'une est pro-palestinienne et l'autre juive et pro-israélienne, on a affaire à un communautarisme « réactionnel ». Et il faut reconnaître qu'il est beaucoup plus implanté dans la France d'aujourd'hui qu'on ne le croyait. De tels processus d'exclusion vont bien au-delà de l'inégalité, et même de la marginalité. Ils traduisent le rejet d'une culture ou d'une nationalité. Ce qui explique pourquoi est si dangereuse la définition d'une communauté en termes d'identité. L'identité est, en effet, une construction idéologique qui mène au rejet de la catégorie concernée en définissant celle-ci par sa « nature » plus que par la domination qu'elle subit. Le point extrême de ce passage d'une définition socio-économique à une définition culturelle d'une population est le dépassement de la communauté elle-même et l'affirmation d'une identité religieuse individuelle, d'une foi qui trouve son fondement dans l'univers religieux et non plus dans la vie sociale.

Ceux qui affirment la supériorité de l'appartenance à une culture politique sur l'affiliation à une communauté culturelle défendent l'un des principes fondamentaux de la modernité, et ce n'est pas de ce point de vue qu'il faut critiquer ceux qu'on appelle en France les « républicains ». C'est en ce qu'ils s'opposent aux « démocrates », c'est-à-dire à ceux qui attachent autant d'importance aux droits sociaux et culturels qu'aux droits politiques. Par leur refus, ils supposent que la modernité politique se crée et se maintient par elle-même, par sa propre force et par son refus de toute compromission avec les étrangers.

Nous sommes décidément portés vers cette conclusion :

le communautarisme et l'universalisme abstrait se complètent et s'opposent. Il ne faut surtout pas choisir entre eux ; il faut tout faire pour les recombiner. Ce qui peut s'effectuer, comme j'espère l'avoir montré, à travers les processus de modernisation, qui combinent de manières très diverses la modernité avec des héritages et des projets culturels, personnels ou collectifs.

Toute affirmation d'une opposition insurmontable entre deux catégories de situations, par exemple entre pays développés et cultures traditionnelles, ruinerait, de ce point de vue, nos efforts visant à établir des communications, et même une certaine intégration, entre des pôles qui semblent complètement opposés. C'est ainsi qu'il est fort dangereux d'opposer l'économie globalisée et les cultures définies de manière anhistorique, en les enfermant par là même dans l'obsession de leur identité. Admettre que le monde est dominé par le conflit ouvert de la puissance américaine et de l'islamisme conquérant revient à s'engager dans une logique de la rupture qui fera perdre à chacun de nous, individuellement et collectivement, sa capacité d'agir.

Libéraux et communautariens

Les sciences sociales ont été occupées pendant au moins deux décennies, en particulier aux États-Unis, par le débat entre les libéraux et les communautariens. Ce débat reste confus, puisqu'on appelle libéraux ceux qui affirment que la rationalité économique prévaut sur tout autre modèle culturel dans toutes les sociétés et dans tous les groupes sociaux, mais aussi ceux qui défendent l'idée qu'il existe des droits universels, au-delà de toutes les différences sociales, qui s'incarnent dans la citoyenneté dont les institutions sont au service de chaque individu tant qu'il est porteur de droits universels.

Le premier aspect du libéralisme est difficile à défendre. Il est vrai que beaucoup de conduites, de projets politiques, et de ce qu'on appelle les mouvements sociaux, sont guidés par la recherche collective de la satisfaction de l'intérêt individuel, tels ces syndicalistes qui s'unissent pour obtenir une augmentation de salaire dont chacun profitera. Mais la distance est grande entre une affirmation de ce type, dont l'utilité est limitée, et le grand nombre de conduites individuelles et collectives qui sont guidées par d'autres finalités que l'intérêt. Et il est toujours dangereux de réduire les grands conflits internationaux ou nationaux à des luttes d'intérêts, de même qu'il est inacceptable de ne voir dans l'action des militants religieux que des raisons économiques ou même politiques d'agir.

Quant à la référence à des droits universels, elle doit passer en effet à travers la citoyenneté. C'est elle qui fait les hommes égaux sans considération de leurs attributs sociaux. Mais c'est là justement que s'introduit l'autre point de vue, car les droits sociaux, et plus encore les droits culturels, ne se réduisent pas aux droits politiques – et ne s'appliquent pas également à tous. Les lois sociales adoptées protègent les mineurs, les marins ou les ouvriers boulangers. Et de manière beaucoup plus radicale, les droits culturels protègent les différences, que les catégories considérées soient majoritaires ou minoritaires. Vouloir tout ramener à la citoyenneté politique ou à l'esprit républicain, comme tentent de le faire un certain nombre d'hommes politiques et d'intellectuels, est proprement réactionnaire. Assurément, si la défense des droits économiques et culturels est isolée de l'affirmation des droits politiques, elle risque de devenir antidémocratique ; mais en même temps, il faut récuser toute définition des droits qui ne tiendrait compte ni des droits sociaux ni des droits culturels, et donc ni des luttes contre les employeurs ni de la défense des minorités culturelles. Les droits politiques, d'un côté, et les droits sociaux et culturels, de l'autre, sont complémentaires. Quand on s'éloigne de cette conception ouverte des droits, on alimente une opposition artificielle et dangereuse entre un libéralisme porteur d'inégalité et un communautarisme obsédé par la recherche de l'identité et de l'homogénéité.

Du côté des communautariens on trouve une dualité analogue. Les jeunes filles d'origine arabe ou turque qui revendiquent de porter le voile au lycée cherchent parfois, je l'ai rappelé, à exprimer la résistance de leur culture religieuse à la culture rationaliste qu'elles rencontrent dans les lycées et dans l'ensemble de la société française ou ailleurs. Mais au moins aussi souvent, elles aspirent profondément à entrer dans le monde moderne par l'acquisition des connaissances que dispense le lycée, sans pour autant rompre avec leur famille et leur héritage culturel. En rejetant ces jeunes filles, on prendrait le risque de créer un choc de civilisations, ce qui ne pourrait avoir que des conséquences négatives en un moment où l'« Occident » n'a plus le monopole de la puissance et de la modernité.

La laïcité

La réflexion qui s'est organisée au long de ce chapitre conduit vers des conclusions éloignées de ce qu'on appelle la conception française de la laïcité. Mais puis-je formuler une telle conclusion après avoir affirmé que la laïcité était une des composantes principales de la modernité ? J'ai défendu le principe même de la laïcité avec tant de conviction qu'il est exclu que je le remette maintenant en cause : séparer les Églises et l'État, rompre la construction holiste de la société, donner une place centrale et indépendante au pouvoir politique défini comme l'invention de la société par elle-même, ces formulations correspondent parfaitement à l'idée que j'ai de la modernité et constituent à mes yeux, comme à ceux d'un très grand nombre de citoyens, une condition indispensable à la réalisation de la démocratie. Et il s'agit clairement ici d'une conception active de la laïcité car le refoulement de la théocratie et de l'influence des Églises sur le pouvoir a toujours été difficile et la tâche n'est jamais terminée. En France, après une période d'intenses conflits religieux et politiques, l'apaisement est venu peu à peu, à la satisfaction de la grande majorité.

Cette approche de la laïcité n'a évidemment rien à voir avec ce laïcisme antireligieux et anticlérical, qui repose souvent sur un rationalisme élémentaire, qui voudrait étendre l'exigence de la pensée scientifique à d'autres domaines que le sien. Certains parlent, à ce propos, de religion laïque ; mais il ne s'agit là que des restes d'un passé déjà lointain.

Ce qui est beaucoup plus important, et reçoit des soutiens beaucoup plus nombreux et actifs, est l'idée que l'école publique doit être avant tout l'école de la République. On est d'abord porté à appuyer cette conception, dont l'objectif est plus noble que le nationalisme qui domine les écoles de bien des pays. Le citoyen et le républicain français formé dans les écoles et les lycées français n'apprend pas à soutenir en toutes circonstances son pays et son drapeau. Les enseignants lui ont appris à défendre, dans l'espace public, la liberté politique, la justice sociale et l'esprit critique. Et ceux qui condamnent le républicanisme au nom d'une morale d'inspiration religieuse n'ont évidemment aucun titre à rejeter ou à mépriser la conception française de la laïcité. L'école qui se veut républicaine en même temps que laïque, et qui est en même temps tout à fait tolérante en matière d'opinions et de choix religieux, mérite plus de respect, me semble-t-il, que celle où l'enseignement religieux est obligatoire – et plus encore celle où cet enseignement est fondé sur une religion d'État, même quand celle-ci se réduit à une morale finalement moins dangereuse que les idéologies politiques totalitaires imposées dans tant d'autres pays au cours du XXe siècle. Mais, une fois reconnues les qualités de l'école laïque, et même ce qu'il y a en elle d'indispensable à la défense de la démocratie, il faut introduire à nouveau les thèmes qui se sont imposés à nous tout au long de ce chapitre. L'école publique ne doit pas ignorer le fait religieux en général et les diverses croyances et pratiques religieuses en particulier. Plus encore, son enseignement est tronqué et créateur d'inégalité quand elle soutient qu'elle n'a pas à s'occuper de la situation sociale ni de l'histoire de vie des élèves.

La connaissance du fait religieux est indispensable. D'abord parce que l'histoire des religions nous aide à comprendre notre histoire et le présent. Mais se pose alors la question : l'école doit-elle enseigner qu'il y a un au-delà du social et du politique qui a pris dans les siècles successifs et dans les divers continents des figures particulières, ici Dieu, à tel autre moment l'univers, ou encore la nature, ailleurs encore la raison ou la révolution, ou même l'Homme et le droit naturel, d'origine religieuse mais d'où sont sorties les déclarations des droits de l'homme, du XVIIIe au XXe siècle, ou doit-elle faire connaître les faits religieux sans les interpréter ?

Il s'agit avant tout aujourd'hui de reconnaître que la plupart des sociétés reposent sur des principes non sociaux, sur des valeurs définies et respectées comme situées au-dessus des lois et des décisions politiques. On en trouve souvent la marque dans les Constitutions ou dans les textes considérés comme fondateurs, comme ce fut le cas en Grande-Bretagne, aux États-Unis et en France. On assiste à la renaissance de la pensée morale, à l'affirmation de droits humains fondamentaux qui, comme l'ont soutenu les théoriciens du droit naturel, doivent être défendus par tous les moyens, y compris par le refus d'obéissance aux autorités politiques coupables de ne pas respecter ces droits. Cette formulation indique clairement les principes de la résistance à la sacralisation du politique. Mais elle est plus importante encore par les conséquences qu'on peut en tirer dans une situation mondiale fortement marquée par la montée de mouvements à la fois religieux et politiques, qui ne sauraient être réduits ni au terrorisme ni à un phénomène purement spirituel.

Ce qui nous rapproche du thème central de ce chapitre, à savoir qu'un grand nombre des voies de modernisation actuelles associent des composantes religieuses à des formes souvent anciennes d'organisation sociale et de vie culturelle. C'est ainsi que sont entraînés, souvent activement, vers la modernité des individus et des groupes en qui se mélangent, s'unissent ou se contredisent des conduites religieuses et d'autres qui ne le sont pas. Il serait donc arbitraire, et certainement faux, de déclarer incompatibles la modernité à laquelle se réfère l'école et tel héritage culturel qui ne se considérerait pas lui-même comme antimoderne. La recherche de la continuité est aussi fréquente que celle de la rupture.

L'inquiétude de ceux qui ne sont pas satisfaits par le « modèle républicain » français est que celui-ci rejette un certain nombre d'individus vers d'autres cultures, qui, cette fois, s'opposent frontalement à la modernité. L'ouverture, au contraire, doit aider le groupe national (religieux ou idéologique) majoritaire à prendre une conscience plus critique de lui-même, alors que l'esprit « républicain », surtout lorsqu'il se tient sur la défensive, tend à défendre en bloc une culture et une civilisation en oubliant leur hétérogénéité et la présence en elles d'éléments culturels étrangers à la modernité, voire même en contradiction avec elle.

Il n'est, certes, pas aisé de tracer la frontière entre ce qui s'oppose à la modernité dans les cultures et les sociétés minoritaires et ce qui doit être critiqué (ou au contraire accepté) dans la culture majoritaire. Mais c'est cette complexité qui peut donner à l'école sa valeur éducative, et surtout aiguiser sa capacité de faire avancer le plus grand nombre vers ce noyau de la modernité – sans pour autant contraindre à suivre la voie empruntée par la culture majoritaire, qui, je l'ai dit et répété, ne saurait être identifiée à la modernité.

Établir une frontière fermée entre la vie publique et la vie privée revient, par ailleurs, à porter atteinte à la pensée et à l'action religieuses – mais aussi politiques – puisque toutes les religions ont des activités et une visibilité publiques. La laïcité ne consiste donc pas à renforcer constamment la séparation du monde privé et du monde public, car cette coupure conduirait de plus en plus, comme c'est déjà souvent le cas, l'école publique à se tenir en marge des innovations et des débats qui se développent, surtout dans la jeunesse.

Si l'idée de laïcité doit évoluer, autrement dit, si l'école publique doit accorder une importance toujours plus grande à la communication interculturelle, en même temps qu'elle doit renforcer les principes de la modernité, ce n'est pas pour se laisser pirater par des associations religieuses si souvent associées à des partis politiques, ethniques ou religieux, mais au contraire pour faciliter l'accès de tous, et donc de toutes les minorités, à la modernité elle-même en facilitant la combinaison de celle-ci avec des expériences individuelles et collectives qui mêlent dans leur parcours des cultures historiquement situées et des principes universels.

Il faut décidément défendre la citoyenneté contre le communautarisme. Reste à choisir entre une citoyenneté étroite qui rejette le pluralisme culturel et une autre, plus ouverte, qui cherche à rendre compatible l'unité de la modernité avec la diversité des histoires culturelles. Et bien entendu, j'invite à choisir la conception ouverte.

La communication interculturelle

Plus se mêlent les populations dans un monde qui devient nomade, et plus sont nombreuses les rencontres susceptibles d'aboutir à l'absorption d'un ensemble par un autre, ou à la guerre entre eux, mais aussi à la communication interculturelle. Or, celle-ci n'est pas tant facilitée par la participation de tous à une civilisation largement mondialisée que par la commune acceptation de la modernité et de ses principes fondamentaux.

Ce qui ne doit jamais être oublié, c'est qu'une rencontre entre sociétés et cultures comporte toujours une asymétrie de pouvoir : l'une est celle de la majorité, l'autre est celle de la minorité ; d'un côté le colonisateur, de l'autre le colonisé. Cette relation de pouvoir est toujours reconnue par le dominé ; elle doit l'être aussi par le dominant, qui prendra ainsi de la distance par rapport à l'ordre établi (qui lui est favorable). La rencontre suppose même que le dominant reconnaisse la supériorité du dominé dans certains domaines, qui sont souvent au cœur de son identité culturelle : connaissance de tels textes sacrés ou de telle tradition littéraire ou musicale.

Mais ces commentaires ne doivent pas cacher l'intention profonde des discours sur la communication interculturelle et même sur le multiculturalisme : le refus du monopole de la culture par les pays occidentaux les plus modernistes. Refus qui reste très dominateur aussi longtemps qu'on décrit les autres cultures en termes d'exotisme, de spécificité ou inspirées de passions considérées comme inférieures par les cultures supérieures. Mais qui devient une force bénéfique, et même salvatrice, quand il se substitue à l'esprit de guerre, qui oppose le plus fort au plus faible.

C'est dans les pays qui se sont le plus fortement identifiés à l'universel, à la raison et à la bonne gestion que cette aspiration à la communication interculturelle se fait sentir le plus difficilement. Ernst Curtius a montré brillamment que si la France, au XIXe siècle, a défendu l'idée de civilisation contre l'Allemagne (qui séparait le *Volk* de la culture considérée comme l'accès aux valeurs et à la connaissance supérieures), c'est parce qu'elle se regardait comme un tout entièrement pénétré par l'universel, tandis que les Allemands, dont l'intégration nationale était récente et faible, éprouvaient encore la grande distance qui séparait les valeurs supérieures de la culture et leur expérience collective. Cette conscience des Français d'être porteurs de l'universel, encore plus intense que celle qui animait les Anglais, pourtant plus puissants, s'explique à la fois par la tradition catholique et par la rupture révolutionnaire.

Quoi qu'il en soit, le radicalisme de la pensée et de l'action en France s'accommoda mal d'une vision pragmatique ou purement utilitaire. De là cette conscience de soi qui rend si difficile la perception des autres. Or, à la fin du XXe siècle, aucun pays européen ne saurait plus prétendre incarner l'universel. C'est d'ailleurs aux États-Unis que se développe aujourd'hui ce sentiment, qui s'appuie sur la domination indiscutable de ce pays dans l'ordre des sciences comme dans celui de la puissance militaire ou des innovations techniques.

Du coup, la richesse des travaux anthropologiques menés aux États-Unis n'empêche pas que ce pays apparaisse au reste du monde comme incapable de comprendre les autres et convaincu de la supériorité intrinsèque de tous les aspects de sa civilisation.

Bref, ce qui fut au XIXe siècle l'illusion des Français et des Anglais est aujourd'hui celle des Américains. Il est vrai que les empires ou les États les plus vastes, et ceux aussi qui sont tournés vers la recherche d'équilibres intérieurs plutôt que vers la rencontre des autres civilisations, sont les plus mal préparés à développer cette communication interculturelle dont ils nient même parfois la nécessité. À l'inverse, les petits pays, situés au carrefour des flux économiques et culturels, éprouvent souvent le besoin de comprendre ceux qui les entourent, et sont ainsi mieux prédisposés à la reconnaissance de l'autre.

Retour aux idées nouvelles

La communication ne s'établit pas entre des cultures mais entre des ensembles historiques qui doivent être définis, d'une part, par leur rapport à la modernité et, d'autre part, par la spécificité de leur voie de modernisation. Ce n'est pas nier l'intérêt d'une comparaison philosophique et théologique entre le christianisme et l'islam que de rappeler que nous, êtres humains concrets, placés dans des situations sociales et des conjonctures historiques bien définies, ne rencontrons pas seulement autour de nous des cultures et des messages religieux mais aussi des expériences de vie et des projets de changement, individuels ou collectifs. C'est pourquoi la compréhension de l'autre n'est possible que si l'on substitue à une définition globale de chacun l'articulation de sa situation par rapport à la modernité avec la nature de la modernisation où il est engagé.

C'est à l'intérieur du premier point de vue, du rapport à la modernité, que s'inscrit le rappel à la nécessité de la connaissance et à l'usage de technologies complexes ; mais c'est à l'intérieur des points de vue qui engagent les modes de développement qu'il faut placer l'analyse des rapports de domination. C'est plus largement encore à l'intérieur du thème des transformations des modes de développement, et donc de modernisation, que peut s'inscrire la connaissance des formes de décomposition du modèle européen classique de modernisation, des effets de cette décomposition et des possibilités de reconstruction d'autres figures de la modernisation à travers le passage à la société de l'information et, plus largement, à ce que j'ai appelé la société post-sociale.

La communication interculturelle n'est donc pas seulement un effort de compréhension mutuelle : il s'agit d'un acte de connaissance qui cherche à situer l'autre et moi-même dans des ensembles historiques et dans la définition des processus de changement et de rapports au pouvoir. Ce qui est proposé ici consiste donc, en définitive, à définir les relations entre acteurs par la place relative qu'ils occupent dans l'ensemble complexe de dimensions que j'ai résumé ici par le croisement de la modernité et des modernisations. La communication interculturelle est le dialogue entre des individus et des collectivités qui disposent à la fois des mêmes principes et d'expériences historiques différentes pour se situer les uns par rapport aux autres.

À cette analyse, il manque encore une dimension. Nous ne pouvons nous comprendre et nous respecter que si les thèmes de la modernité et de la modernisation qui nous surplombent entrent en mouvement et se transforment, mais dans la conscience d'une histoire qui nous est commune. Souvent nous nous sentons dominés par des forces obscures ; aujourd'hui, nous savons mieux que c'est nous qui menaçons notre propre survie, celle de nos descendants, celle de bien des espèces végétales et animales et les conditions climatiques qui permettent notre existence. Bien entendu, il ne s'agit pas de substituer à la sécurité que nous donnaient les dieux protecteurs l'angoisse de l'autodestruction, mais de tirer de la globalisation et de l'interdépendance croissante de tous les éléments de la vie terrestre la conscience de notre responsabilité. C'est donc également notre capacité de créer, de transformer et de détruire notre vie et notre environnement qui nous oblige à tourner notre regard, fixé si longtemps sur la nature et sur les instruments qui nous ont permis de la conquérir, vers nous-mêmes. Cette conscience de nous ne saurait être que la conscience de notre existence commune, de notre interdépendance, et donc de la nécessité de reconnaître en l'autre non seulement celui qui est en rapport avec la même modernité que moi mais celui dont l'histoire n'est pas complètement séparée de ma propre histoire.

Nous ne sommes pas tous citoyens du même monde, car celui-ci n'est pas une unité institutionnelle et politique définissant les droits et les devoirs de chacun. En revanche, nous avons tous des droits culturels, qui proviennent fondamentalement de notre rapport à nous-mêmes et aux autres. Nous avons vécu une situation historique où c'était la société, avec ses institutions, ses normes, ses modes de domination et de surveillance, qui donnait naissance aux acteurs – lesquels se définissaient alors comme sociaux. Au cours des dernières décennies, nous avons senti de plus en plus intensément que nous basculions dans la situation inverse, où c'est la création de nous-mêmes qui détermine notre capacité de résister aux forces de mort et de les vaincre, tandis que l'espace social est réduit à être un lieu de rencontres, de conflits ou de trêves entre des forces opposées mais également étrangères à la vie sociale : d'un côté celles qui proviennent du marché, de la guerre et de la destruction de tous les éléments de la vie, et, de l'autre, celles qui en appellent non à l'ordre social ou à la poussée du désir mais à l'affirmation de soi et de nous comme sujets de notre existence et comme auteurs de notre liberté.

Du coup, l'analyse n'a plus comme objet principal la société, mais des acteurs qui sont déjà plus que sociaux, puisqu'ils sont définis non seulement par leurs appartenances et par des rapports sociaux, mais aussi par des droits culturels, de sorte qu'ils sont bien des individus complets et non plus des abstractions, comme l'étaient encore le citoyen ou même le travailleur. La conscience de ce renversement nous permet aussi de comprendre l'épuisement des formes de pensée et d'action politiques que nous avons héritées du passé.

CHAPITRE III

Une société de femmes

UN RENVERSEMENT DE SITUATION

La société moderne, en Occident, a été créée par un sujet désormais entré dans chaque individu et donc ayant quitté le monde divin. Mais le sujet, comme toutes les grandes ressources dans ce type de société, est concentré dans l'élite dirigeante et incarné d'abord par des hommes. La « société des hommes » a à la fois produit beaucoup d'énergie et suscité des tensions qui ont atteint le point de rupture. Le pôle dominant fut celui de la conquête, de la production et de la guerre, celui des hommes, tandis que le féminin était la figure principale de l'infériorité et de la dépendance.

La femme, absente du pôle dirigeant participait autant que l'homme au sujet, mais en situation de domination subie. Il n'y a certes qu'un seul sujet, mais il est inégalement présent en chacun des deux pôles, le féminin comme le masculin. Le sujet créateur est aussi présent dans la femme procréatrice, de même que le sujet incarné dans le corps amoureux de la femme est aussi présent dans le pouvoir brutal de l'homme. Le sujet défini comme transformation de l'individu socialement déterminé en créateur de lui-même est autant présent chez l'homme que chez la femme, mais de manière différente. Il existe aussi des forces de négation du sujet des deux côtés, la rupture avec la « vie » du côté de l'homme, la soumission aux règles biologiques de cette vie, dans le cas de la femme. La société moderne où l'homme domine la femme ne réduit pourtant pas celle-ci à sa soumission ; elle est aussi la mère, le corps, l'amour. C'est ce qui permet à la femme, lorsque le modèle occidental de la modernisation se décompose, lorsque ses ressorts se détendent, de pouvoir éventuellement occuper une position dominante dans un type nouveau de société où l'homme, tout en perdant son pouvoir, ne sera pas réduit à une dépendance analogue à ce que fut celle de la femme dans la société masculine.

Les formules neutres que je viens d'employer sembleraient insuffisantes à beaucoup de femmes d'aujourd'hui ; elles voudraient condamner plus violemment l'idée (encore énoncée) que les femmes n'ont pas d'âme, ne sont pas des sujets. Cette idée, en effet, n'en finit pas de disparaître, même quand elle est habillée d'un discours plus élégant, qui vante la beauté des femmes en sous-entendant que la beauté va aux femmes comme l'esprit et la conscience aux hommes ; comme le démontrerait le fait que presque toutes les œuvres de l'esprit et de l'art ont été réalisées par des hommes... Un discours plus élaboré encore conclut lui aussi qu'il faut parler des femmes en termes « objectifs », en termes de domination subie. Dire que les femmes ne sont que les victimes de la domination masculine et hétérosexuelle ne revient-il pas à dire qu'elles n'ont pas de conscience et sont incapables de s'élever au-dessus des réactions émotionnelles globales ? L'avantage des formules simples est qu'elles laissent apercevoir l'antiféminisme qui les anime. Car il existe des manières de combattre la domination masculine qui débordent d'antiféminisme.

La sagesse est de reconnaître les différences profondes qui distinguent la culture contemporaine de celle qui relève d'un passé déjà lointain. Le sujet, alors, et jusqu'à récemment, n'est pas encore directement orienté vers lui-même et vers l'affirmation consciente de soi. D'un côté, il ne s'atteint qu'à travers sa projection dans un monde suprahumain : celui du sacré et du divin ; de l'autre, il se défend par la mutinerie, la révolte, plus facilement que par une prise de conscience complexe. Une telle différence est importante, mais elle ne suffit pas à établir une différence marquée entre hommes et femmes. Il reste que l'idéologie où se place cette culture du passé est celle d'une opposition fortement hiérarchisée entre hommes et femmes.

C'est le renversement du modèle classique de la modernité, si fortement polarisé, que nous vivons. Les catégories dominées – le peuple, les travailleurs, les colonisés, les femmes – se sont transformées en mouvements sociaux, qui ont coupé le lien de dépendance qui faisait d'elles les esclaves d'un maître. À la fin de la période des grands conflits animés par ces mouvements sociaux, la modernisation, telle que l'a connue l'Occident, c'est-à-dire en rupture complète avec les mondes anciens, a perdu de son énergie, s'est dissoute dans l'univers de la consommation et du plaisir, qui n'est plus capable d'engendrer des idées vraiment créatrices, et pas davantage de susciter de nouveaux conflits. Les autres routes de la modernisation, parce qu'elles ont toujours conservé l'idée que le neuf ne se fait pas seulement avec du neuf mais aussi avec du vieux, peuvent échapper à cet épuisement qui touche surtout l'Occident parce qu'il avait poussé jusqu'au bout l'accumulation, la polarisation, l'affrontement des extrêmes opposés.

Le seul modèle culturel susceptible de donner une nouvelle vie à un Occident maintenant disséminé sur une grande partie du globe est celui qui oppose à la polarisation d'un type de modernisation, aujourd'hui en déclin, le mouvement inverse, celui de la *recomposition* et de la recombinaison des éléments qui avaient été séparés pour que l'un domine l'autre. Modèle qui avance aussi l'idée que le nouveau est créé et géré par celles qui avaient été la principale figure de la dépendance et qui entreprennent maintenant de dépasser l'opposition hommes/femmes plutôt que de remplacer la domination masculine par la domination féminine.

Ce renversement serait impossible si la situation de la femme dans le modèle classique de la modernité, dominée par l'homme, avait pu être définie en termes entièrement négatifs de dépendance ou de violence subie. Or, c'est bien de cette manière qu'elle est le plus souvent définie, surtout par les critiques extrêmes qui jugent la domination masculine si complète qu'il ne saurait y avoir de place pour la résistance, encore moins pour la contre-offensive. Il faut donc, avant de préciser comment les femmes peuvent devenir les agents principaux de la création d'une nouvelle culture, examiner de manière critique cette définition purement négative de la condition féminine.

L'image la plus répandue est que la dépendance imposée par le modèle culturel ancien, quand elle s'affaiblit, du fait même de la transformation générale d'une société plus « active » et moins portée à se décrire elle-même en termes absolus, se transforme en une dépendance pire encore que l'ancienne, bien qu'elle comporte apparemment des éléments de libération. L'ensemble de la société se transformant en un ensemble de marchés, de biens échangeables, et les acteurs sociaux cherchant avant tout leur avantage économique ou leur plaisir, les femmes trouvent dans ce monde marchand une libération des contraintes de l'ancien modèle ; mais subissent aussi une pression plus forte, qui conduit à les transformer en objets sexuels susceptibles d'être achetés, vendus ou échangés. Cette nouvelle dépendance rend difficile (et même impossible) la transformation des femmes en acteurs principaux de la construction d'un nouveau modèle culturel. Cependant, l'économie de marché s'accompagne souvent de la construction d'un espace à la fois privé et ouvert, en même temps que les femmes accèdent par le travail salarié à une réelle autonomie économique et générale.

Parallèlement, l'infériorité sociale des femmes s'atténue (ou disparaît) plus vite dans certains pays comme la Grande-Bretagne ou les pays scandinaves, plus lentement dans les pays latins et en France même, où les femmes n'ont reçu le droit de vote que près d'un siècle après les hommes. Le mouvement féministe acquiert alors une force croissante et impose des réformes importantes, de telle sorte qu'on peut adopter une vue équilibrée sur la situation des femmes encore soumises à l'inégalité mais ayant conquis des droits et les moyens de gérer librement bien des aspects de leur vie, et en particulier l'usage de leur corps. La conjonction du féminisme et des avantages tirés de l'économie de marché amorce une transformation modérément positive de la condition féminine, assez positive toutefois pour que les femmes, conscientes de ces améliorations, ne cherchent pas à assumer un rôle de transformation culturelle fondamentale. Comme j'ai indiqué mon intention d'expliquer pourquoi elles jouent ce rôle, je dois maintenant justifier cette hypothèse, et surtout identifier les obstacles auxquels elles se heurtent – obstacles qui peuvent les conduire à des conduites de rupture.

L'hypothèse générale de ce livre est celle du passage d'une société qui se percevait et agissait en termes socio-économiques à un type sociétal que j'ai appelé post-social parce que toutes les catégories qui organisent notre représentation et notre action ne sont plus proprement sociales mais culturelles. La raison en est que notre expérience n'est plus bouleversée par la société de masse seulement dans l'ordre de la production, mais aussi dans celui de la consommation et de la communication. Rien en nous n'échappe à l'ensemble des techniques et des connaissances qui se sont accumulées, et nous y répondons en nous préoccupant de tous les aspects de notre vie, afin de défendre notre unité singulière, corps et esprit. Nos rapports à l'autorité comme les formes de notre imagination, notre expérience sexuelle comme nos goûts musicaux changent. Or, l'idée générale du passage d'une culture tournée vers l'extérieur à une autre, tournée vers l'intérieur et vers la conscience de soi, conduit directement à l'idée d'une culture définie et vécue plus intensément par les femmes que par les hommes. Les rythmes et les contraintes de la vie biologique, et surtout celle des organes de reproduction, qui ont pu être considérés comme des obstacles au rôle des femmes dans la vie publique, tournent maintenant à leur avantage, d'abord grâce aux techniques médicales, mais surtout parce que les liens entre soi et soi apparaissent plus forts chez la femme que chez l'homme, sans que cette différence autorise à dresser une barrière infranchissable entre les deux sexes.

La vie sexuelle n'occupe pas une place plus importante chez les femmes que chez les hommes, mais la préoccupation des liens entre sexualité et personnalité est plus grande chez les femmes parce que les hommes, nés dans l'ancien modèle culturel en déclin, restent plus fortement situés par leurs rôles publics et en particulier professionnels. Surtout, le rapport aux enfants, même dans les familles où le père s'occupe activement d'eux, reste toujours plus intense pour la femme que pour l'homme. Même si un certain nombre de femmes préféreraient éviter la grossesse, d'autres, plus nombreuses, considèrent comme inestimable cette expérience unique de gestation d'un nouvel être vivant, qui leur donne aussi la conscience de leur rôle dans la reproduction de l'espèce.

Le rapport au corps occupe une place aussi centrale dans la société d'aujourd'hui que le travail dans la société industrielle ou le statut politique de liberté ou d'esclavage dans les sociétés politiques. La sexualité est présente en chacun des aspects de la personnalité et prend une grande part dans la construction de nous-mêmes par nous-mêmes.

Mais pour comprendre le mouvement féministe lui-même, ne vaut-il pas mieux replacer l'action des femmes dans l'ensemble plus large des luttes pour l'égalité, le respect des droits politiques et sociaux ? Bien des femmes expliquent que si elles luttent, c'est pour que soient abolies toutes sortes de discriminations et d'injustices. Elles veulent établir une complète égalité entre hommes et femmes, et donc supprimer toute référence au genre dans le domaine de l'emploi et des salaires. Mais d'autres veulent, avant tout, faire reconnaître leurs différences par rapport aux hommes en même temps que leur égalité avec eux. Ce débat constant suscite des luttes ardentes. Celles des femmes qui insistent avant tout sur l'égalité le font parce que, disent-elles, toute référence à une différence réintroduit une inégalité et, plus grave encore, aboutit à définir la femme par rapport à l'homme. Mais ce reproche est mal fondé, car le rejet de toute différence de genre renvoie non à un modèle masculin mais à un Homme universel, défini par des droits et non par des attributs particuliers. Or, c'est justement cette formulation qui appelle la critique la plus radicale. Qui est cet Homme ? Le texte de 1789 nous dit qu'il est celui qui jouit des droits du citoyen, donc des droits politiques ; mais un demi-siècle après sa rédaction, ont surgi de nouvelles revendications fondées sur des droits sociaux, formulés avant tout par les salariés, à commencer par le droit au travail, qui fut le grand objectif pour tous ceux qui soutenaient le mouvement ouvrier. Ensuite sont venues les luttes pour les droits culturels, le droit de parler sa langue, de participer à la défense d'une mémoire collective. Comment ne pas étendre ces revendications culturelles jusqu'au droit d'affirmer son « genre », son identité sexuelle ? Un homme « sans qualités », sans situation sociale et culturelle, est pensé si loin de toute situation réelle que l'affirmation de ses droits revient à une déclaration vide de sens et qui ne saurait correspondre à aucun objectif précis.

Mais ce raisonnement, qui ramène les luttes des femmes à des thèmes généraux, heurte autant l'ensemble des femmes que beaucoup d'hommes. Autant, dans le vaste domaine du travail et de l'emploi, le mot d'ordre de l'égalité poussé jusqu'à l'élimination de toute référence au genre a une grande force de conviction, et a en effet contribué à réduire le nombre des emplois catalogués comme masculins ou féminins, autant, dans le domaine de la sexualité, de la reproduction, les solutions neutres n'existent pas, car c'est précisément dans ce domaine qu'était enracinée la domination masculine (qui a pu être définie par le contrôle de la reproduction, la femme l'étant avant tout comme reproductrice et donc dominée par le pouvoir masculin). De là la revendication la plus forte du féminisme, celle qui revendique pour les femmes le droit de décider librement d'avoir ou non un enfant : « Un enfant si je veux, quand je veux. » C'est une formule extrême, mais dont l'efficacité provient justement de ce que les femmes renversent ainsi la relation traditionnelle avec l'homme qui lui « faisait » ou à qui elle « donnait » un enfant. On est ainsi conduit vers l'hypothèse qui résume cette analyse : c'est dans l'ordre de la sexualité que se placent l'affirmation et la volonté de création des femmes. En d'autres termes, c'est en revendiquant une sexualité qui soit indépendante des fonctions de reproduction et de maternité que les femmes se constituent vraiment en mouvement social et s'avancent le plus loin – plus loin que par la lutte pour l'égalité et contre la discrimination.

ÉGALITÉ ET DIFFÉRENCE

Mais ce n'est pas non plus d'un droit à la différence qu'il s'agit. La domination masculine est attaquée à la fois par la liberté de décider ou non d'avoir un enfant et par la revendication de la sexualité comme élément central de la construction de la personnalité féminine. Cette construction s'appuie moins sur la méfiance à l'égard des hommes, si fréquente aux États-Unis, que sur la volonté de construction de soi.

Il est impossible de contourner ici le débat sur l'égalité des femmes et leurs différences, lancé par les féministes, et devenu aussi classique que le débat entre libéraux et communautariens.

D'illustres anthropologues, comme Louis Dumont et Clifford Geertz, ont considéré que la combinaison de l'égalité et de la différence était aussi impossible à résoudre que la quadrature du cercle. Jugement qui peut paraître de bon sens, et qui, pourtant, est irrecevable. Des objets différents sont aisément hiérarchisés, soit au nom de leur prix ou de leur durabilité, soit en raison du nombre de ceux qui achètent l'un ou l'autre ; mais ce n'est pas la différence qui est ici en cause, ce sont des attributs économiques ou psychosociologiques. Il est difficile d'établir une hiérarchie entre le vert et le bleu, le thé et le café, Churchill et Clemenceau.

Au contraire, il est logique de chercher derrière une différence sensible, aisément repérable, non seulement d'autres différences mais surtout des configurations différentes.

Nous admettrons sans difficulté le fait de la domination traditionnelle des hommes sur les femmes. Or, cette domination ne s'explique pas par les caractéristiques respectives des uns et des autres, mais par un *pattern* culturel qui accorde un rôle central aux hommes conquérants et aux chasseurs. Ce n'est pas la production qui l'emporte sur la reproduction ; ce n'est même pas le contrôle de l'échange des femmes par les hommes. Ce qui est en cause, ici, à mes yeux, c'est une vision de la société dominée, sous des formes diverses, par une élite maîtresse des ressources et chargée de la transformer, elle et son environnement, élite à laquelle les autres catégories, comme les femmes, sont subordonnées.

Il ne s'agit donc pas de s'en tenir à une différence qui en elle-même est neutre hiérarchiquement, mais au contraire de faire apparaître des ensembles sociétaux et culturels qui construisent des rapports hiérarchisés d'inégalité. Et je cherche précisément, dans ce chapitre, à faire apparaître le renversement de modèle culturel qui a vu les femmes accéder au rôle central, ce qui ne signifie pas que les femmes soient devenues professionnellement ou intellectuellement supérieures aux hommes, mais qu'elles occupent une place plus centrale dans la nouvelle culture. Bref, l'analyse qu'il faut mener ici ne doit pas l'être en termes psychologiques.

Pour le dire autrement : au lieu de prendre la mesure des différences et du niveau relatif des acteurs, il convient d'identifier l'ensemble dans lequel ils interviennent et l'importance de la position qu'ils y occupent. Ce qui éclairera les raisons pour lesquelles les femmes aujourd'hui s'estiment supérieures aux hommes et le sont.

La sexualité et le genre

Que faut-il entendre par sexualité ? Certainement pas seulement la libido, le désir. Ici le mot sexe est suffisant. La sexualité est la construction de la personnalité à travers des relations affectives sexuées et diverses formes de plaisir érotique. Pour éclairer cette définition, il faut bien distinguer le sexe et le genre (*gender*), distinction qui a joué un rôle si capital dans le développement de la pensée féministe, surtout aux États-Unis. Le genre, disent les commentateurs, est une construction sociale de la vie sexuelle. Définition presque dénuée d'intérêt, puisque dans une culture, presque tout est construit, qu'il s'agisse de l'alimentation, des systèmes de parenté ou de la définition du sacré. L'idée de genre est devenue féconde après avoir été enrichie par une sorte de post-marxisme consistant à introduire l'idée d'imposition d'une domination, la création d'un être dominé par le pouvoir masculin. C'est pourquoi les plus grandes féministes, Judith Butler en tête, ont dénoncé l'idée de *gender*, et ont cherché à réhabiliter toutes les formes minoritaires (*queer*) de vie sexuelle. Ce faisant, elles sont parvenues ainsi à transformer profondément la pensée féministe. La notion de genre est faite pour être détruite, pour être déconstruite, disent-elles, puisque les catégories qui sont employées pour décrire les femmes sont autant d'instruments d'imposition sur ces femmes du monopole de la relation hétérosexuelle dont l'éminence tient à la position centrale qu'occupent les hommes dans la fonction sociale de reproduction et de filiation.

Cette pensée féministe, portée surtout par les lesbiennes radicales américaines, qui sont maintenant parmi les intellectuelles les plus influentes dans leur pays, mais aussi hors de lui, a eu beaucoup d'effets positifs. Le principal aspect est d'aller au-delà des dénonciations de la condition sociale de la femme. Il ne s'agit évidemment pas de se désintéresser des injustices, des violences, des inégalités subies par les femmes. Mais il faut aller plus loin et critiquer les catégories qui fondent les pratiques. Bien des femmes ne sont pas seulement des victimes, ne se contentent pas de dénoncer ce qu'elles subissent ; elles mettent aussi en cause les structures sociales qui soutiennent leur dépendance.

Quant à moi, je veux même pousser la réflexion dans une autre direction. Ce sont les femmes qui font passer notre société d'une vision conquérante du monde à une vision de soi créatrice de nouvelles orientations libres, ce qui correspond au grand retournement qui a conduit le modèle culturel européen classique à évoluer vers la situation que je décris dans ce livre.

Le couple sexe-genre, construit puis déconstruit par les féministes radicales, doit être écarté de notre réflexion et remplacé par le couple sexe-sexualité, si par *sexualité* nous entendons non pas une force qui nous traverse (comme l'Éros des Grecs avec sa flèche), mais la construction d'un rapport à soi-même comme être de désir, être de relations et conscience de soi, comme acteur de l'intégration de soi-même et du monde.

La sexualité occupe une place centrale dans la formation du sujet car elle renvoie à une expérience individuelle, à l'engagement de la personnalité autour de cette expérience, qui est à la fois un vécu personnel, un rapport à l'autre et, plus profondément, une conscience de soi tournée vers le rapport à la vie et à la mort. Ce qui est dit ici a une conséquence qu'il faut mentionner tout de suite. La sexualité est la construction de conduites de sexe. Il faut donc reconnaître l'existence de conduites sexuelles qui ne contribuent pas à la construction d'une sexualité complexe, mais témoignent néanmoins de l'autonomie du sexe, qui seule rend possible la construction de la sexualité. Ce sexuel détaché de la sexualité comme construction culturelle est ce que nous nommons l'*érotisme*. Son ambiguïté et son importance proviennent de ce qu'il reste sexe d'abord, mais qu'il colore aussi un rapport à soi et aux autres. S'il est entièrement détaché de tout ce qui est la sexualité, il se dégrade en pornographie. Mais il faut bien comprendre que notre culture sexuelle ne saurait être constituée seulement de modèles sociaux ou culturels. Et l'érotisme est une condition de la sexualité parce qu'il se réfère précisément à ce qui doit être construit.

Parvenus à ce point, nous rencontrons la question, fort

débattue, de la présence de programmes dits érotiques ou pornographiques à la télévision. Il est juste de s'en inquiéter, parce que la télévision a comme objectif principal de produire des objets de télévision, autrement dit de transformer des êtres réels et divers en objets construits par et pour la télévision. Ce qui est d'autant plus facile que les personnages considérés sont plus vides de réalités relationnelles, affectives ou intellectuelles. C'est ainsi que la télévision, si habile à décontextualiser, s'accommode très facilement de la pornographie, a déjà plus de mal à mettre en évidence la dimension érotique de la sexualité, et est tout à fait maladroite lorsqu'il est question d'analyser les sexualités les plus construites, telles qu'on les trouve par exemple dans les œuvres d'art, littéraires ou picturales.

Comment ne rien dire ici non plus de la prostitution, puisque celle-ci est l'objet de débats sans fin et de condamnations répétées ? Il est assurément nécessaire de protester contre l'exploitation par des proxénètes de femmes contraintes de quitter leur pays pour des raisons économiques et qui doivent livrer leur corps à des hommes, le plus souvent enfermés eux-mêmes dans un besoin de satisfaction sexuelle frustré. Beaucoup de femmes prostituées et d'hommes qui recourent à elles partagent la même pauvreté et contribuent à enrichir des proxénètes. L'évocation même de la prostitution soulève l'indignation. Mais contre qui celle-ci doit-elle être dirigée ? Contre la prostitution elle-même ou contre la misère ? Les femmes qui sont à la recherche de gains importants (ou qui n'aspirent à être que des belles de jour à temps partiel), celles qui donnent des massages sexuels à des hommes appartiennent-elles à la même catégorie que les prostituées qui vivent dans l'esclavage et sont contraintes de s'abandonner à n'importe qui ?

Prenons garde que les condamnations enflammées de la prostitution n'aboutissent qu'à placer sous contrôle et punir la prostitution des pauvres sans parvenir à atteindre celle des riches. Certes, ce qui n'est plus possible, c'est de regarder le bordel comme un pur lieu de libération, selon l'image rendue populaire par la littérature et la peinture, de Maupassant à Toulouse-Lautrec. Mais pourquoi choisir entre la défense des « travailleuses du sexe », la condamnation des proxénètes et la régularisation sociale d'une activité qui serait suivie d'assez près pour rapporter des impôts à l'État ? Il serait hypocrite de ne pas reconnaître que la prostitution est toujours une chute et empêche les femmes qui s'y livrent d'avoir une vie libre et responsable. Mais méfions-nous des condamnations qui visent, plutôt qu'à libérer les femmes, à accroître le contrôle de la société sur des hommes dont rien n'autorise à dire qu'ils veulent toujours dominer, voire détruire ces femmes. Les très vives campagnes menées par certaines féministes contre la pornographie et la prostitution peuvent aussi cacher une volonté d'étendre le contrôle des mœurs, déjà fort sur les femmes, jusqu'aux hommes.

La prostitution est, presque par définition, une activité d'un bas niveau d'échange affectif, puisqu'il s'agit avant tout pour une femme ou un homme de faire commerce de son corps, ce qui est le contraire même de la construction de soi comme sujet. Mais ce n'est pas une raison pour donner de la prostitution une image qui ne correspond qu'aux situations les plus dégradantes, il est vrai fort nombreuses. Non seulement, comme je l'ai dit, les hommes pauvres qui recourent aux prostituées pauvres et les plus exploitées vivent d'une manière aussi destructrice que ces prostituées, mais inversement, la « prostitution chic » qui est probablement plus facile à vivre, puisqu'il est plus agréable d'être riche que pauvre, peut laisser un peu de place à la parole et à des demandes affectives. Enfin, il faut considérer à part les prostitués, hommes ou femmes, pour qui cette solution a été la seule réponse possible à leur désir de changer de sexe.

Le Brésil est probablement le pays qui a exploré le plus loin le mélange des identités sexuelles et les États-Unis ont eu raison d'aider les transsexuels, qui vivent le plus souvent dans le rejet. Il serait bon, dans un pays comme la France, que l'opinion n'ait pas des réactions si défensives qu'elles enferment finalement dans la prostitution ceux et celles qu'elle prétend vouloir « sauver ». Le rejet des transsexuels en France ne leur laisse presque aucune autre issue que la prostitution, et il est urgent que se renforce le front de défense LGBT (Lesbians, Gays, Bi, Trans). Trop souvent le thème de la libération sexuelle, si positif qu'il soit, est utilisé comme un prétexte pour élaborer et imposer de nouvelles normes qui ne sont pas seulement d'ordre hygiénique mais alourdissent le rejet qui frappe les personnes en situation d'échec, de pauvreté affective, de dépendance ou même de petite criminalité. La « société » est ici plus exigeante et moins charitable que les Églises qui lancent des condamnations mais en appellent peu à des conduites de répression effectives. Et dans les pays où la misère est grande et le chômage écrasant, comment ne pas comprendre les femmes qui ont formé des syndicats de « travailleuses du sexe », hostiles aux mesures répressives, et qui, dans une situation qu'il est impossible de transformer complètement, essayent au moins d'apporter un minimum de protection aux prostituées, tant face aux pouvoirs publics qu'aux clients eux-mêmes ?

Les femmes, en raison de la situation prolongée de dépendance et d'infériorité dans laquelle elles ont été plongées, recherchent surtout l'intégration de leur univers affectif. Sentiments amoureux, plaisirs érotiques, vie de couple, rôle maternel, assimilation de la famille sont autant de rôles affectifs dont il est sous-entendu qu'ils doivent s'intégrer les uns aux autres. Cet objectif est si difficile à atteindre que nul ne s'étonne qu'un tel objectif ne puisse pas l'être. Cette représentation s'oppose à celle des hommes, fondée sur la séparation des rôles (père, mari ou équivalent, amant, etc.), autant de sous-univers dont la séparation est plus souvent admise dans leur cas que dans celui des femmes. Cette différence dans la représentation n'est nullement traditionnelle. Au contraire, la femme était autrefois soumise au rôle distinct que lui confiait l'organisation sociale, et c'est plutôt de l'homme qu'on attendait qu'il intégrât toutes ses conduites sous le nom du père. Le renversement des images et des attentes est si manifeste que presque toutes les réflexions sur la sexualité des femmes portent sur leur capacité à combiner divers rôles, si différents soient-ils les uns des autres. Ce qui souligne la vocation centrale des femmes dans la société nouvelle : rendre compatibles des conduites ou des attitudes qui sont séparées et même opposées les unes aux autres dans la modernité. Des hommes on attend beaucoup moins, et l'on imagine avec un certain scepticisme les efforts qu'ils déploient pour intégrer vie publique et vie privée, calculs et émotions, et. Il ne s'agit nullement ici d'opposer psychologies masculine et féminine (rien n'est plus étranger à mon propos), mais de définir deux cultures, l'une construite autour de la polarisation des ressources et l'autre centrée sur un effort de recomposition de l'ensemble des changements culturels. Le premier modèle culturel façonne l'opposition entre un homme jugé supérieur et une femme jugée inférieure, tandis que le deuxième suppose que l'action des femmes parviendra à reconstituer une culture plurielle au profit de tous.

Il existe une convergence évidente entre cette évocation du nouveau rôle créateur des femmes et le désir des féministes radicales d'en finir avec toute image « idéale » de la femme, désir qui prend acte de ce que le féminisme affirme depuis longtemps, à savoir que tout ce qui définit la femme relève d'une domination. Il n'est possible, en effet, de penser cette nouvelle figure de la femme que si l'on renonce à toute représentation réelle de la « femme idéale ». On voit ainsi, au contraire, les femmes se détacher des définitions qui sont données d'elles et chercher à construire un sujet-femme auquel elles ne correspondent jamais, pas plus que les hommes réels n'ont correspondu à l'idéal masculin d'une société.

Le plus difficile à assumer clairement est la priorité qu'elles donnent à la construction d'elles-mêmes. Leur rapport à un homme ou à une femme, comme leur rapport à leur profession, et même à leurs enfants, ne peuvent pas se combiner au nom d'un principe supérieur placé au-dessus des activités sociales. Le seul principe d'action possible est la recherche de la plus grande capacité de production de soi-même, ce qui signifie qu'on donnera la préférence aux relations qui sont les plus exigeantes et laissent donc le moins de place aux autres. L'important est ici de ne pas raisonner sur des catégories morales mais sur la signification que chaque conduite a pour chaque acteur.

L'opposition entre ce qu'il est convenu de considérer comme deux types de féminismes peut être présentée de bien des manières. Mais ce qui donne à cette opposition toute son importance doit être formulé clairement. Pour le premier, il s'agit, au-delà même de la lutte pour l'égalité, d'affirmer une différence : il y a deux sexes, comme le dit vigoureusement Antoinette Fouque. La femme doit être définie par rapport à elle-même, et non par référence à ses rôles sociaux et à ses relations avec l'homme. Ce qui est écrit dans ce livre, et en particulier dans ce chapitre, s'inscrit assez nettement dans cette perspective, comme en témoignent les expressions que j'emploie volontiers : culture masculine, culture féminine, libération de la femme, etc.

La seconde tendance du féminisme est plus radicale. Comme je l'ai déjà indiqué, elle remet en cause la catégorie « femme » elle-même. Elle considère, avec les féministes *queer*, qu'il faut libérer les femmes du modèle hétérosexuel qui les domine et les installe dans un rôle subordonné. Il faut en finir avec l'opposition de l'homme et de la femme, et pour cela briser la catégorie « femmes » qui a été construite à partir de la domination masculine dans une relation hétérosexuelle normativement imposée. Cette position radicale suscite des réactions hostiles, tant il est difficile de nier la dualité homme-femme. Non seulement elle est immédiatement perçue dans la relation hétérosexuelle, mais elle l'est aussi dans l'expérience transsexuelle et n'est pas mise en cause dans la relation homosexuelle. Car il n'est pas exact de dire que dans un couple lesbien, l'une des partenaires joue le rôle de l'homme. Le type « Butch » n'est pas défini comme un type masculin. L'expression la plus « désocialisée » des identités masculines ou féminines est le bisexualisme, mais il s'agit souvent d'une relation avec un homme et une femme clairement identifiés, plutôt que d'un dépassement de la nature du partenaire.

En réalité, rien ne permet d'affirmer que la femme est une catégorie définie par une série d'attributs ; il en va de même pour l'homme. Il existe une grande diversité de types masculins et féminins, et l'identification de l'homme à l'autorité est non seulement une construction culturelle, mais elle est loin de correspondre toujours à la réalité. Si cette construction a en effet une grande influence, elle ne s'impose absolument pas à tous les membres d'une société, sauf lorsque celle-ci est une communauté fortement intégrée et isolée.

La conclusion vers laquelle conduit cette analyse, c'est qu'un individu n'a pas en permenence les mêmes conduites cognitives, affectives ou sexuelles, et que la plupart des relations hétéro- ou homosexuelles ne peuvent mettre en communication et en complémentarité qu'une partie limitée de la vie psychique de chaque partenaire. Quoi qu'il en soit, une grande distance sépare le thème *queer* de la fragmentation de la personnalité, en particulier dans le domaine sexuel, et celui du sujet, qui voudrait dépasser cette fragmentation par la force de la relation amoureuse à travers laquelle le désir sexuel, la relation intersubjective et la proximité s'unissent et acquièrent ensemble assez de force pour rapprocher les autres composantes des deux personnalités.

L'élément commun aux deux thèmes est le refus d'une vision intégrée de la personnalité, qui correspondrait à la vision intégrée de la société que j'ai déjà combattue. Allons plus loin : non seulement on peut admettre qu'hommes et femmes opèrent ces constructions de manière différente, mais que chaque individu construit les réussites et les échecs de son sexe (*gender*). Ce qui veut dire que l'élément central est l'individu, non le genre, et que celui-ci n'est pas une catégorie générale à laquelle les autres sont soumises, mais un facteur de l'action qu'un individu exerce lui-même. Notons en effet que le facteur « genre » n'a que deux valeurs : hommes et femmes, et qu'il y a d'autres facteurs, d'autres variables qui interviennent dans la construction plus ou moins réussie (et plus ou moins complexe) du sujet. Bref, le genre, tout en étant une variable peu flexible, puisqu'elle n'a que deux états possibles, n'est pas la définition principale de l'acteur. Et l'histoire qui est racontée ici n'est pas celle des hommes et des femmes, mais celle du sujet qui se construit à partir d'une sexualité fragmentée des relations à d'autres et, occasionnellement, par la dualité homme-femme. Il nous faut nous déprendre en ce point de toute psychologie comparée des hommes et des femmes, ce qui ne devrait pas être difficile puisque nous disposons, avec la pensée freudienne, d'un instrument d'analyse beaucoup plus élaboré qui porte sur la formation de la personnalité pendant l'enfance.

Une fois la route dégagée, il faut opérer un choix entre la démarche de déconstruction du féminisme et mon propre effort pour définir non pas une psychologie féminine, je l'ai dit, mais les mutations culturelles grâce auxquelles les femmes occupent un rôle central. Un tel choix ne rend pas inutile le travail de décomposition du féminin (toujours indispensable pour séparer la sexualité des rôles familiaux), mais il suppose que l'on aille au-delà de la critique de la notion de féminin telle qu'elle a été construite par la domination masculine.

Ce choix signifie, dans ce domaine comme dans beaucoup d'autres, qu'il est indispensable de dépasser les descriptions de ce qui est subi et accepter l'idée que les actrices principales ne sont pas seulement des victimes. C'est pourquoi, tout en citant avec admiration les travaux critiques de Judith Butler et de bien d'autres féministes radicales, j'insiste avant tout sur le renversement de la culture après l'épuisement du modèle classique volontariste, et sur le rôle central des femmes dans cette mutation culturelle.

La prise en charge féminine de la sexualité est d'un autre ordre que la destruction ou la création de nouveaux interdits. Il s'agit d'abord, pour les femmes, de refuser la confusion de leurs rôles dans la reproduction et dans la vie de famille avec la sexualité en tant que telle. Thème qui a été au cœur des revendications des féministes. Mais il faut aller plus loin : les femmes revendiquent leur droit au plaisir et la reconnaissance de leur sexualité propre en affirmant qu'elle ne se réduit pas à une réponse aux demandes de la sexualité masculine. Une telle affirmation est déjà chargée de conséquences qui bouleversent les rapports entre hommes et femmes. Mais on peut aussi défendre l'idée que les femmes parlent au nom d'une libération de la sexualité et pas seulement de leur sexualité.

Des critiques sont ainsi adressées aux positions extrêmes de Monique Wittig, qui n'acceptait pas d'être définie comme une « femme » et ne voulait l'être que comme lesbienne. Or, elle touchait à un point très sensible quand elle disait, en termes peu différents de ceux de Judith Butler, que la catégorie « femmes » a été construite à l'intérieur de la domination masculine et pour la renforcer. De sorte que la femme ne peut se libérer de cette domination qu'en cessant de se définir comme femme. Si l'on veut bien faire l'effort nécessaire pour écarter les objections que suscitent immédiatement de tels propos, on doit considérer comme très importante l'idée que les femmes cherchent à faire reconnaître les problèmes de la sexualité, en particulier ceux qui sont les plus liés à la création du sujet, indépendamment du genre des individus concernés. De sorte que les femmes agiraient pour transformer l'un des aspects les plus importants de notre société, la sexualité, et pour la libérer du rôle inférieur qu'elle occupe dans la relation hétérosexuelle, qui se veut la seule sexualité « normale ». Mais on peut douter de la libération tant proclamée. Bien des clips de télévision, en général d'origine américaine, fortement chargés de sexualité, indiquent clairement que l'homme règne encore sur des femmes soumises à sa volonté. Bien des femmes pensent, de manière plus moderne, que c'est le face à face des hommes et des femmes qui introduit cette dimension érotique si forte. Dans tous les cas, la femme apparaît soumise à son sexe.

Une telle conclusion conduit naturellement à dire un mot du débat qui oppose défenseurs et adversaires de la séduction. À ceux et à celles qui défendent cette arme, considérée comme féminine, pour conquérir les hommes, très nombreux sont ceux qui répondent que cette conquête est en fait une soumission, puisque la femme ne se définit que par rapport au désir de l'homme et renonce ainsi à sa propre personnalité. Cette critique est facilement recevable, et d'ailleurs très largement partagée par les femmes d'aujourd'hui. Mais la condamnation de la séduction nous laisse dans un vide difficilement acceptable. Privées de séduction, que deviennent les relations affectives ? La réponse la plus simple qui vient à l'esprit est que femmes et hommes doivent se séduire mutuellement. Cependant, cette solution de réciprocité est bien vague et ce qui a été dit jusqu'ici rend difficile d'accepter une telle formulation. Mais, s'il revient désormais aux femmes de recomposer les différentes dimensions de l'expérience, c'est bien à elles qu'il appartient aussi de gérer, et de générer, la relation de séduction – qui serait ainsi à la fois réciproque et à dominante féminine. Et c'est probablement ce qui se met en place. L'image de l'homme séducteur faisant céder les femmes devant son désir suscite des réactions négatives toujours plus nombreuses, même si un certain nombre de femmes peuvent aspirer à être conquises, sans pour autant aliéner leur liberté. Il est désormais plus communément accepté que la séduction, tout en restant exercée par les deux partenaires, soit pour l'essentiel gérée par la femme : le croisement des séductions fonctionne mieux quand c'est le cas. Ce qui signifie que la construction de la femme par elle-même à travers sa sexualité commande la construction symétrique de l'homme. Nous sommes décidément entrés dans une période de suprématie féminine. Et l'univers de la séduction contribue précisément à donner aux femmes le rôle principal dans l'innovation culturelle.

Que nous sommes loin de la femme victime ! Ce qui ne veut nullement dire que le poids de l'inégalité et de la violence n'écrase pas un grand nombre de femmes. Mais seulement qu'au-delà de cette souffrance et de cette injustice subies, elles sont porteuses, au nom de l'ensemble de la population, d'un nouveau modèle culturel. Expression qui doit être entendue au sens le plus large et nous conduit donc à élargir les réflexions présentées jusqu'ici.

Les femmes ne peuvent affirmer leur existence comme sujets qu'en refusant de se définir uniquement par leur relation hétérosexuelle à l'homme et par les fonctions sociales que cette relation les mène à accomplir. Certes, cette « libération » peut prendre la forme de la proclamation d'une identité féminine en soi, voire même de la supériorité des femmes sur les hommes. Mais ces affirmations sont plus faibles qu'il n'y semble de prime abord. Car à jouer le jeu d'une « psychologie féminine », on retombe vite dans des représentations de la femme qui ne conviennent si bien à la domination masculine que parce qu'on peut penser qu'elles ont été créées par elle. Les femmes qui arpentent ce chemin apparemment facile revendiquent bientôt la douceur, le sens des autres, la sensibilité, bref, toutes qualités étrangères à l'homme chasseur, soldat et conquérant !

Bien différent, opposé même, est le mouvement qui invite les femmes, au nom même de leur liberté, à rejeter, par l'annulation du rapport de domination qu'elles subissent de la part des hommes, toutes les polarisations, dont celle du masculin et du féminin est la figure la plus générale, à reconstruire une expérience humaine qui aurait été scindée en deux moitiés inégales par le mode de modernisation européen.

Cet effort général de reconstruction est manifeste dans bien des secteurs de la vie quotidienne. Les écologistes veulent ainsi dépasser l'opposition entre la modernité économique et les équilibres qui rendent possible la vie sur la terre ; toutes les formes de psychothérapie proposent des programmes de rétablissement du lien du corps et de l'esprit, et la psychanalyse, depuis beaucoup plus longtemps, a orienté sa réflexion dans cette direction. Plus directement encore, on voit chaque jour remise en cause non seulement la domination masculine, mais ses effets les plus indirects comme les plus directs.

Toutes ces tendances, dont on pourrait allonger la liste, ne combattent pas seulement des formes de domination ; elles se défendent aussi contre le pseudo-individualisme d'une société de consommation dans laquelle chaque individu est invité à se conduire en fonction de ses caractéristiques personnelles, sociales, culturelles ou génériques.

Or, la femme joue ici le rôle le plus important, puisque c'est elle que la marchandisation réduit le plus violemment à être un objet de consommation sexuelle et, dans une moindre mesure, un indicateur de statut social. Les luttes dans lesquelles les femmes jouent un rôle central ne visent pas à remplacer la domination masculine par une domination féminine, mais pas davantage à faire triompher l'esprit de consommation dans lequel tous les rapports de domination se dissoudraient.

Les femmes, bien qu'affaiblies par leur situation de dépendance, sont les actrices du mouvement de reconstruction de l'expérience parce que c'est d'elles-mêmes, collectivement et individuellement, qu'il s'agit. Monique Wittig, en critiquant la pensée *straight*, s'interroge sur la possibilité de chaque femme, au-delà d'une critique sociale générale, de s'affirmer comme sujet personnel et répond « qu'une nouvelle définition de la personne et du sujet pour toute l'humanité ne peut être trouvée qu'au-delà des catégories de sexe (femmes et hommes) et que l'avènement de sujets individuels exige d'abord la destruction des catégories de sexe, la cessation de leur emploi ». Pour elle, je l'ai dit, ce sont les lesbiennes qui détruisent le plus radicalement la catégorie « femmes ». Affirmation impossible à démontrer ou à infirmer, mais qui témoigne du rôle remarquable joué par les lesbiennes dans le grand renversement de pensée et d'action qui est présenté ici. Depuis Antoinette Fouque, dont la pensée parut un moment isolée, parce qu'elle était en avance sur celle des féministes purement critiques, jusqu'aux *queer* américaines, qui auront représenté la meilleure part du féminisme à la charnière du XXe siècle et du nôtre, le rôle des lesbiennes a été pionnier, probablement parce qu'elles se sont placées d'emblée à l'écart de l'obsédante question de la dépendance à l'égard de l'homme. Mais c'est bien de la majorité des femmes qu'il s'agit ici, donc des femmes hétérosexuelles. C'est pour elles surtout qu'il faut mettre en relation les trois dimensions de la sexualité : l'autonomie du sexe, la relation à l'autre et la naissance de la conscience de soi comme sujet. En précisant que c'est cette dernière composante, dont l'existence dépend largement de la présence des deux autres, qui est la signification la plus élevée de la sexualité.

À partir de ce point central, il est plus facile d'apercevoir les transformations culturelles qui, dans tous les domaines, convergent pour former une culture aussi bien définie par le rôle central des femmes que la culture européenne classique l'avait été par le rôle central des hommes. Conclusion qu'il faut formuler dans toute sa radicalité : nous n'avançons pas vers une société d'égalité entre hommes et femmes ; pas davantage vers une société androgyne ; nous sommes déjà entrés dans une culture (et donc dans une vie sociale) orientée (et par conséquent dominée) par les femmes : *nous sommes déjà entrés dans une société de femmes*. À cette affirmation répondent aussitôt des objections et des sarcasmes : comment peut-on parler de domination féminine alors que les hommes détiennent encore l'essentiel du pouvoir, de la richesse et des armes, que les salaires féminins sont inférieurs à ceux des hommes et que partout sont visibles les signes de l'autorité masculine et de la soumission des femmes à l'image que les hommes se forment d'elles ?

Ce rappel à des réalités évidentes, et que nul ne conteste, n'affaiblit nullement la conclusion que je présente ici : oui, les hommes ont le pouvoir et l'argent, mais les femmes ont déjà le sens (*meaning*) des situations vécues et la capacité à le formuler. Il est déjà beaucoup plus facile de faire parler les femmes des femmes que les hommes des hommes ; ceux-ci sont embarrassés par les images que véhiculent les thèmes de la masculinité, de la virilité. Beaucoup voudraient se rapprocher des femmes, parfois même se féminiser, et dans les relations sexuelles les images de la pénétration, de la possession et de la fécondation s'affaiblissent à mesure que les femmes reconnaissent mieux la localisation de leur plaisir et surtout que les hommes apprennent à substituer à l'ancienne position de conquête la capacité à se tourner vers soi comme le font les femmes. Le succès de bien des techniques recommandées par les psychologues-sexologues provient surtout de ce qu'elles en finissent progressivement avec toutes les images de la domination masculine, aussi bien dans la vie en général que dans les rapports sexuels.

La faiblesse principale de ces analyses tient à ce qu'elles donnent le sentiment qu'on aurait affaire à des femmes se libérant ou libérées, accueillant de nouvelles représentations et de nouvelles pratiques, et capables de concevoir et de réaliser par elles-mêmes des transformations qui leur accorderaient un rôle novateur et plus indépendant, mais qui ne se heurteraient pas à la résistance d'autres femmes. Or, il y a eu et il y a encore des résistances. Des transformations aussi profondes ne sauraient s'accomplir sans se heurter à des oppositions – et susciter même des réactions de rejet. Je veux en signaler deux ici, qui correspondent à des situations très différentes.

Le premier contexte dans lequel les femmes rencontrent des réactions négatives est celui des populations immigrées (en témoignent tous les cas étudiés en France), lorsque s'exerce le très fort contrôle social de la sœur par le frère, que la première soit voilée ou non. Le plus surprenant est que dans ces quartiers, les filles d'origine immigrée n'étaient pas soumises avant 1990 à des pressions aussi fortes. Garçons et filles pouvaient se promener ensemble dans le quartier. Puis assez vite, les pères et surtout les frères ont exercé un contrôle de plus en plus étroit sur les filles. Le groupe s'est alors refermé sur lui-même, tandis que la grande majorité des mariages se conformait à l'ancien ordre moral : unions arrangées reposant sur un certificat de virginité, ce qui a contribué au développement d'une petite chirurgie de reconstitution de l'hymen et, chez beaucoup de filles, au recours presque constant aux relations anales. Certaines filles parviennent à avoir une vie sexuelle sur place, d'autres ont la possibilité de sortir du quartier, certaines mènent même une double vie. Le but de nombreux hommes dans de tels quartiers est de parvenir à interdire la vie sexuelle des filles. Celle qui porte une jupe sera ainsi stigmatisée comme une prostituée. Elle sera soupçonnée d'être consentante lorsqu'elle sera violée dans une « tournante », alors même que cette pratique semble se développer, sous la direction des garçons les plus forts du groupe qui, comme dans une harde de gibier, conquièrent le monopole des femelles. Ici, il n'y a pas seulement résistance mais recul.

Une telle situation peut être analysée d'un point de vue moral ou d'un point de vue urbain. Mais elle témoigne, en tout état de cause, du refus de la sexualité féminine – et avant tout de celle des femmes non mariées. Ce qui prouve une fois encore que c'est bien la sexualité qui est au cœur de l'égalité des femmes plus que leur accès aux études et à l'emploi.

Autre contexte dans lequel les femmes se heurtent à bien des résistances. Dans nombre d'écoles et de milieux sociaux, on assiste à un laxisme sexuel croissant. La consommation des cassettes porno s'est généralisée, les filles portent des vêtements qui dénudent leur corps. Partout on regarde les clips de MTV et de MCM, qui sont devenus de plus en plus crus en dépit de l'interdiction américaine de montrer le nu. Cette culture, faite surtout d'images, n'entre pas, me semble-t-il, en contradiction avec le modèle culturel traditionnel : la fille doit plaire au garçon, le séduire et se préparer à un mariage qui tiendra le plus grand compte du milieu social et des perspectives professionnelles et économiques du garçon. Les garçons, de leur côté, se rapprochent des conduites féminines, fréquentent les coiffeurs et les salons d'esthétique, voire même les cliniques de chirurgie esthétique.

Cette génération vit aux antipodes du mouvement féministe, qui dut mener de durs combats pour obtenir que les changements passent dans les mœurs. Il semble, certes, n'y avoir rien de commun entre une répression extrême et un extrême laisser-faire. Pourtant, l'une et l'autre font obstacle à la formation de la personnalité (en particulier celle des jeunes femmes), à travers la sexualité, obstacle peut-être aussi difficile à surmonter dans le contexte d'une morale laxiste que dans celui d'une morale répressive. C'est ainsi que les femmes peuvent se construire par la séduction comme par le travail, mais que la « libération » créative des femmes est rendue impossible par la réduction du sexe à une marchandise.

Le sujet-femme

Je maintiens l'idée qu'après la rupture et la disparition du modèle de la première modernisation, celui d'une extrême polarisation qui suscite des tensions et des conflits extrêmes, le seul mouvement culturel susceptible d'insuffler à notre société une nouvelle créativité est la recherche de la recomposition de la vie sociale et de l'expérience personnelle : nous cherchons à réunir ce qui a été séparé par la première modernisation. Nous cherchons à rapprocher, comme le disent avec force les écologistes, nature et culture, et aussi corps et esprit, vie privée et vie publique. Et comment nier que les femmes, constituées et définies par leur infériorité, cherchent non pas à renverser les relations de pouvoir mais à les « dépasser », de manière à faire disparaître la logique qui déterminait leur infériorisation ?

Cette idée générale est confirmée par les documents – interviews et réunions de groupe – que nous avons réunis, mais elle doit être complétée. Les femmes d'aujourd'hui pensent de moins en moins en termes historiques, surtout depuis la victoire du féminisme. Le dépassement de l'ancienne polarisation les conduit non pas à rejeter mais à réinterpréter leur enfermement dans le « privé ». Certes, elles travaillent et, sauf cas particuliers, comme le recours au congé parental, elles gardent et veulent garder la supériorité que leur confère le pouvoir d'enfanter. Elles continuent à dire : « Un enfant, si je veux, quand je veux. » Les enfants sont pour elles une source de pouvoir, et il est bien rare que le père ait une relation aussi forte avec eux. Plus largement encore, les femmes, tout en rejetant les anciennes définitions de leur genre, accordent à leur corps et à leur sexualité une importance plus grande que les hommes.

Pourtant, l'opposition de l'ancien et du nouveau modèle, de la polarisation et de la recomposition, ne saurait rendre complètement compte des orientations des femmes, puisque celles-ci pensent davantage en termes de dépassement que de renversement ou de compensation des inégalités.

Il manque donc à notre analyse la compréhension de ce qui conduit les femmes à rechercher avant tout le dépassement de la relation hommes/femmes, où elles occupent encore une place inférieure. Ce moment de l'analyse, qui semble si difficile d'accès, est éclairé par les observations opérées dans la recherche. Les femmes, tout en voulant préserver (en les transformant) les rapports de séduction avec les hommes, rejettent vigoureusement les images d'elles-mêmes que leur renvoient les médias – et surtout la publicité. Ce rejet a été bien formulé par un des groupes de femmes avec lesquels nous avons travaillé : les femmes qu'exhibe la publicité, nous ont-elles dit, ne sont pas réelles. Nos jambes ou nos mains ne sont pas comme les leurs. Les publicités ont inventé une image des femmes et nous, nous sommes privées de notre image. Si nous nous regardons dans un miroir, nous ne voyons que le visage et l'image que les publicités ont plaqués sur nous en faisant disparaître notre corps réel.

Autrement dit, ce n'est pas en référence à l'ancien modèle que les femmes développent un désir de recomposition de l'expérience ; c'est en s'opposant aux médias, qui se sont emparés d'elles. Et c'est une fois qu'elles ont compris que les médias détruisent à la fois leur image ancienne et leur image nouvelle que celles-ci parviennent à passer du thème de leur libération à celui de la recomposition de la culture et de leur expérience personnelle. Le point d'arrivée du processus reste le même, mais le chemin qu'il a suivi m'apparaît maintenant plus long et plus complexe que ne le suggérait ma première lecture.

Et une réponse est, en outre, apportée à la question qui s'était d'emblée posée : quel rapport y a-t-il entre les deux luttes des femmes, celle qu'elles mènent contre la domination masculine traditionnelle et celle par laquelle elles rejettent leur manipulation comme objet sexuel par les médias ?

Les soulèvements successifs des catégories dominées ont été toujours plus animés par une image globale et concrète du sujet. Le mouvement des femmes pousse cette évolution jusqu'à son terme : les femmes se définissent, au-delà de leur appartenance nationale, sociale, culturelle, par leur genre, en tant qu'êtres sexués et, plus important encore, comme des êtres soumis à une domination qui s'exerce sur elles tout entières – et en particulier sur leur corps. Ainsi s'est opéré un renversement des conflits : du conflit social mené au nom du contrôle de l'économie, on est passé à une lutte des femmes dont l'enjeu est le contrôle d'elles-mêmes et la défense de droits qui engagent tous les domaines de leurs conduites.

Que signifie : dont l'enjeu est le contrôle d'elles-mêmes ? Cela veut dire : dont l'enjeu est une référence directe, consciente à soi-même, par opposition à une définition de soi par rapport à l'homme, au pouvoir masculin et aux fonctions de reproduction. Mais si la femme ne doit pas se définir par sa dépendance, elle doit redéfinir sa relation avec l'homme. Il n'y a pas de société unisexe où hommes et femmes deviendraient de plus en plus semblables les uns aux autres et où les différences entre individus (ou même entre types de relations sexuelles) seraient plus importantes que celles qui distinguent les hommes des femmes. La construction du sujet féminin accroîtra la distance entre hommes et femmes, parce que les premiers ne peuvent pas vivre la même expérience corporelle. Il faut accorder une place centrale au sujet-femme et reconnaître que la sexualité se détache de tous les rôles sociaux, et en particulier de cette construction masculine qu'est le genre. Ceux qui pensent que la femme est réduite progressivement à n'être plus qu'un objet sexuel dans le processus d'érotisation de la société tout entière se trompent donc complètement : la libération de la sexualité affirme la construction de soi comme sujet. Elle contribue à détruire l'image de la femme soumise au pouvoir masculin – à ce pouvoir qui lui imposait le monopole de la relation hétérosexuelle où elle se trouvait dominée.

Il est commode, et même nécessaire de le faire, de parler de la naissance d'une société de femmes. Encore faut-il éviter de parler de la féminisation de la société, car cela réintroduirait l'idée fausse (et dangereuse) selon laquelle les femmes sont dotées d'un caractère permanent et général. Que les catégories culturelles prennent le pas sur les catégories sociales ne veut pas dire que la douceur se substitue à la force ou le plaisir au devoir. Ce que j'écris ici ne fait pas appel à la psychologie, seulement à l'histoire de la culture. Mais ce sont bien les femmes qui portent les transformations culturelles actuelles. Les hommes, en tant qu'acteurs dominants du système ancien (qu'on peut appeler masculin), ont instauré un système de pensée et d'action qui définit et impose constamment des choix : *ou* bien c'est l'un *ou* bien c'est l'autre ; ou bien c'est le capitalisme ou bien c'est le peuple qui est au pouvoir ; il faut choisir entre la nature et la culture. Système d'analyse qui rend presque impossible la connaissance des individus, rarement faits d'une pièce. Les femmes, au contraire, au moment où elles deviennent dominantes, affirment elles-mêmes leur supériorité par leur complexité, leur capacité à poursuivre plusieurs tâches à la fois. Elles pensent et agissent en termes *ambivalents*, ceux qui permettent de combiner et n'obligent pas à choisir. Et c'est bien dans un monde d'ambivalence (et non plus dans un monde bipolaire) que nous vivons. L'école, qui reçoit des enfants d'immigrés, ne peut ni les intégrer pleinement à la culture majoritaire ni les maintenir dans leur culture d'origine. Le moins mauvais choix est de combiner les deux, ce qui génère de l'insatisfaction, mais évite les conséquences négatives des solutions simples. C'est S. Tabboni qui, la première, en travaillant sur de jeunes hommes et jeunes femmes en Italie, a montré que les femmes refusaient de choisir entre vie personnelle et vie professionnelle, que ce faisant elles étaient conscientes de perdre quelque chose d'un côté et de l'autre, mais pas complètement, et que toute autre solution serait intolérable pour la grande majorité d'entre elles. Les hommes, quant à eux, ont le sentiment d'être enfermés dans le monde du travail.

Cette ambivalence de plus en plus nécessaire à la vie individuelle (comme à la politique internationale) est un attribut du sujet, et ici de la femme comme sujet, puisqu'elle se dégage de la logique des situations et donne la priorité à la construction d'une action dirigée vers l'affirmation de l'acteur libre et responsable.

Le rôle des hommes

J'ai retardé autant que je l'ai pu l'évocation du rapport à l'autre, car le danger d'être ramené précipitamment à l'image usée de la femme-pour-l'homme est constant. Il ne faut pas pour autant se laisser détourner de la compréhension d'un élément indispensable à la construction du sujet-femme. Car si le sujet est bien dirigé vers lui-même, et si sa formation impose une rupture avec la dualité des rôles féminin et masculin, il reste que le rapport à l'autre, différent et semblable à la fois, est le moment central de la construction de la femme comme sujet.

L'autre peut être une femme aussi bien qu'un homme, mais il serait artificiel de ne pas le définir avant tout comme un homme. La relation à cet homme peut être décrite en termes sociaux, puisque les relations affectives ne s'établissent en général qu'à l'intérieur d'un horizon social restreint ; mais ce qui produit une relation amoureuse n'est pas la proximité ou la distance entre les partenaires : c'est la rencontre, qui n'est jamais un lien nécessaire, entre des désirs, la reconnaissance mutuelle de l'autre comme étant en construction de lui-même, et enfin le projet de vivre ensemble. Une relation n'est pas seulement une rencontre, une occasion ; elle est l'invention de relations et d'échanges, l'invitation à des réactions spontanées. Cette relation à l'autre est le contraire de la soumission à une image sociale de la femme et du couple soumis à l'homme. Elle invente un lien non social à un espace et à un temps qui sont hors du temps et de l'espace social. Le sujet, qu'il soit masculin ou féminin, ne peut pas exister s'il ne dispose pas d'un temps, d'un espace, d'une langue propres. Et c'est bien l'addition de ces trois dimensions, le désir, la reconnaissance de l'autre et le désir de vivre avec l'autre, qui fonde cette relation amoureuse.

Mais il faut aller au-delà de cette première observation, s'interroger sur la place des hommes dans la nouvelle culture, dans la recomposition des ensembles qui avaient éclaté au sein du modèle masculin, en sachant que cette opération est accomplie par les femmes. Impossible de réduire la position des femmes dans la culture des derniers siècles à leur dépendance, à leur infériorisation, à leur mise à l'écart de la vie publique. Leur rôle dans la vie privée, dans la famille et dans l'éducation des enfants suggère d'autres approches. Nous voici devant la même nécessité pour les hommes : si l'on retient mon hypothèse selon laquelle ce sont les femmes qui ont la charge du grand projet de recomposition du monde et de dépassement des couples d'oppositions anciens, quel sera le rôle des hommes ? Ce qui ne saurait se limiter à la prise de conscience de la perte de la domination. En témoigne la violence qui accompagne cette perte de domination. Violence physique directe (celle que subissent les femmes battues), violence psychologique (par la rupture des appartenances sociales).

Mais il ne s'agit nullement ici d'affirmer que les hommes, privés de la gestion du monde qu'ils dominaient, n'ont d'autre recours que la violence et sont entraînés vers ce type de comportement.

L'homme est entraîné vers tout ce qui se trouve au-delà des limites du social, soit pour le détruire, soit au contraire pour maintenir ouvert un univers social dont la recomposition est devenue le programme principal. La découverte de nouveaux mondes, les programmes de recherche dans tous les domaines de la connaissance restent ou deviennent aussi fortement masculins, mais ne sont plus considérés comme les réussites dont la collectivité peut être la plus fière. La science est redoutée autant qu'admirée : elle peut, on le sait, provoquer des catastrophes, comme elle peut révéler de nouvelles sources d'énergie. L'énergie atomique, la première, a témoigné de cette ambiguïté aux yeux de la population. Le sens général de la vie sociale échappe de plus en plus aux hommes ; ils recherchent en eux-mêmes un sens qu'ils ne trouvent plus, et des institutions qu'ils ne contrôlent plus. Peut-être cherchent-ils à s'assurer des espaces sociaux qui leur appartiendraient en propre, qui seraient purement masculins, homosexuels ou non, mais le plus souvent, ils cherchent à apporter à une société obnubilée par la recherche de son équilibre et de sa survie l'ouverture vers l'extérieur, la maîtrise technique de l'environnement, si nécessaires aux sociétés de reconstruction et de réintégration, toujours menacées d'étouffer sous la protection qu'elles ont instituée.

Ces conduites masculines sont néanmoins de plus en plus minoritaires. La majorité des hommes cherchent, en effet, à intégrer la nouvelle société de femmes, parce qu'elle les libère de la charge de plus en plus écrasante de conquérir la nature et de transformer le monde. Et l'ensemble de la société, femmes, hommes et enfants, ressent comme positive cette « absence » des hommes, c'est-à-dire leur présence plus fréquente hors de la vie sociale qu'à l'intérieur de celle-ci. L'homme est un voyageur, un explorateur de l'ailleurs et de l'avenir. Mais il est également fragilisé parce qu'il n'a plus l'appui des institutions que les femmes dirigent maintenant, cherchant à inspirer des conduites en accord avec les nouvelles exigences fonctionnelles des institutions. Les hommes deviennent moins soucieux d'ordre et de « correspondance » entre acteurs et systèmes que les femmes.

Pour autant, il ne s'agit pas de prétendre que l'on assiste à une nouvelle polarisation : la femme occupant la position nouvelle, l'homme se trouvant marginalisé. Une telle formulation irait à l'encontre de l'idée que j'ai développée ici, à savoir que cette société de femmes vise à reconstruire l'unité d'un monde qui a été déchiré entre un univers masculin, défini comme supérieur, et un univers féminin, construit comme une figure de l'infériorité. Les êtres humains, dans cette société dont les acteurs principaux sont les femmes, deviennent des mélanges de masculinité et de féminité (ou, si l'on veut, des montages plus ou moins solides et durables de fragments masculins et de fragments féminins), et c'est ce mélange, cette combinaison du masculin et du féminin, qui témoigne de la construction d'un nouveau type de société.

S'il faut parler de nouveau type masculin, c'est parce que chez les femmes le mélange du masculin et du féminin est plus important, tandis qu'une part plus grande des conduites masculines échappe à la société mixte, puisque les hommes ne la dominent pas. De même qu'autrefois on tendait à identifier la vie masculine à la vie de tous, aujourd'hui, c'est en termes féminins qu'on décrit la société nouvelle, ce qui entraîne la formation d'un sous-univers masculin à la fois très visible et privé de la place centrale qu'il occupait dans la vie des femmes et des hommes. L'homme devient plus fragile, moins intégré, contrepartie du succès des femmes dans la recomposition du monde. L'homme est davantage secoué d'éclats de violence, de passions irréalistes, frappé d'un goût nouveau pour la solitude, où éprouve des difficultés pour communiquer, alors que, dans le passé, il avait dominé à la fois l'action et la parole. C'est ainsi que les hommes, s'ils ne s'apprêtent pas à quitter la sphère publique, consacrent une part plus importante de leur activité à l'espace privé.

Ces réflexions apparaîtront à beaucoup comme une provocation, un défi au sens commun. Mais nous devons nous habituer à faire face à ces profondes modifications intervenues dans les rapports entre hommes et femmes. Or, celles qui renforcent la position des femmes sont plus faciles à déceler que celles qui se produisent du côté des hommes.

Car nous avons plus de difficulté à observer les hommes comme des *personnages* alors que nous avions l'habitude de ne voir en eux que les marqueurs de la loi et du nom du père.

L'APRÈS-FÉMINISME

L'après-féminisme a ainsi amorcé des transformations accélérées et a déjà atteint des résultats qui dépassent en importance (et de beaucoup) les objectifs et les acquis du féminisme lui-même. Car c'est d'abord le post-féminisme qui aura réalisé le renversement culturel d'importance majeure qui nous aura fait passer d'une société des hommes à une société des femmes. Ces transformations ne s'opèrent pas par le prisme de la vie politique : elles pénètrent la subjectivité de chacun(e), parce qu'elles tendent à faire de chaque individu un sujet.

C'est d'ailleurs à partir de la conscience juste de ce qu'est le post-féminisme et de ce qu'il a déjà réalisé qu'on peut comprendre la scène sociale tout entière et ses nouveaux problèmes. De tous côtés on signale justement le déclin des acteurs sociaux et politiques, des partis, des syndicats et de leurs idéologies. L'héritage si fort (et si longtemps créateur) du mouvement ouvrier s'est épuisé, comme s'était épuisé, un siècle plus tôt, l'héritage de la Révolution française et des mouvements pour la citoyenneté. Mais ces acteurs sociaux et politiques ont fait place à d'autres voix et à d'autres figures : celles du sujet personnel, qui est avant tout femme mais est tout aussi bien présent dans les minorités culturelles – au point que nous définissons plus volontiers aujourd'hui la démocratie comme le respect des minorités que comme le gouvernement de la majorité. Et d'un autre côté, mais en continuité avec ce premier ensemble d'acteurs sociaux, s'organisent les mouvements qui se dressent contre la globalisation, non pas parce qu'ils refusent celle-ci mais parce qu'ils ont su voir en elle la forme extrême d'un capitalisme qui s'oppose à tout contrôle et à toute régulation, et par conséquent détruit les identités, les particularités, les mémoires, les savoir-faire et les saveurs.

Les héritiers des sociaux-démocrates (et même des communistes) ont sans doute encore une longue carrière devant eux. Mais il est clair aujourd'hui que c'est en dehors de cet héritage et de sa représentation du monde que s'inventent les idées et les émotions qui transforment la société et ses relations d'autorité, ses formes de communication, ses relations entre individus et entre groupes. Les politiques doivent comprendre les mutations qui s'opèrent, même s'ils doivent s'abstenir de chercher à les diriger. Une telle ouverture s'impose davantage encore aux intellectuels et aux idéologues, et singulièrement à ceux qui ont imposé l'idée, depuis un demi-siècle, qu'il n'y avait pas d'action possible parce que tout, dans la vie sociale et culturelle, est enfermé dans un système de domination. Thèse générale qui a été appliquée avec autant de radicalité au problème féminin qu'à la situation des pays dépendants, et avec les mêmes erreurs.

L'emprise des idéologies nées à la fin du XXe siècle est encore et restera longtemps forte, car elle est relayée par de nombreux enseignants et conférenciers auprès d'un public qui s'est rapidement élargi. Contre cet héritage idéologique, je voudrais au contraire que chacun comprenne que l'analyse que j'avance ici à propos de la situation des femmes, de leurs conduites personnelles et de leur action collective, commande notre conception de la société et de la culture. Nous sommes déjà entrés dans une société de femmes. C'est pourquoi les recherches sur les femmes sont la meilleure voie d'entrée dans la sociologie générale.

ARGUMENT

En guise de conclusion...

Les thèmes principaux de cette réflexion sont étroitement liés les uns aux autres ; la succession des chapitres fait apparaître leur interdépendance dans la construction d'un nouveau paradigme. Mais il m'a semblé utile, pour ceux qui vont lire ce livre comme pour ceux qui viennent de le lire, de dessiner de manière plus directe et plus brève le chemin qui m'a conduit de la conscience des changements historiques à une analyse des principales notions permettant de comprendre cette mutation.

1. Le point de départ est bien la *globalisation*, conçue non seulement comme une mondialisation de la production et des échanges, mais surtout comme une forme extrême de capitalisme, comme *séparation* complète de l'économie et des autres institutions, en particulier sociales et politiques, qui ne peuvent plus la contrôler.

2. Cette dissolution des frontières de toutes sortes entraîne la fragmentation de ce qu'on appelait la société.

3. L'écroulement consécutif des catégories *sociales* d'analyse et d'action n'est pas un événement sans précédent. Dans les débuts de notre modernisation, nous avons pensé

les faits sociaux en termes *politiques* – ordre, désordre, souveraineté, autorité, nation, révolution – et ce n'est qu'après la révolution industrielle que nous avons substitué aux catégories politiques des catégories économiques et sociales (classes, profit, concurrence, investissement, négociations collectives). Les changements actuels sont si profonds qu'ils nous conduisent à affirmer qu'un nouveau *paradigme* est en train de se substituer au paradigme social, comme celui-ci a pris la place du paradigme politique.

4. L'individualisme qui triomphe sur les ruines de la représentation sociale de notre existence révèle la fragilité d'un moi constamment modifié par les stimulations qui s'exercent sur lui et l'influencent. Une interprétation plus élaborée de cette réalité insiste sur le rôle des médias dans la formation de ce moi individuel dont l'unité et l'indépendance semblent alors menacées.

5. Mais cet individualisme a aussi une tout autre dimension : dans une société où nous dépendons non seulement des techniques de production, mais aussi des techniques de *consommation* et de *communication*, nous cherchons à sauver notre existence individuelle, singulière. Dédoublement créateur puisqu'il fait naître à côté de l'être empirique un *être de droits*, qui cherche à se constituer en acteur libre à travers la lutte pour ses droits.

6. Nous avons toujours eu une image de notre créativité, mais cette image a longtemps été projetée au-delà de notre expérience propre. Elle a pris des figures successives : Dieu, la nation, le progrès, la société sans classes. Or, aujourd'hui, c'est *directement*, sans discours intermédiaire, que nous consacrons à la recherche de nous-mêmes une importance centrale. Cette volonté de l'individu d'être l'acteur de sa propre existence est ce que je nomme le *sujet*.

7. Le sujet n'existe comme principe d'analyse qu'à condition que sa nature soit universelle. Comme la *modernité*, qui est son expression historique, il repose sur deux principes fondamentaux : l'adhésion à la *pensée rationnelle* et le respect des *droits individuels* universels, autrement dit qui débordent toutes les catégories sociales particulières. Historiquement, le sujet moderne s'est incarné d'abord dans l'idée de citoyenneté, qui a imposé le respect des droits politiques universels par-delà toutes les appartenances communautaires. Une expression importante de cette séparation de la citoyenneté et des communautés est la laïcité, qui sépare l'État des Églises.

8. Pendant la période dominée par le paradigme social, c'est la lutte pour les droits sociaux (et en particulier pour les droits des travailleurs) qui a été au centre de la vie sociale et politique.

9. Aujourd'hui, l'installation du paradigme culturel met au premier plan la revendication de droits *culturels*. De tels droits s'expriment toujours par la défense d'attributs particuliers, mais ils confèrent à cette défense un sens universel.

10. Sur les ruines de la société ébranlée et détruite par la globalisation surgit un *conflit central* entre, d'un côté, des *forces non sociales* renforcées par la globalisation (mouvements du marché, catastrophes possibles, guerres) et, de l'autre, le *sujet*, privé du soutien des valeurs sociales qui ont été détruites. Le sujet peut même, le cas échéant, être refoulé dans l'inconscient par la domination de ces forces matérielles.

11. Mais ce combat n'est pas perdu d'avance, car le sujet s'efforce de créer des institutions et des règles de droit qui soutiendront sa liberté et sa créativité. La *famille* et l'*école* notamment sont l'enjeu de ces batailles.

12. Cet individu, transformé par lui-même en sujet, n'est-il pas condamné à l'isolement, à rester privé de communication avec « les autres » ? La réponse à cette question est d'abord qu'il ne saurait y avoir de communication sans langue commune. Celle-ci est la *modernité*. Mais il n'y a pas de communication possible non plus sans reconnaissance des différences qui existent entre les acteurs réels. Cette complémentarité est obtenue dès lors qu'on sépare nettement la *modernité*, qui est la référence commune de tous ceux qui veulent communiquer, et *les modernisations*, qui combinent toujours la modernité avec des champs culturels et sociaux différents les uns des autres. Aucune société n'a le droit d'identifier sa modernisation à la modernité. On ne fait du neuf qu'avec du neuf et du vieux à la fois.

En particulier, les pays occidentaux, qui ont avancé plus vite que les autres vers la modernité, doivent reconnaître à la fois qu'ils n'en ont pas le monopole et qu'elle est présente aussi dans les autres modes de modernisation, à l'exception de ceux qui s'opposent complètement à elle.

13. Retour à l'histoire. Le modèle de modernisation *occidental* a consisté à *polariser* la société en accumulant des ressources de tous ordres dans les mains d'une élite et en définissant négativement les catégories opposées, constituées comme inférieures. L'efficacité de ce modèle a été si grande qu'il a conquis une grande partie du monde. Mais, par nature, il a été chargé constamment de tensions et de conflits qui opposaient les deux pôles.

14. Au cours des deux derniers siècles, les catégories infériorisées, en particulier les travailleurs, puis les colonisés et presque au même moment les femmes, ont formé des *mouvements sociaux* pour se libérer. Ils y sont en grande partie parvenus, ce qui a eu pour premier effet d'atténuer les tensions inhérentes au modèle occidental mais aussi son

dynamisme. Un grand danger menace cette partie du monde : celui de ne plus être en mesure de concevoir des objectifs et de ne plus être capable d'affronter des conflits nouveaux.

15. Un nouveau dynamisme n'est susceptible de voir le jour que sur la base d'une action qui parviendrait à *recomposer* ce que le modèle occidental a séparé, en dépassant toutes les polarisations. Cette action est déjà manifeste, par exemple dans les mouvements écologiques et dans ceux qui luttent contre la globalisation. Mais ce sont les femmes qui sont et seront les actrices principales de cette action, puisqu'elles ont été constituées en tant que catégorie inférieure par la domination masculine et qu'elles mènent, au-delà de leur propre libération, une action plus générale de recomposition de toutes les expériences individuelles et collectives.

BIBLIOGRAPHIE

Sylviane Agacinski, *La politique des sexes*, Seuil, 1998.
Jeffrey Alexander, *Action and its environments*, Colombia University Press, 1988.
Jean-Louis Amselle, *Vers un multiculturalisme français*, Aubier, 1994.
Hannah Arendt (1958), *The Human Condition*, traduction française, Calmann-Lévy, 1961.
Nicolas Aubert (sous la direction de), *L'individu hypermoderne*, Eres, 2004.
Zigmund Bauman, *In Search of Politics*, Cambridge University Press, 1999.
—, *Liquid modernity*, Polity Press, 2000.
Ulrich Beck, *Risiko Gesellschaft*, 1980, traduction anglaise, Le sage, 1986.
—, *Sur la voie d'une autre modernité*, Aubier, 2003.
Jagdish Bhagwati, *In Defense of Globalization*, Oxford University Press, 2004.
J. Bidet, *Théories de la modernité*, PUF, 1990.
Norman Birnbaum, *After Progess*, Oxford University Press, 2001.
Pierre Birnbaum et Jean Leca (sous la direction de), *Sur l'individualisme*, Presse des Instituts politiques, 1986.
Norberto Bobbio, *Dei diritti*, Einaudi, 1990.
—, *Droite et Gauche*, 1994, traduction française, Seuil, 1996.
Noberto Bobbio et Maurizio Viroli, *Dialogi in torno alla repubblica*, Laterza, 2001.

Manuel Boucher, *De l'égalité formelle à l'égalité réelle*, L'Harmattan, 2003.

R. Boudon (mélanges en l'honneur de), *L'acteur et ses raisons*, PUF, 2000.

Pierre Bouretz, *La république et l'universel*, Félin, 2000 (déjà publié dans Marx Sadoun, *La démocratie en France*, Gallimard, 2000).

—, *Géographe de l'espoir*, Gallimard, 2004.

Jonathan Brown, *The Self*, MacGraw Hill, 1998.

Judith Butler, *Gender Trouble. Feminism and the Subversion of Identity*, Routledge, 1990-1999.

—, *Bodies that Matter*, Routledge, 1993.

Craig Calhoun (dir.), *Social Theory and the Politics of Identity*, Blackwell, 1994.

Robert Castel, *Les métamorphoses de la question sociale*, Fayard, 1995.

Robert Castel et Catherine Haroche, *Propriété privée, propriété sociale, propriété de soi. Entretiens sur la construction de l'individu moderne*, Fayard, 2001.

Manuel Castells, I. *La société en réseaux*, Fayard, 1996-1998.

—, II. *Le pouvoir de l'identité*, Fayard, 1997-1999.

—, III. *Fin du millenium*, Fayard, 1997-1999.

Paolo Ceri, *Movimenti Globali*, Laterza, 2002.

David Chahla Chatiq et Farhad Khosrokhavar, *Femmes sous le voile. Face à la loi islamique*, Éditions du Félin, 1995.

Nancy Chodorow, *Mothering*, University of California Press, 1978.

—, *The Power of Feeling*, Yale University Press, 1999.

Daniel Cohen, *Nos temps modernes*, Flammarion, 1999.

Jean Cohen, *Regulating Intimacy*, Princeton University Press, 2002.

Jean Cohen et Andrew Arato, *Civil Society and Political Theory*, MIT, 1990.

Conseil d'État, *Rapport public 1996 sur le principe d'égalité.*

Franco Crespi, *Identita e riconoscimiento nella sociologia contemporanea*, Laterza, 2004.

Franco Crespi et Serge Moscovici, *Solidarieta in cuestione*, Melterni, 2001.

Chantal Delsol, *Éloge de la singularité. Essai sur la modernité tardive*, La Table ronde, 2000.

François Dubet, *Jeunes en survie*, Fayard, 1987.
—, *Sociologie de l'expérience*, Seuil, 1994.
—, *Le déclin de l'institution*, Seuil, 2002.
—, *L'école des chances : qu'est-ce qu'une école juste ?*, Seuil, 2004.
François Dubet et D. Martucelli, *Dans quelle société vivons-nous ?*, Seuil, 1997.
François Dubet et Michel Wieviorka (dir.), *Penser le sujet*, Fayard, 1995.
Ronald Dworkin, *Taking Rights Seriously*, Harvard edition, 1978.
Jean B. Elshtain, *Public Man, Private Woman*, Princeton University Press, 1981.
Alain Ehrenberg, *La fatigue d'être soi. Dépression et société*, Odile Jacob, 1998.
Antimo Farro, *Les mouvements sociaux*, Presses de l'Université de Montréal, 2000.
Jean-Paul Fitoussi et Pierre Rosanvallon, *Le nouvel âge des inégalités*, Seuil, 1996.
Michel Foucault, *L'herméneutique du sujet*, Cours au Collège de France, 1980-1982, Gallimard/Seuil, 2001.
Antoinette Fouque, *Il y a deux sexes*, Gallimard, 1995-2004.
Nancy Frazer et Axel Honneth, *Redistribution or Recognition ? A Political-Philosophical Exchange*, Versau, 2003 (ce livre a été au centre de la réflexion de cet ouvrage).
Bernard Francq, *La ville incertaine. Politique urbaine et sujet personnel*, Louvain-la-Neuve, BA, 2003.
François Furet, *Le passé d'une illusion*, Calmann-Lévy/Laffont, 1995.
Marcel Gauchet, « Essai de psychologie contemporaine », 1re partie : « Un nouvel âge de la personnalité » ; 2e partie : « L'inconscient en redéfinition », *Le Débat*, nos 99 et100, 1998.
Anthony Giddens, *The Transformation of intimacy*, Polity Press, 1992.
John Girling, *Social Movements and Symbolic Power*, Palgrave, 2004.
André Gorz, *Métamorphoses du travail. Quête du sens*, Galilée, 1998.
Jürgen Habermas, *Écrits politiques*, Cerf, 1990.
—, *L'intégration républicaine*, Fayard, 1996, rééd. 1999.
François Hartog, *Régimes d'historicité. Résentisme et expériences du temps*, Seuil, 2003.

Françoise Héritier, *Masculin-Féminin. La pensée de la différence.* tome 1, Odile Jacob, 1996.
—, *Masculin-Féminin. Dissoudre la hiérarchie*, Odile Jacob, 2002.
Daniel Hervieu-Léger, *Le pèlerin et le converti*, Flammarion, 1999.
Axel Honneth, *The Fragmented World of the Social*, University of New York Press, 1996.
—, *La lutte pour la reconnaissance*, Cerf, 2000.
Martin Hopenhayn, *Despues del nihilismo*, A. Balle, 1997.
Samuel Huntington, *Le choc des civilisations*, 1996, traduction française, Odile Jacob, 1997.
David Hurst, *On Westernism. An Ideology for World Domination*, G. Hartley & Co., 2003.
Hans Joas, *The Genesis of Values*, Polity Press, 2000.
Tim Jordan, *S'engager. Les nouveaux militants*, 2002, traduction française, Australe, 2003.
Axel Kahn, *Raisonnable et humain ?*, Nil, 2004.
Jean-Claude Kaufmann, *Ego pour une sociologie de l'individu*, Nathan, 2001.
—, *L'invention de soi, une théorie de l'identité*, Armand Colin, 2004.
Gilles Kepel, *La revanche de Dieu. Chrétiens, juifs et musulmans à la reconquête du monde*, Seuil, 1990.
Gilles Kepel, *Fitna. Guerre au cœur de l'Islam*, Gallimard, 2004.
Farhad Khosrokhavar, *L'instance du sacré*, Cerf, 2001.
Reinhart Kosseleck, *Le futur passé*, EHESS, 1990.
Will Kymlicka, *Multicultural Citizenship : a Liberal Theory of Minority Rights*, Oxford University Press, 1995.
Will Kymlincka et Sylvie Mesure (sous la direction de), *Comprendre les identités culturelles*, PUF, 2000.
Denis Lacorne, *La crise de l'identité américaine*, Gallimard, 2003.
Jean Lacouture, *Le témoignage est un combat. Une biographie de Germaine Tillon*, Seuil, 2000.
Wolf Lepenies, *Les trois cultures. Entre sciences et littérature, l'avènement de la sociologie*, 1985, MSH, 1990.
Les Cahiers Laser, n° 5, 1954-2004, *D'une modernité à l'autre*, Descartes et Cie, 2004.
Jean-François Lyotard, *La condition post-moderne*, Éditions de Minuit, 1979.

E. Malinvaud, A. Sen et al., *Development Strategy of Management of the Market Economy*, Oxford University Press, 2000.
Alberto Melucci, *Nomads of the Present. Social Movements and Invidual Needs in Contemporary Society*, Century Hutchinson, 1989.
Candido Mendes (avec Enrique Larreta), *Identity and Difference in The Global Era*, UNESCO, 2002.
—, (sous la direction de), *Hegémonie et civilisation de la peur*, Académie de la Latinité, 2001.
Henri Mendras et Laurence Duboys-Fresnay, *Français, comme vous avez changé*, Tallandier, 2004.
Sylvie Mesure et Alain Renaut, *Alter-ego : les paradoxes de l'identité démocratique*, Aubier, 1999.
A.-Y Michaux (dir.), *Qu'est-ce que la globalisation ?*, Odile Jacob, « Université de tous les savoirs », 2004.
Carlo Mongardini, *La cultura del presente. Tempo e storia nella tarda modernita*, F. Angeli, 1993.
Olivier Mongin (dir.), *Le travail, quel avenir ?*, Gallimard, 1997.
Edgar Morin, *Pour sortir du XXe siècle*, Nathan,1981.
—, (recueil de textes), *La complexité humaine*, Flammarion, 1994.
Serge Moscovici, *L'âge des foules*, Fayard, 1981.
Maxime Parodi, *La modernité du structuralisme*, PUF, 2004.
PNUD (collectif), *La democracia en America latina*, 2004.
Robert Pirsig, *Zen and the Art of Motorcycle Maintenance*, Vintage, 1974.
Robert Putnam, *Bowling alone. The Collapse and Revival of American Community*, Simon and Schuster, 2000.
Paul Rabinow, *French Modern*, MIT, 1989.
Robert Reich, *L'économie mondialisée*, 1992, traduction française, Dunod, 2001.
Alain Renaut, *L'ère de l'individu*, Gallimard, 1989.
—, *La fin de l'autorité*, Flammarion, 2004.
—, *Qu'est-ce qu'une politique juste ?*, Grasset, 2004.
Paul Ricœur, *Lecture I autour du politique*, Seuil, 1991.
—, *Parcours de la reconnaissance. Trois études*, Stock, 2004.
James Rifkin, *La fin du travail*, La Découverte, 1997.
Renaud Saintsaulieu, *L'identité au travail*, Presses de l'Institut des sciences politiques, 1977.

Michael Sandel (dir.), *Liberalism and its Critics*, New York University Press, 1984.
Sakia Sassen, *Globalizzazionie e scontenti*, 1997, traduit de l'anglais à l'italien, Saggiatore, 1998.
Dominique Schnapper, *La communauté des citoyens. Sur l'idée moderne de nation*, Gallimard, 1994.
—, *La relation à l'autre*, Gallimard, 1998.
—, *Qu'est-ce que la citoyenneté ?*, Gallimard, 2000.
R. Sennett, *Le travail sans qualités. Les conséquences humaines de la flexibilité*, Albin Michel, 2000.
—, *Respect. In a World of Inequality*, Norton, 2003.
S. Sigal, *La dérive des intellectuels en Argentine*, L'Harmattan, 1996.
François de Singly, *Le soi, le couple et la famille*, Nathan, 1996, rééd. 2000.
—, *Libres ensemble. L'individualisme dans la vie commune*, Nathan, 2000.
Bernard Stasi, Rapport de la commission présidée par B. Stasi, *Laïcité et république*, Documentation française, 2004.
S. Tabboni, *Norbert Elias*, Il mulino, 1993.
Charles Taylor, *Le malaise dans la modernité*, CERF, 1991.
—, *The Politics of Recognition*, 1992, traduction française : *Multiculturalisme. Différence et démocratie*, Aubier, 1994.
Les Temps modernes, La souveraineté, numéro de septembre 2000.
Nikola Tietze, *L'islam : un mode de construction subjective dans la modernité. Des formes de religiosité musulmane chez des jeunes hommes dans des quartiers défavorisés en France et en Allemagne*, et thèse EHESS, 2002.
E. P Thompson, *La formation de la classe ouvrière anglaise*, 1963, trad. fr. Gallimard/Seuil, 1998.
Lester Thurow, *The future of capitalism*, Penguin Books, 1997.
Alain Touraine, *Critique de la modernité*, Fayard, 1992.
—, *Pourrons-nous vivre ensemble ?*, Fayard, 1997.
Alain Touraine, *Comment sortir du libéralisme ?*, Fayard, 1999.
Alain Touraine et F. Khosrokhavar, *La recherche de soi. Dialogue sur le sujet*, Fayard, 2001.
UNESCO (sous la direction de J. Bindé), *Ou vont les valeurs ?*, tomes I et II, 2004.
Gianni Vattimo, *La fin de la modernité. Nihilisme et herméneutique de la culture post-moderne*, Seuil, 1985, rééd. 1987.

—, *Nichilismo e emancipazione. Etica, politica*, Dirriti Garzanti, 2003.
Daniel Vidal, *L'ablatif absolu. Théorie du prophétisme*, Anthropos, 1977.
Dominique Weil (dir.), *Figures du sujet dans la modernité*, Arcana, 1997.
Michel Wieviorka, *Une société fragmentée ? Le multiculturalisme en débat*, La Découverte, 1996.
—, *La différence*, Balland, 2001.
—, *La violence*, Balland, 2004.
Michel Wieviorka et Jocelyne Ynohana (dir.), *La différence culturelle*, Balland, 2001.
Dominique Wolton, *Penser la communication*, Flammarion, 1997.
—, *L'autre mondialisation*, Flammarion, 2003.

INDEX DES NOMS

A

B

C

D

E

F

INDEX THÉMATIQUE

A

B

C

D

M

N

P

Q

R

S

Table

Composition et mise en pages réalisées
par ÉTIANNE COMPOSITION
à Montrouge.

Impression réalisée sur CAMERON par
BRODARD ET TAUPIN
La Flèche

pour le compte des Éditions Fayard
en décembre 2004

Imprimé en France
Dépôt légal : janvier 2005
N° d'éditeur : 52756 – N° d'impression : 27527
ISBN : 2-213-62363-5
35-10-2563-1/01